포토샵으로 완성하는 초등교과서 공부법

포토샵으로 완성하는 초등 교과서 공부법

글 | 심교식·박성범·박진혁

2012년 3월 20일 1판 1쇄 인쇄
2012년 3월 27일 1판 1쇄 발행

이 책을 만든 사람들
책임 기획 | 홍종남
기획 | 에두리교육연구소

이 책을 함께 만든 사람들
디자인 | 김효정 님
일러스트 | 조창배 님
종이 | 제이피씨 정동수 님
제작 | 알래스카 커뮤니케이션 박영철 님

펴낸이 | 홍종남
펴낸곳 | 행복한미래
출판등록 | 2011년 4월 5일. 제 399-2011-000013호
주소 | 경기도 남양주시 도농로 34, 부영아파트 301동 301호
서울 사무실 | 서울시 마포구 서교동 351-24 르네상스 빌딩 404호
전화 | 02-337-8958
팩스 | 031-556-8951
홈페이지 | www.bookeditor.co.kr
문의(출판사 e-mail) | ahasaram@hanmail.net
문의(에두리 홈페이지) | http://www.edoori.co.kr → [게시판&상담] → [초등 교과서 공부법] 질문/답변
※ 이 책을 읽다가 궁금한 점이 있을 때는 에두리 홈페이지 주소를 이용해 주세요.

ⓒ 심교식·박성범·박진혁, 2012
ISBN 978-89-968617-0-6

::이 책은 신저작권법에 의거해 한국 내에서 보호를 받는 저작물이므로 무단 전재 및 복제를 금합니다.

자기 주도

포토샵으로 완성하는
초등 교과서
공부법

글 심규식 · 박성현 · 박건혁

행복한미래

머/리/말

「포토샵」이라는 프로그램에 대해 들어본 적 있나요? 혹은 '뽀샵', '포샵' 이런 말들을 들어본 적 있나요? 사진이 실제의 모습보다 훨씬 예쁘게 보이거나 뽀얗게 보일 경우 '너 뽀샵 했지?'라고 물어보는 경우가 있는데요, 이 말은 실물보다 사진이 더 예쁘거나 뽀얀 것 같은 느낌이 들 때 흔히 사용하는 말입니다. 이처럼 사진을 실제의 모습보다 더 예쁘고 뽀얗게 보이도록 뽀샵 처리를 해주는 프로그램에는 여러 가지가 있습니다. 「포토샵」은 그러한 프로그램 중 하나입니다.

과제를 하기 위해서 또는 개인적으로 필요해서 사진이나 그림을 찾았을 때 '약간만 수정하면 내가 찾는 최고의 사진이나 그림이 될 텐데……'하는 아쉬움을 느껴본 적 있습니까? 정말 약간만 수정하면 잘 활용할 수 있을 텐데, 그림이나 사진을 수정하는 프로그램을 다루어 본 적 없어서 애써 찾은 그림이나 사진을 활용하지 못하는 경우가 있다면 얼마나 답답할까요? 의외로 그림이나 사진을 수정하는 과정은 간단한 경우가 많습니다. 꼭 복잡한 과정을 거쳐야만 수정을 할 수 있는 것은 아닙니다.

이 책은 그림이나 사진을 혼자의 힘으로 수정하거나 그릴 수 있도록 도와줍니다. 이 책을 통해 「포토샵」을 익히면 사진이나 그림을 원하는 대로 바꿀 수 있게 될 겁니다. 이 책은 총 4개의 부분으로 되어 있습니다. 먼저 '포토샵과 교과서가 짝꿍이 되었어요'를 통해 포토샵의 기본적인 기능을 익힐 수 있습니다. '기본 기능 몇 가지로 자신감을 키워요'에서는 기본 기능과 추가 기능을 활용하여 그림이나 사진 편집 작업을 본격적으로 할 수 있습니다. '내 힘으로 완소 작품을 만들어 봐요'와 '선생님도 깜놀! 포토샵 달인이 되었어요'까지 익히게 되면 자신도 모르는 사이에 포토샵의 달인이 되어 있을 겁니다.

이 책은 '함께 해결해요', '읽어 보세요', '스스로 평가해요', '혼자 해결해요'의 과정으로 구성되어 있습니다. '함께 해결해요'에서는 단계별로 과정을 따라 하면서 포토샵의 여러 기능을 익힐 수 있고, '읽어 보세요'에서는 앞서 기능을 익히면서 제작한 결과물과 관련 있는 교육과정 내용을 참고할 수 있습니다. '스스로 평가해요'를 통해서는 내가 익힌 포토샵 기능을 스스로 평가해 볼 수 있고, '혼자 해결해요.'에서는 배운 내용을 응용해서 새로운 결과물을 만드는 기회를 맛볼 수 있습니다.

이 책은 컴퓨터를 이용하는 프로그램을 배우는 책입니다. 또 컴퓨터를 이용하면서 교육과정 내용을 함께 공부할 수 있는 책이기도 합니다. 「포토샵」을 교육과정 내용을 통해서 공부하는 것이죠. 과제를 할 때 「포토샵」을 어떻게 활용할 수 있을지 이 책을 통해 자연스럽게 알게 될 것입니다. 다른 컴퓨터 관련 책들과 다른 점입니다.

포토샵으로 할 수 있는 일은 무수히 많습니다. 이 책으로 익힌 포토샵 실력으로 포토샵 달인이 되어 가족과 친구들의 사진을 멋지게 편집해 봅시다. 새로운 그림이나 멋진 글자 등으로 편지나 카드를 만들어 친구들에게 보내 봅시다. 아마도 그 편지나 카드를 받은 친구들은 여러분들의 포토샵 실력을 많이 부러워할 겁니다.

저자 드림

차 / 례

:: 이 책을 어떻게 봐야 하나요?   010
:: 이 책의 샘플은 어떻게 준비해야 하나요?   012

PART 01 포토샵과 교과서가 짝꿍이 되었어요   014

LESSON 01 아름다운 우리 학교   016
: 포토샵의 작업 영역   017
: 자료 검색   019
: 열기와 저장   020
: 인쇄   022

LESSON 02 날 알아요?   027
: 편경 자르기   028
: 자르기 영역 변경   030
: 회전하여 자르기   031
: 이전 단계, 다음 단계   033

LESSON 03 태양의 가족들   036
: 파일 열기와 배치   037
: 사각형 선택, 복사, 붙이기, 이동   039
: 원형 선택, 복사, 붙이기, 이동   041

LESSON 04 풀과 나무가 자라요   047
: 파일 열기   048
: 올가미 도구   049
: 식물 도감 완성하기   051

PART 02 기본 기능 몇 가지로 자신감을 키워요 | 056

LESSON 05	알파벳 따라잡기	058
	: 자동 선택	059
	: 추가 선택	061
	: 반전	062
	: 전체선택	064

LESSON 06	낱말 카드	069
	: 새 레이어 만들기	070
	: 레이어 불투명도 변경 및 레이어 복제	073
	: 레이어 스타일 추가	075

LESSON 07	시에 흠뻑 젖어요	080
	: 동시 쓰기	081
	: 문자 편집 1	082
	: 문자 편집 2	085
	: 문자 편집 3	087

LESSON 08	미술의 세계로	093
	: 자동 레벨, 자동 대비, 자동 색상	094
	: 명도/대비, 채도 감소, 그라디언트 맵	097
	: 반전, 균일화, 한계값, 색조/채도	099
	: 액자 만들기	102

LESSON 09	예쁜 무늬를 만들어요	106
	: 열기와 격자	107
	: 이미지 크기	109
	: 캔바스 크기	111
	: 캔바스 회전	113

LESSON 10	따뜻하게 차갑게	119
	: 레이어 불투명도	120
	: 색상	122
	: 색상 견본	125
	: 스타일	127

PART 03 내 힘으로 완소 작품을 만들어 봐요 — 132

LESSON 11 베토벤 아저씨! — 134
: 스팟 복구 브러쉬 도구 — 135
: 복구 브러쉬 도구 — 137
: 패치 도구 — 140
: 텍스트 입력 — 142

LESSON 12 주의 깊게 보세요 — 147
: 글 입력 — 148
: 브러쉬 도구 — 149
: 브러쉬 크기 변경 — 152
: 레이어 스타일 — 153

LESSON 13 꽃을 피워요 — 160
: 복제 도장 도구 — 161
: 꽃 채우기 — 163
: 패턴 도장 도구 — 166

LESSON 14 빛을 내 마음대로 — 172
: 렌즈 흐림 효과 — 173
: 지우기 — 175
: 꾸미기 — 179
: 문자 도구 — 182

LESSON 15 엄마, 아빠 사랑해요 — 185
: 선택영역 변형 — 186
: 자유변형 — 188
: 간단한 액자 — 190
: 왜곡 — 193

PART 04 선생님도 깜놀! 포토샵 달인이 되었어요 | 198

LESSON 16 야구의 세계 — 200
: 전경색을 이용한 페인트 통 — 201
: 패턴을 이용한 페인트 통 — 203
: 그라디언트 — 205

LESSON 17 우리 가락 좋아요 — 211
: 정간보 그리기 1 — 212
: 정간보 그리기 2 — 215
: 정간보 그리기 3 — 218

LESSON 18 화음자매들 — 225
: 오선 그리기 — 226
: 높은음자리표 그리기 — 228
: 음표 그리기 — 231
: 주요 3화음 만들기 — 234

LESSON 19 누구를 초대하지? — 238
: 배경 레이어 만들기 — 239
: 이미지 삽입하기 — 241
: 문자 마스크 — 244
: 배경 이미지 만들기 — 248

LESSON 20 포스터를 그려요 — 252
: 파일 열기 — 253
: 필터 1 — 255
: 필터 2 — 257
: 문자 입력 — 260

이 책을 어떻게 봐야 하나요?

이 책은 여러분이 학교에서 배우는 학습 내용과 함께 컴퓨터를 공부할 수 있게 합니다. 한글, 파워포인트, 엑셀, 포토샵을 학교에서 학습하는 내용과 함께 공부할 수 있는 이 책을 이렇게 보면 참 좋아요.

1_ Lesson
여러분이 이 책을 쉽게 따라할 수 있도록 각 프로젝트를 단원(Lesson)으로 묶었습니다.

2_ 무엇을 배우지?
이 단원(Lesson)에서 배울 내용을 간결하게 설명해줍니다.

5_ 따라하기
한글, 포토샵, 엑셀, 파워포인트의 기능을 익힐 수 있는 방법이 따라하기로 되어 있습니다.

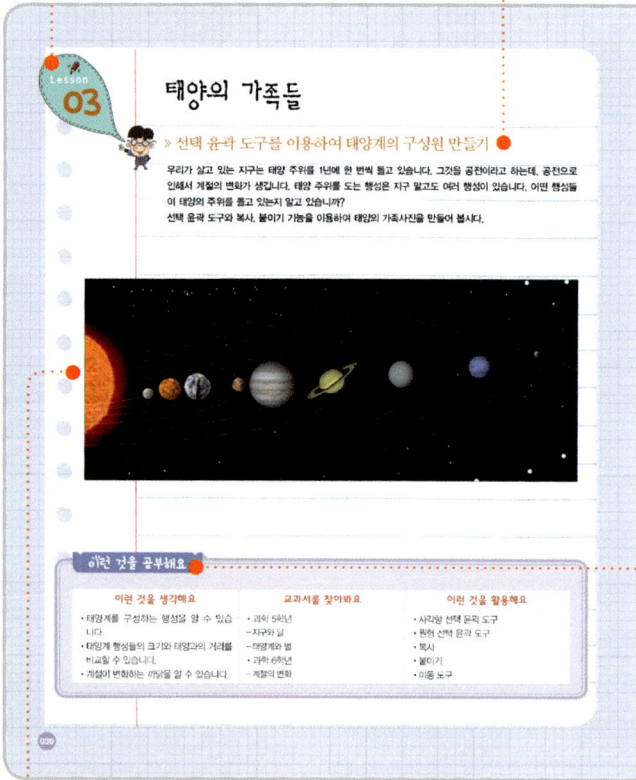
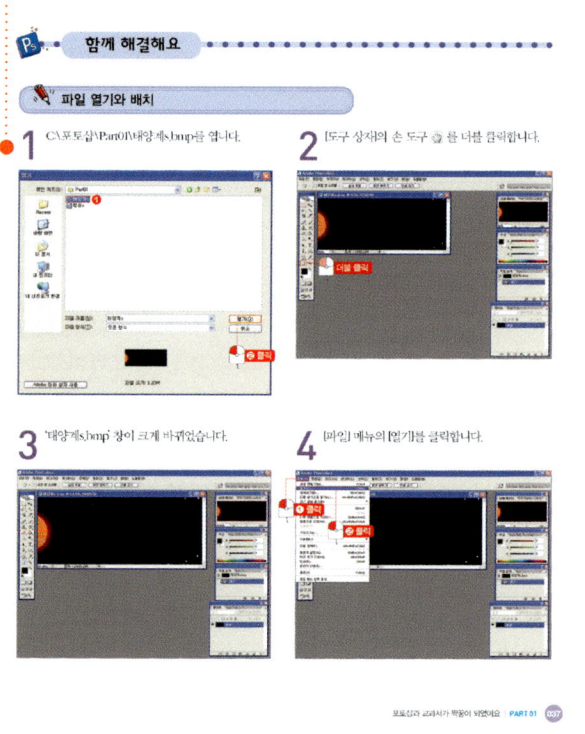

3_ 어떤 결과물을 만들까?
이 단원(Lesson)에서 만든 결과물을 미리 볼 수 있습니다. 여러분도 이런 멋진 결과물을 만들 수 있어요.

4_ 이런 것을 공부해요?
이 단원(Lesson)과 관련된 교과서의 내용은 무엇인지, 여기서는 어떤 것을 배우는지 알 수 있어요.

6_ 이 책의 쏙쏙 팁
본문에서 다루지 않은 알짜배기 노하우가 들어있습니다. 놓치지 말고 꼭 알아두세요.

원형 선택 윤곽 도구로 선택할 때 〈Shift〉를 누른 채 드래그 하면 바른 원을 선택할 수 있습니다.

7_ 읽어 보세요
이 단원에서 알아야 할 내용을 묶었습니다. 컴퓨터 내용뿐만 아니라 교과서의 내용도 함께 있으니 꿩먹고 알먹기지요.

읽어 보세요

01 별자리의 변화

밤하늘에는 수많은 별들이 떠 있습니다. 사람들은 별들의 위치를 기억하기 위하여 별자리를 만들었습니다. 우리 눈에 보이는 별자리는 매일 조금씩 바뀌고 있습니다. 지금 이 순간에도 별자리는 그 자리를 바꾸고 있지요. 왜 그럴까요? 우리가 사는 지구가 가만히 있지 않기 때문입니다. 그렇기 때문에 초저녁과 새벽에 보이는 별자리의 모습이 다르고, 계절에 따라서도 그 모습이 다르게 보이는 것입니다.

8_ 스스로 평가해요
지금까지 배운 내용을 여러분이 잘 알고 있는지 점검하는 곳입니다. '쉬워요' '할 만해요' '어려워요'에 O 표시 해 놓고, 부족한 부분은 다시 한 번 보세요.

스스로 평가해요

평가요소	쉬워요	할 만해요	어려워요
• 태양계의 가족 구성원을 알고 있습니다.			
• 행성의 크기와 태양과 행성 간의 거리를 비교할 수 있습니다.			
• 선택 윤곽 도구를 사용하여 원하는 모양을 선택할 수 있습니다.			
• 선택한 영역을 복사하기와 붙이기 할 수 있습니다			

9_ 혼자 해결해요
이 단원에서 배운 내용을 여러분이 다시 만들어볼 수 있도록 한 곳입니다. 도전해보세요. 도전은 아름다운 것이라 하잖아요.

혼자 해결해요

:: 자동차 이미지를 선택·복사하여 자동차가 다니는 그림지도를 완성해 봅시다. [사회-지도 그리기]

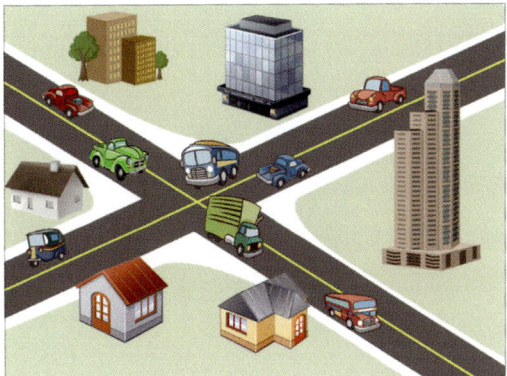

1 | C:\포토샵\Part01\약도5.bmp 열기
2 | 검색사이트나 MS 오피스온라인 클립아트(http://office.microsoft.com/ko-kr/images/)에서 '건물' 또는 '자동차'로 이미지를 검색하여 다운받기
3 | 건물 또는 자동차 이미지에서 선택 윤곽 도구로 선택하고 복사하기
4 | '약도5.bmp' 창에 이미지 붙이기
5 | 이동 도구로 이미지 배치하기

이 책의 샘플은 어떻게 준비해야 하나요?

이 책에 있는 내용을 따라하기 위해서는 샘플 파일이 필요합니다. 여러 가지 그림과 글자 등을 준비해야 하는데요. 여러분은 아직 이런 자료들이 없을 것입니다. 이 책을 집필한 선생님들이 운영하는 에두리 홈페이지에 이 책에서 설명하는 샘플을 제공하고 있습니다. 이 샘플을 여러분의 하드디스크에 저장해 놓고, 그 때 그 때 사용하면 되겠지요.

> **주의** 이 책에 나와 있는 그림과 에두리 홈페이지에서 받은 샘플의 그림은 조금 다릅니다. 그것은 그림과 글자 등이 저작권을 갖고 있어서 그런 것입니다. 그렇지만, 여러분이 이 책의 내용을 따라하는데 문제가 없도록 선생님들이 다시 만들어 넣었으므로 걱정하지 마세요.

❶ 에두리 홈페이지로 이동합니다. 이 책에 들어있는 샘플을 받기 위해 〈자기주도 교과서 공부법 샘플 받기〉 아이콘을 클릭합니다.

http://www.edoori.co.kr/

❷ [파일 다운로드] 대화상자가 나오면 [저장] 단추를 클릭합니다.

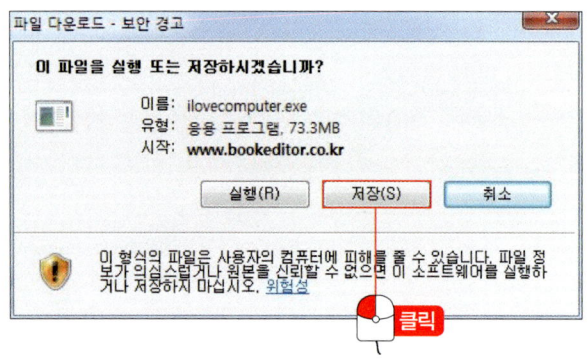

❸ [다른 이름으로 저장] 대화상자가 나옵니다. [다운받는 위치]를 C: 드라이브로 선택한 후 [저장] 단추를 클릭합니다.

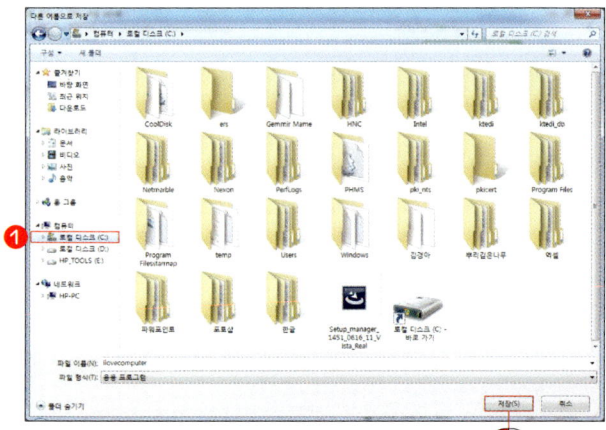

❹ 저장이 끝나면 여러분의 컴퓨터에 들어가 볼까요? [시작] 단추를 클릭한 후 [컴퓨터]를 클릭합니다.

❺ 여러분의 컴퓨터에서 C: 드라이브로 이동합니다. 3번 과정에서 다운받은 [ilovecomputer.exe] 파일을 더블클릭합니다.

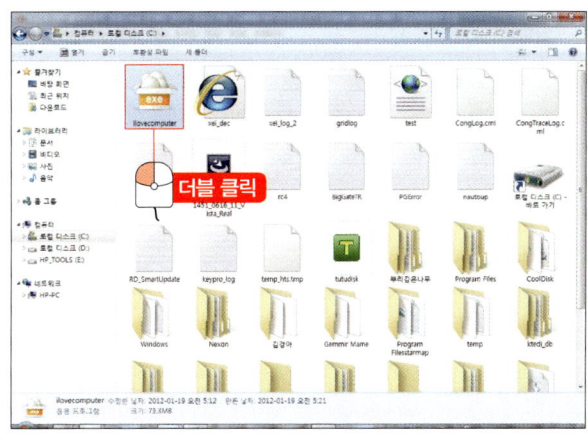

❻ 다음과 같은 대화상자가 나오면 기본 값인 [C:]가 선택된 상태에서 [압축해제] 단추를 클릭합니다.

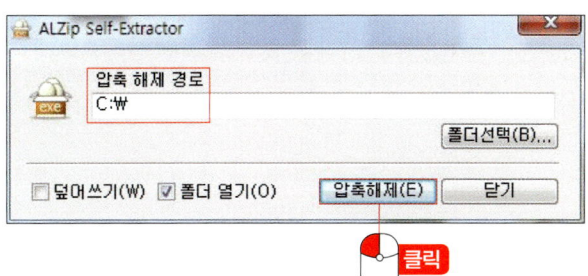

❼ 압축 해제되는 과정이 나타난 후 자동으로 C: 드라이브가 나타납니다.

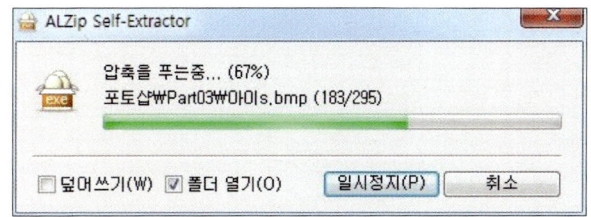

❽ 여러분의 하드디스크 C:에 [한글], [포토샵], [엑셀], [파워포인트] 폴더가 나타납니다. 이제 이 책에서 설명하는 데로 따라하면 됩니다.

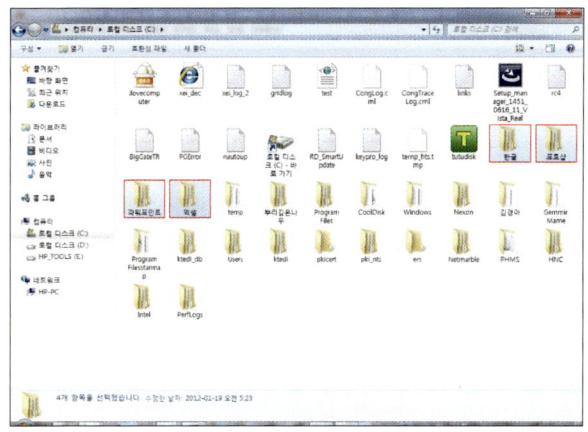

PART
01

포토샵과 교과서가 짝꿍이 되었어요

Lesson 01 아름다운 우리 학교

》 **우리 학교 사진을 포토샵에서 열어 저장하고 인쇄하기**

우리 주변엔 아름다운 자연이나 조형물이 많이 있습니다. 굳이 아름답기로 소문난 자연이나 조형물을 찾지 않더라도, 평소엔 미처 눈길이 머물지 않던 우리 주변을 세심히 살펴보세요. 나름대로의 아름다움을 발견할 수 있습니다. 여러분들이 매일 많은 시간을 머무는 학교를 자세히 보세요. 화단을 가득 메운 꽃과 나무, 의자, 학교 건물의 어우러짐이 그답지 않게 아름답지 않습니까?
'아름다운 우리 학교'란 주제로 우리 학교의 아름다운 자연이나 조형물을 감상할 수 있는 자료집을 만들어 봅시다.

이런 것을 공부해요

이런 것을 생각해요	교과서를 찾아봐요	이런 것을 활용해요
• 주변의 자연이나 조형물에서 아름다움 발견할 수 있습니다. • 사진 자료를 수집하여 감상하고, 감상 자료집 만들 수 있습니다. • 아름다운 자연이나 조형물을 아끼고 보호하는 태도를 기릅니다.	• 미술 3학년 −자연환경 • 미술 4 −시각 문화 환경 • 미술 5학년 −자연환경 • 미술 6학년 −시각 문화 환경	• 실행 • 종료 • 포토샵의 작업 영역 • 열기 • 저장 • 다른 이름으로 저장 • 인쇄

함께 해결해요

포토샵의 작업 영역

1 [시작] 메뉴의 [모든 프로그램-Adobe Photoshop CS2]를 클릭하여 포토샵을 실행합니다.

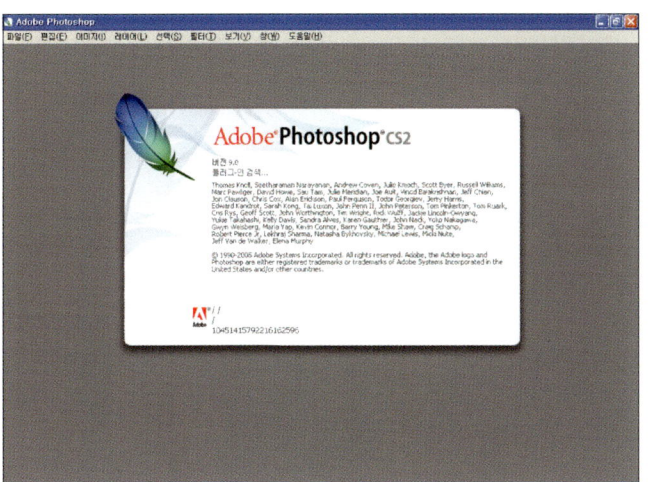

2 [시작 화면] 대화상자가 나타나면 프로그램이 실행된 것입니다.

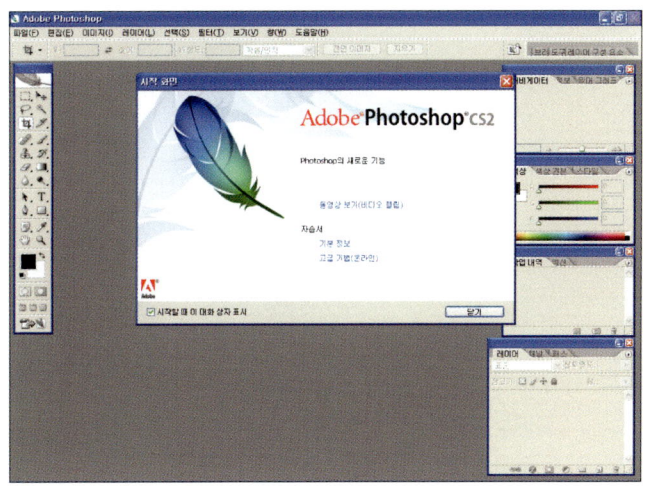

3 [시작 화면] 대화상자 하단의 '시작할 때 이 대화상자 표시'를 체크 해제 하고, [닫기] 버튼을 클릭합니다.

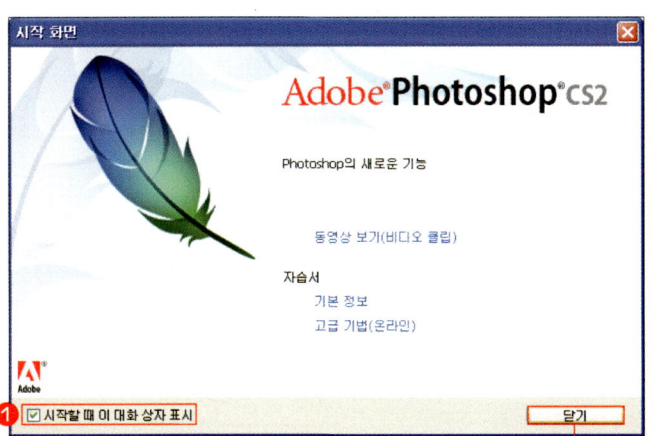

❷ 클릭

4 포토샵 CS2의 작업 영역이 펼쳐집니다.

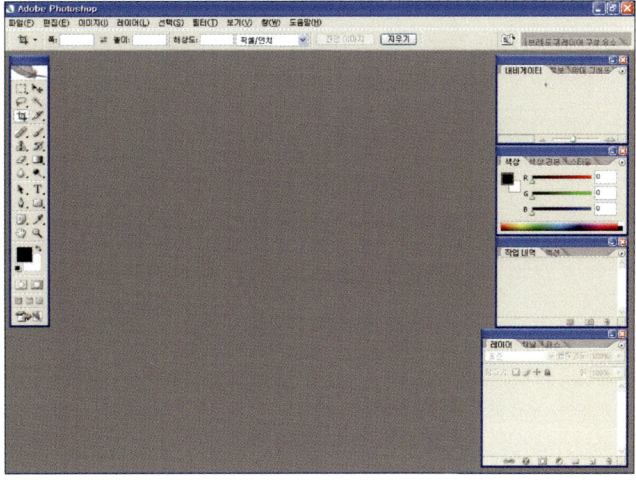

5 작업 영역의 각각에 대해 간단히 알아보겠습니다. 여러분에게 보이는 화면과 다르다고 걱정하지 마세요. 작업 영역을 설명하기 위해 이미지를 하나 연 것뿐입니다. 이미지 열기는 이후 단계에서 배울 겁니다.

❶ **메뉴 막대** : 작업하는데 필요한 여러 가지 메뉴가 들어 있습니다.
❷ **옵션 막대** : 도구를 사용하는데 필요한 여러 가지 옵션을 설정할 수 있습니다.
❸ **도구 상자** : 이미지 제작 및 편집을 하는 데 필요한 다양한 도구가 모여 있습니다.
❹ **팔레트 저장소** : 작업에 필요한 여러 팔레트를 구성하는 데 도움을 줍니다.
❺ **팔레트** : 이미지의 작업한 내용을 보면서 수정하는 데 많은 도움을 줍니다.
❻ **활성 이미지 영역** : 제작하거나 편집하려는 이미지가 활성화되는 영역입니다.
❼ **상태 표시줄** : 활성화된 이미지의 확대 배율 및 파일 크기 등의 상태를 표시하는 줄입니다.

자료 검색

1 검색 엔진에서 '아름다운 학교'란 주제어를 입력하여 아름다운 학교의 이미지를 검색합니다.

2 아름다운 학교의 이미지를 다운 받아 내 컴퓨터에 저장합니다.

3 '아름다운 학교 운동본부(www.school1004.net)' 사이트에 접속하여 아름다운 학교의 이미지를 다운 받아 저장합니다.

TIP 검색 엔진이란 인터넷상에서 자료를 쉽게 찾을 수 있게 도와주는 소프트웨어 또는 웹사이트를 말합니다.

4 교육지원청 홈페이지에는 여러 학교의 홈페이지가 연결되어 있습니다. 교육지원청 홈페이지를 이용해 아름다운 학교의 이미지를 검색할 수도 있습니다.

5 우리 학교 홈페이지에 접속하여 아름다운 학교의 이미지를 다운 받아 저장합니다.

열기와 저장

1 [파일] 메뉴의 [열기]를 클릭합니다.

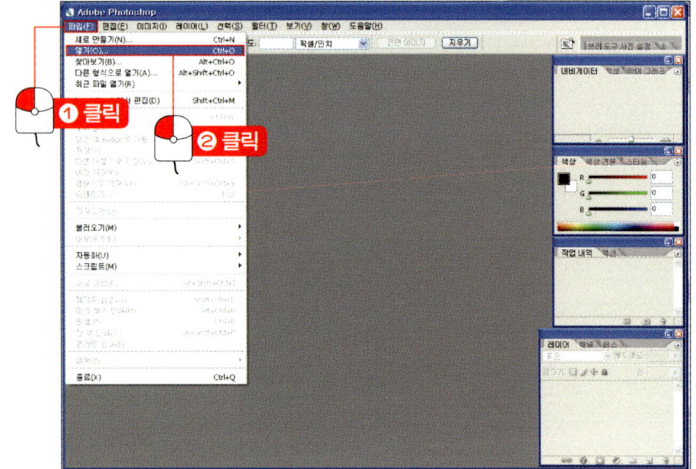

2 [열기] 대화상자에서 C:\포토샵\Part01\아름다운 학교s.jpg를 선택하고 [열기] 버튼을 클릭합니다.

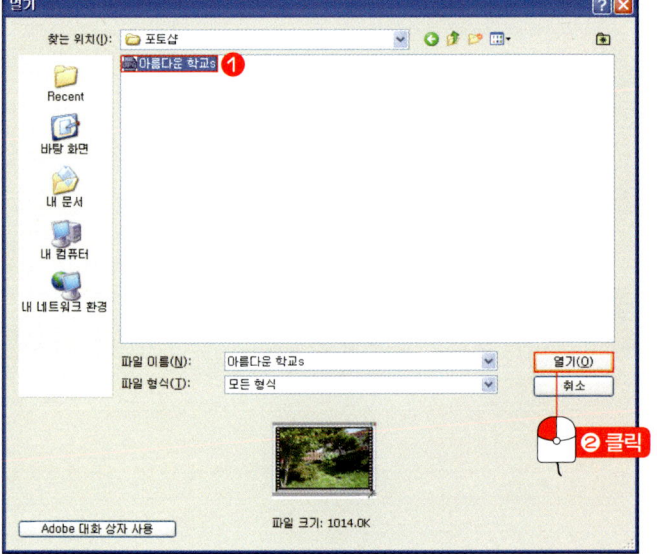

3 활성 이미지 영역에 선택한 이미지가 나타납니다.

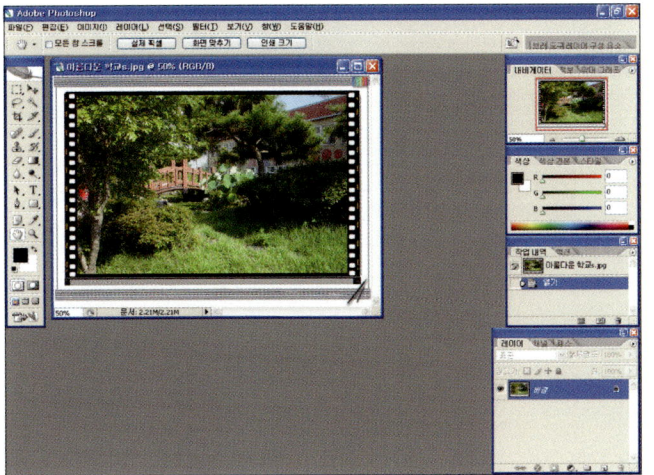

4 [파일] 메뉴의 [다른 이름으로 저장]을 클릭합니다.

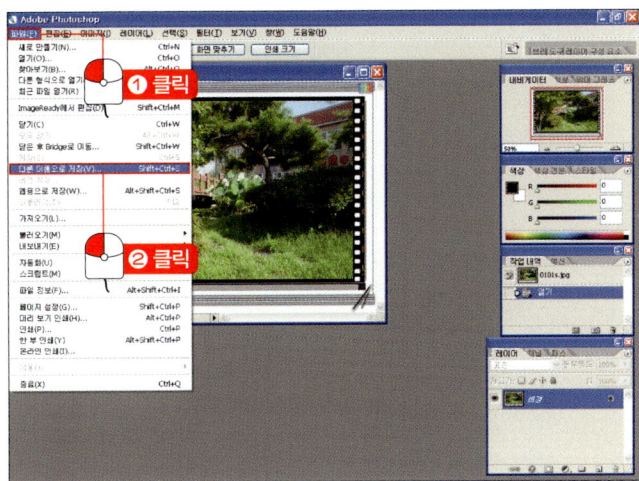

5 [다른 이름으로 저장] 대화상자에서 [파일 이름]은 '아름다운 학교', [형식]은 'BMP(*BMP;*RLE;*DIB)'로 설정하고 [저장] 버튼을 클릭합니다.

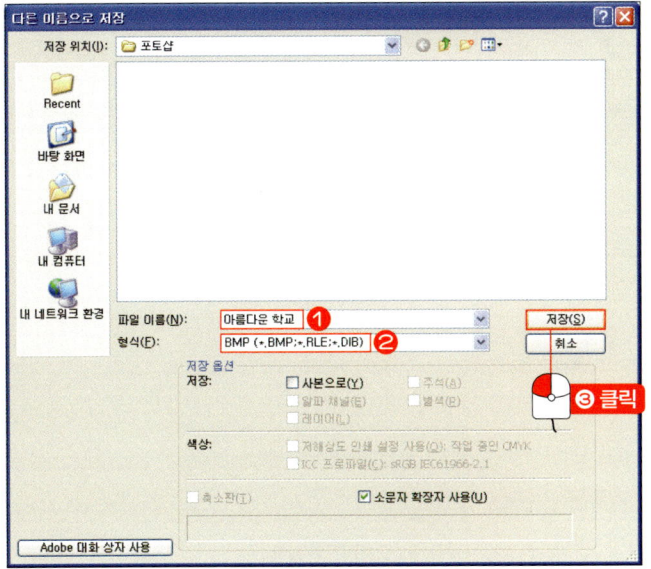

6 [BMP 옵션] 대화상자에서 [파일 형식]은 'Windows', [깊게]는 '24비트'로 설정하고 [확인] 버튼을 클릭합니다.

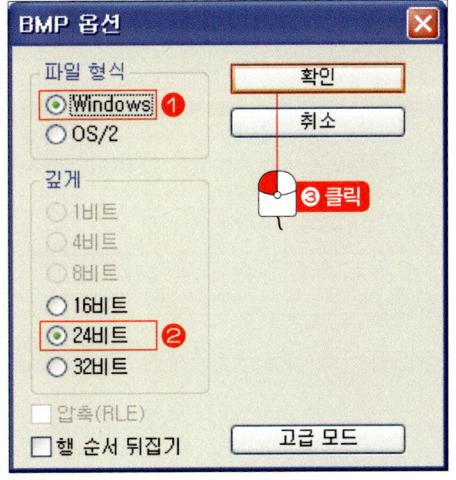

TIP BMP 옵션 중 '깊게'의 설정은 숫자가 클수록 화질은 좋아지고 파일크기는 커지게 됩니다.

7 작업창의 제목 표시줄을 보세요. 파일 이름과 형식이 변경된 것을 볼 수 있습니다.

8 작업창 오른쪽의 닫기 ❌를 클릭하여 이미지 창을 닫습니다.

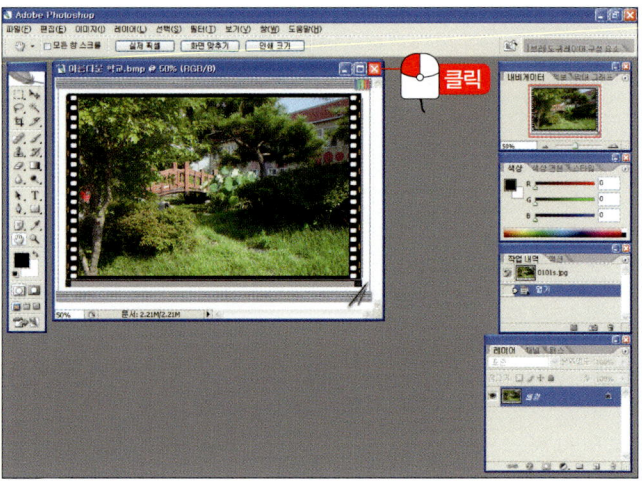

 인쇄

1 [파일] 메뉴의 [열기]를 클릭합니다.

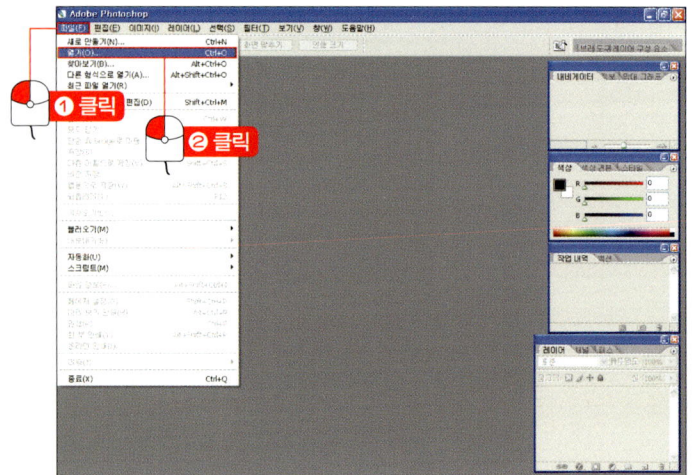

2 [열기] 대화상자에서 '아름다운 학교'를 선택하고 [열기] 버튼을 클릭합니다.

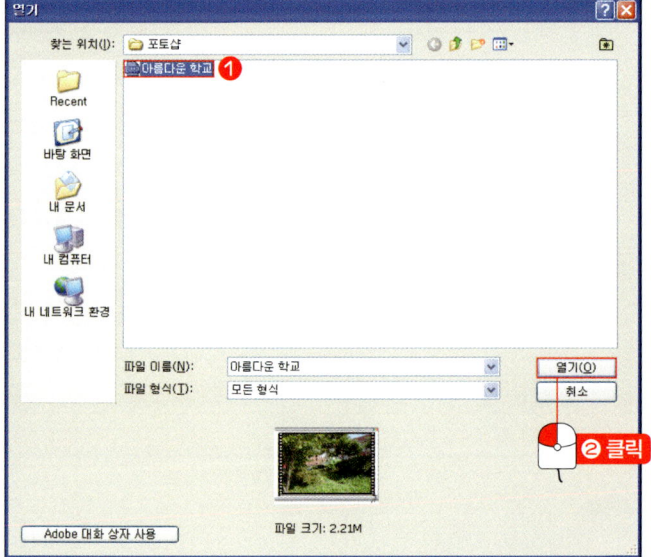

3 [파일] 메뉴의 [페이지 설정]을 클릭합니다.

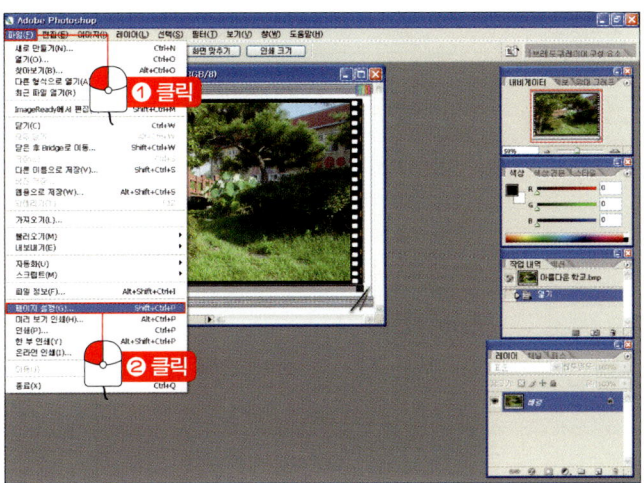

4 [페이지 설정] 대화상자에서 용지와 방향을 설정한 후 [프린터] 버튼을 클릭하면 인쇄할 수 있습니다.

5 [파일] 메뉴의 [미리 보기 인쇄]를 클릭합니다.

6 [인쇄] 대화상자에서 다양한 옵션을 설정하고 [인쇄] 버튼을 클릭합니다.

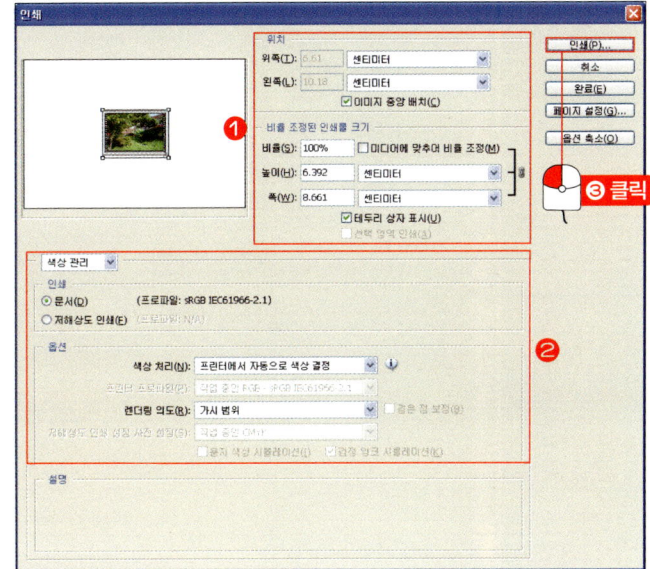

7 [파일] 메뉴의 [인쇄]를 클릭하여 이미지를 인쇄할 수 있습니다.

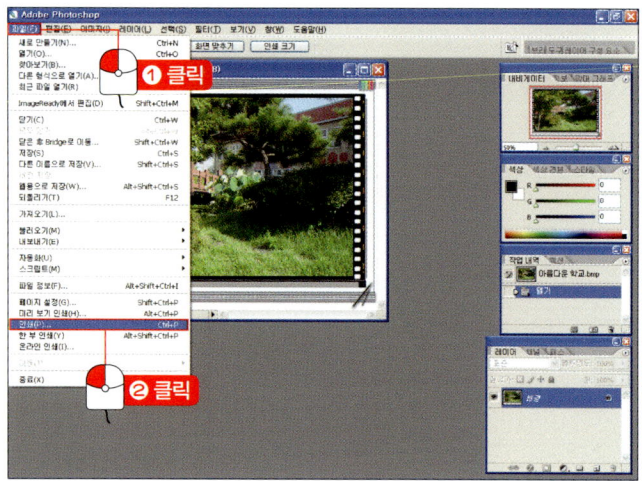

8 [파일] 메뉴의 [한 부 인쇄]를 클릭하여 한 부를 인쇄할 수 있습니다.

9 [파일] 메뉴의 [온라인 인쇄]를 클릭합니다.

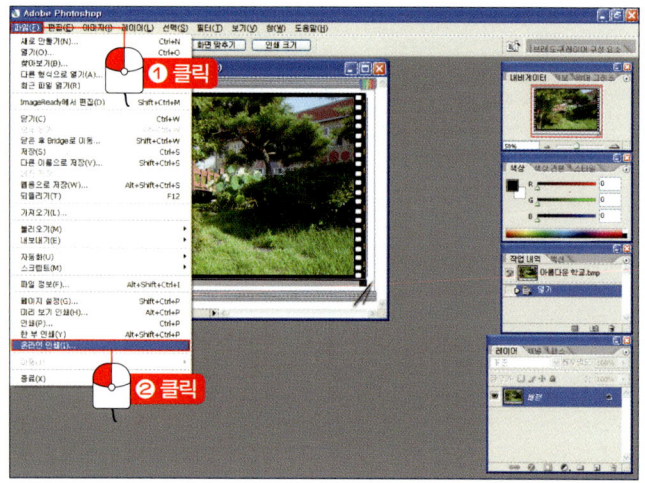

10 [온라인 인쇄]는 Adobe Services를 이용하여 온라인 상으로 인쇄하는 것으로 파일의 확장자가 jpg인 경우에만 가능합니다.

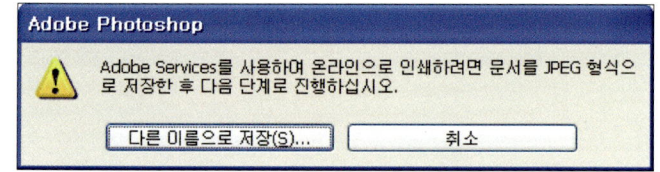

읽어 보세요

01 우리나라 전통적인 건축의 특징

우리나라 전통적인 건축의 특징 중 하나를 꼽는다면 자연과의 어우러짐에서 생기는 아름다움을 들 수 있습니다. 우리 민족은 예부터 건물을 지을 때 자연을 헐고 그 위에 짓는 것이 아니라 자연을 파괴하지 않으면서 자연과 최대한 어우러지도록 건물을 지으려고 노력했다고 합니다. 자연이 지닌 아름다움을 더욱 빛나게 하는 건축물을 만들려고 애썼다는 이야기입니다. 이것이 우리나라의 전통적인 건축의 큰 특징이라고 할 수 있습니다.

이처럼 자연을 거스르지 않고 자연과 함께 하고자 했던 건축의 정신은 임금님이 살았던 궁궐의 구석구석에서도 찾아볼 수 있답니다. 서울에 있는 창덕궁에 가보았습니까? 작은 언덕과 오솔길과 어우러진 곳곳의 건물들을 보면 자연과 건축물의 조화로운 아름다움을 발견할 수 있습니다.

창덕궁 내에서도 비원의 부용정은 자연과의 조화로운 아름다움이 한껏 배어있는 건축물이라고 할 수 있습니다. 임금님을 비롯한 임금님의 가족들이 사용하던 건물인데도 화려함으로 자연을 억누르려 하기보다는 자연과 어우러져 소박한 아름다움을 드러내고 있는 건물입니다. 아담한 연못을 바라보고 있는 부용정은 역시나 아담한 숲에 둘러싸여 있습니다. 거대하고 화려하여 보는 사람에게 탄성을 지르게끔 하기보다는 소박하고 우아하여 편안함을 줍니다. 자연이 주는 소박하고 편안한 아름다움을 창덕궁의 부용정은 매우 너그러운 마음으로 받아주고 있는 것입니다.

창덕궁이나 창덕궁에 있는 부용정 말고도 우리나라의 전통적인 건축미를 잘 표현하고 있는 건축물에는 어떤 것들이 있을까요? 굉장히 많이 있을 것입니다. 혹시 우리나라의 전통 건축물이 있는 장소로 현장체험학습이나 여행을 가게 되면 눈여겨 살펴보세요.

스스로 평가해요

평가요소	쉬워요	할 만해요	어려워요
• 주변에서 자연미와 조형미를 발견할 수 있습니다.			
• 포토샵의 화면 구성을 이해할 수 있습니다.			
• 사진이나 그림을 불러와 저장할 수 있습니다.			
• 저장한 사진이나 그림을 인쇄할 수 있습니다.			

혼자 해결해요

:: **아름다운 조형미를 느낄 수 있는 현대적 건축물 사진을 포토샵에서 열고, 다른 이름으로 저장하여 인쇄해 봅시다.** [미술-자연미와 조형미]

1 | C:\포토샵Part01\조형미s.jpg 열기
2 | [다른 이름으로 저장]하기
3 | [인쇄]하기

Lesson 02

날 알아요?

» 자르기 도구를 이용하여 악기 분류하기

음악이 없는 생활을 상상해 본 적 있습니까? 그런 세상은 참 삭막할 것입니다. 아름다운 음악은 여러 종류의 악기 소리가 서로 어우러져 만들어집니다. 아름다운 음악을 만드는 악기는 종류가 매우 많습니다. 악기는 소리를 내는 방법에 따라 타악기, 관악기, 현악기로 나누기도 합니다.

어떠한 악기들이 타악기, 관악기, 현악기에 속하는지 알아보고, 자르기 도구를 이용해 분류해 봅시다.

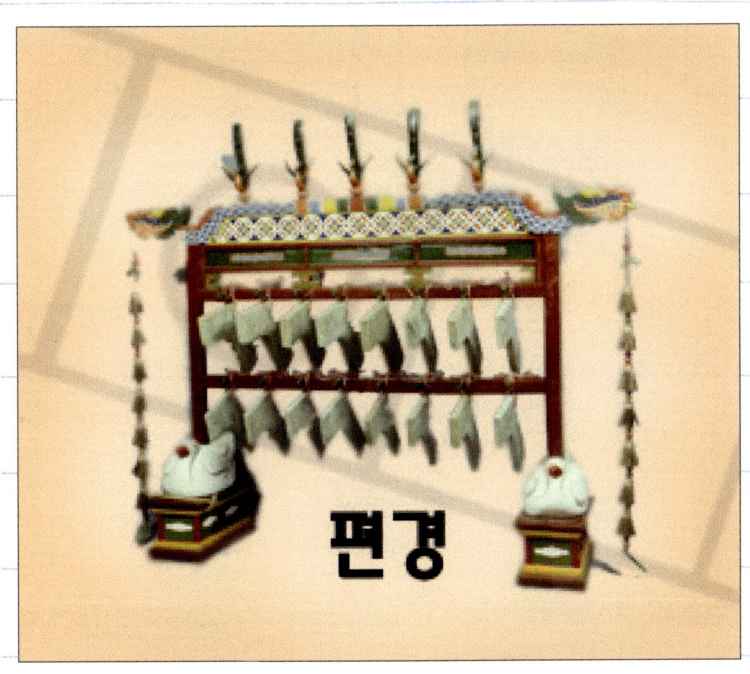

편경

이런 것을 공부해요

이런 것을 생각해요	교과서를 찾아봐요	이런 것을 활용해요
• 악기의 특징을 알고 분류할 수 있습니다. • 악기를 보고 그 이름을 말할 수 있습니다. • 우리나라 악기의 우수함을 알고 사랑하는 마음을 갖습니다.	• 음악 3학년 – 타악기의 종류와 음색 • 음악 4학년 – 관악기의 종류와 음색 • 음악 5학년 – 현악기의 종류와 음색 • 음악 6학년 – 악곡의 특징	• 자르기 도구 • 취소 • 다음 단계 • 이전 단계

함께 해결해요

편경 자르기

1 C:\포토샵\Part01\0102s.bmp를 엽니다.

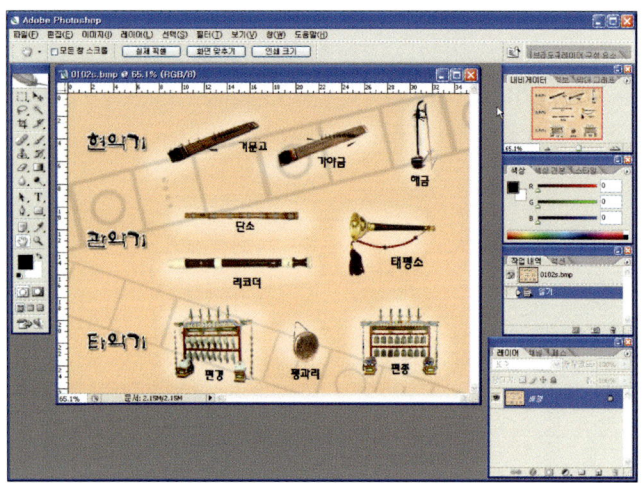

2 [도구 상자]의 자르기 선택 도구 를 클릭합니다.

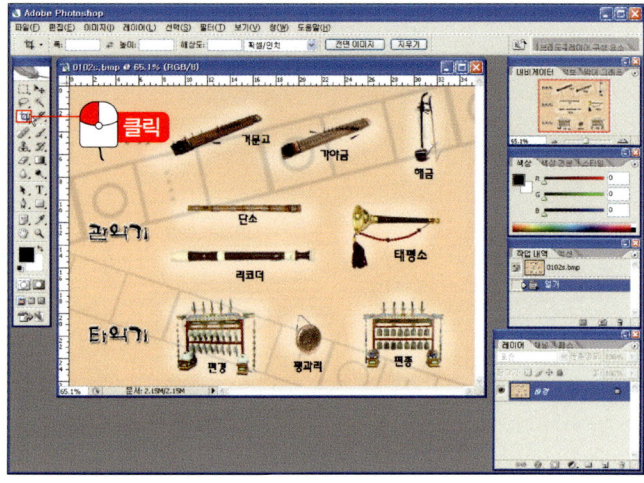

3 편경을 마우스로 드래그하여 선택합니다.

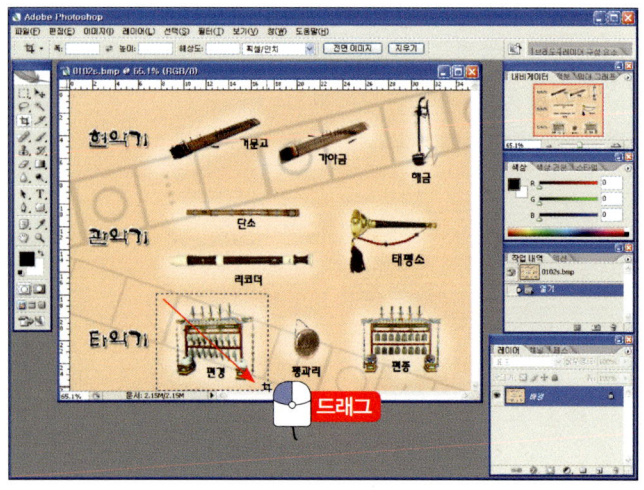

4 자르기 영역이 설정됩니다.

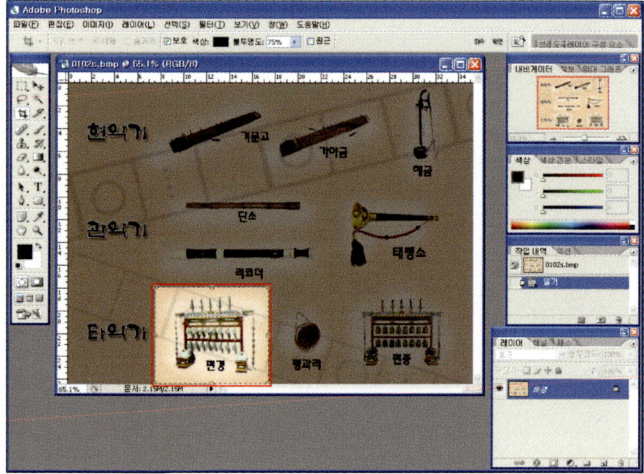

5 [이미지] 메뉴의 [자르기]를 클릭합니다.

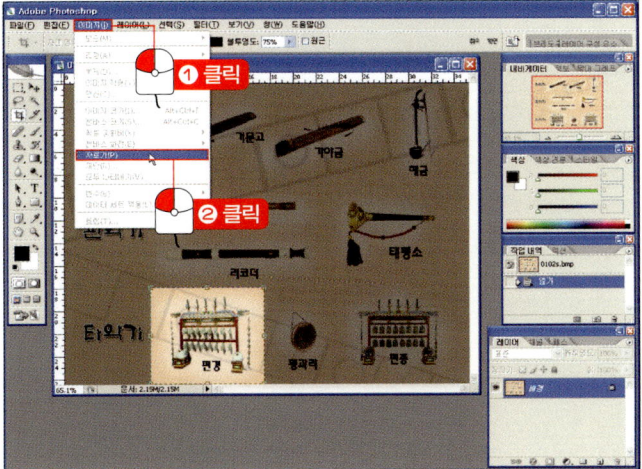

6 편집 이미지가 잘라집니다.

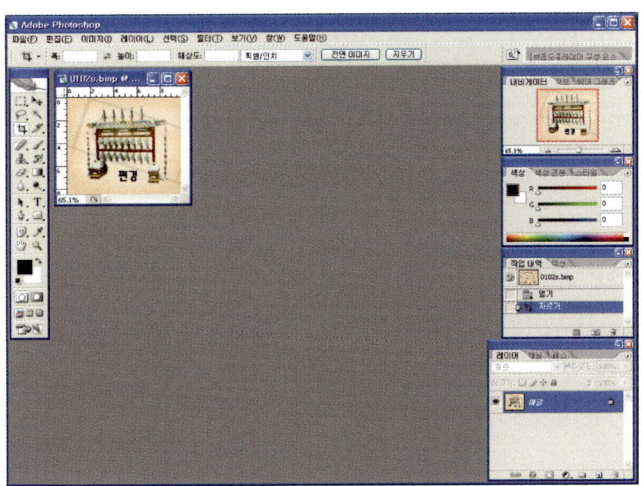

7 [파일] 메뉴의 [다른 이름으로 저장]을 클릭합니다.

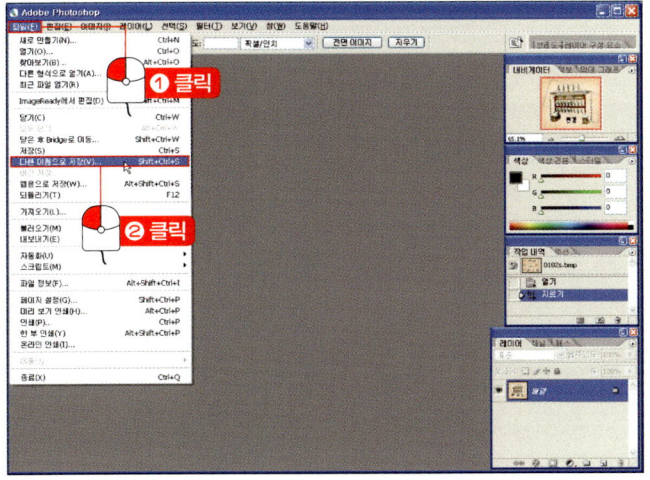

8 편경.bmp로 저장합니다.

자르기 영역 변경

1 C:\포토샵\Part01\0102s.bmp를 엽니다.

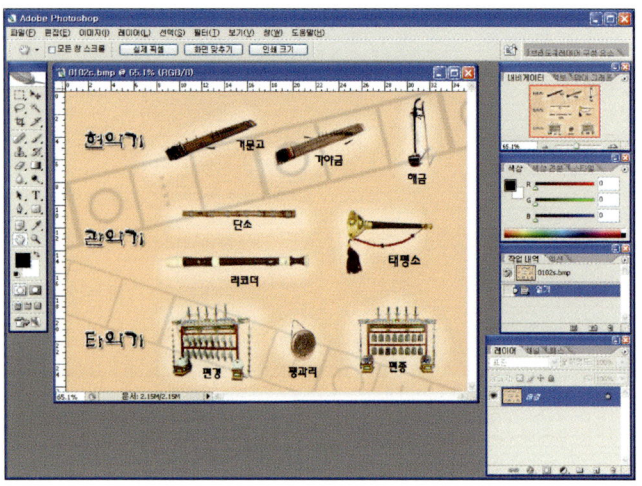

2 [도구 상자]의 자르기 도구 로 리코더를 드래그하여 선택합니다.

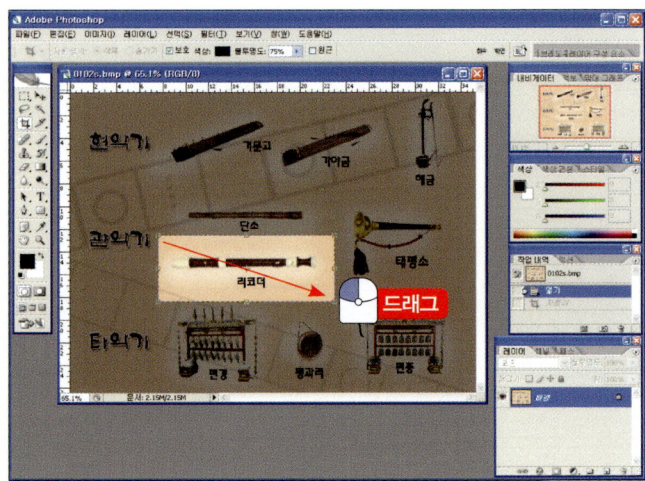

3 마우스를 자르기 영역 안으로 가져가 마우스포인터가 로 변하면 단소로 영역을 드래그 합니다.

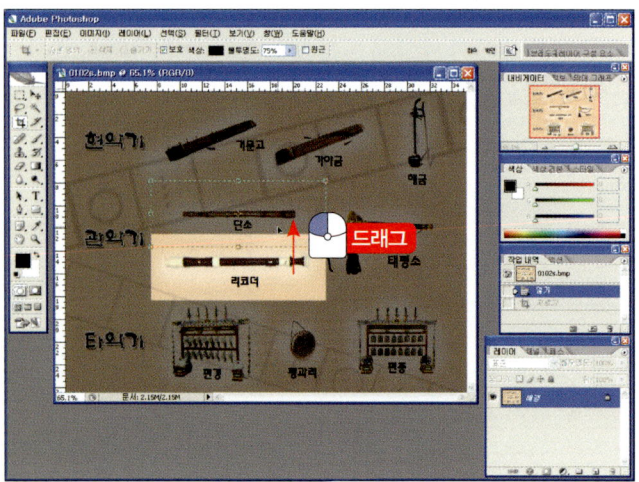

4 단소 이미지를 자를 준비가 됩니다.

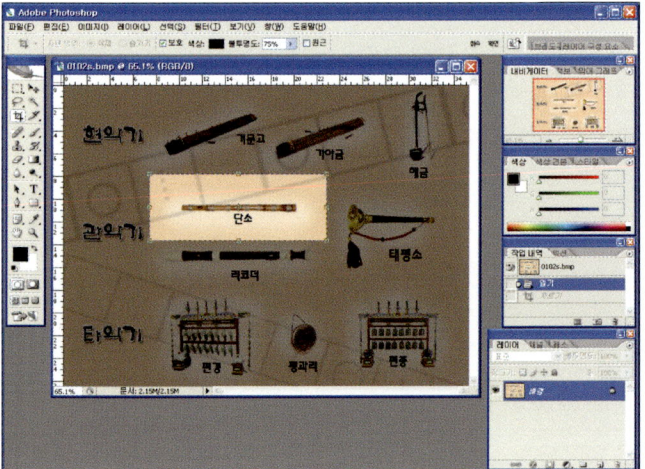

5 크기 조절점 ✥ 을 이용하여 좌우의 크기를 조절합니다.

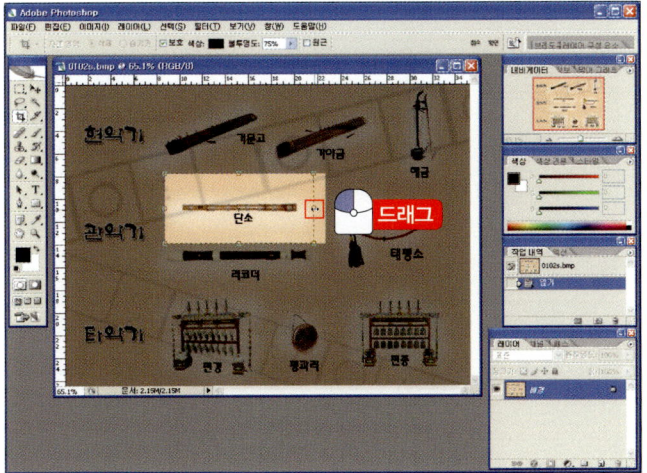

6 같은 방법으로 위, 아래의 크기를 조절합니다.

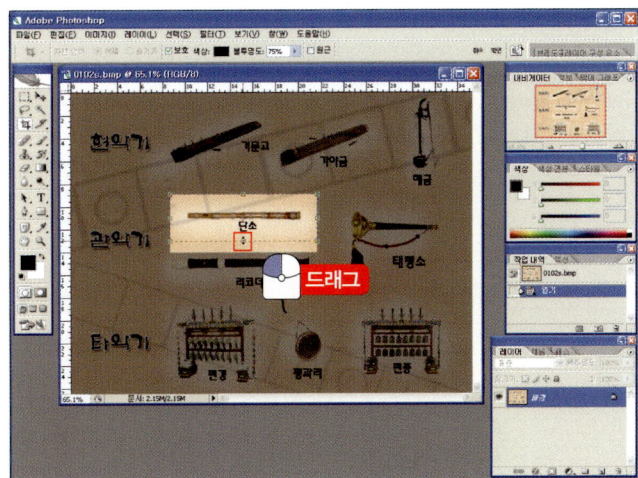

7 자르기하고 '단소.bmp'로 저장합니다.

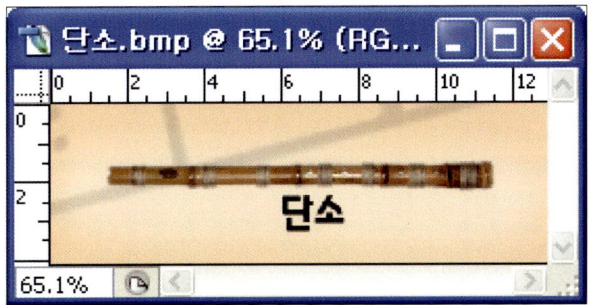

TIP 크기조절점 □ 에 마우스를 가져가면 가로 ✥, 세로 ↕, 대각선 ⤡ 방향으로 크기를 조절할 수 있습니다.

🖊 회전하여 자르기

1 C:\포토샵\Part01\0102s.bmp를 엽니다.

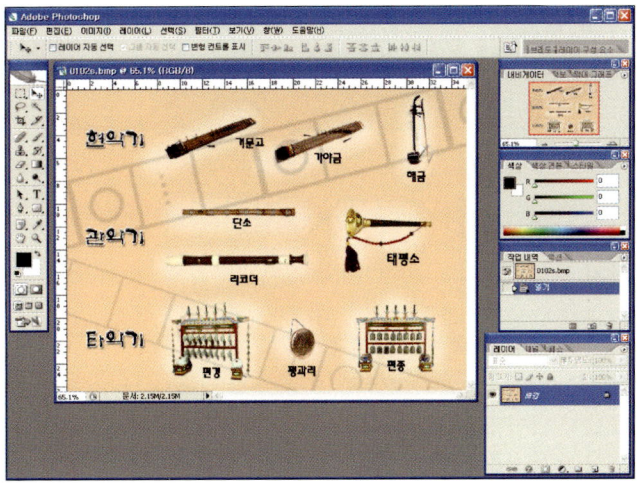

2 자르기 도구 로 가야금을 드래그하여 선택합니다.

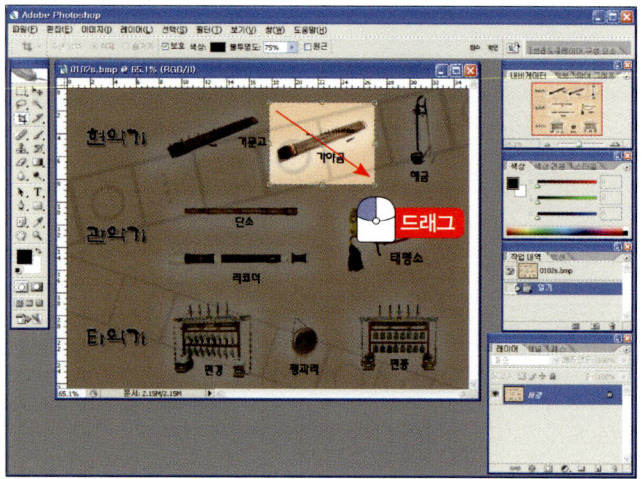

3 마우스를 크기조절점에 가까운 영역 바깥쪽으로 가져갑니다.

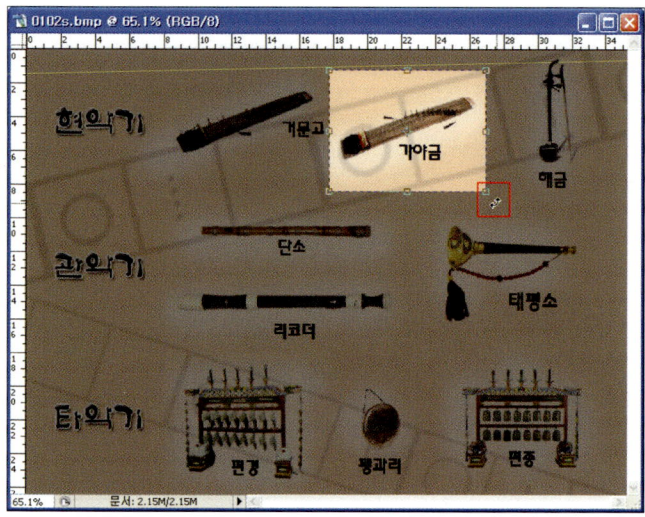

4 좌우로 드래그 하여 선택 영역을 가야금 방향과 맞춥니다.

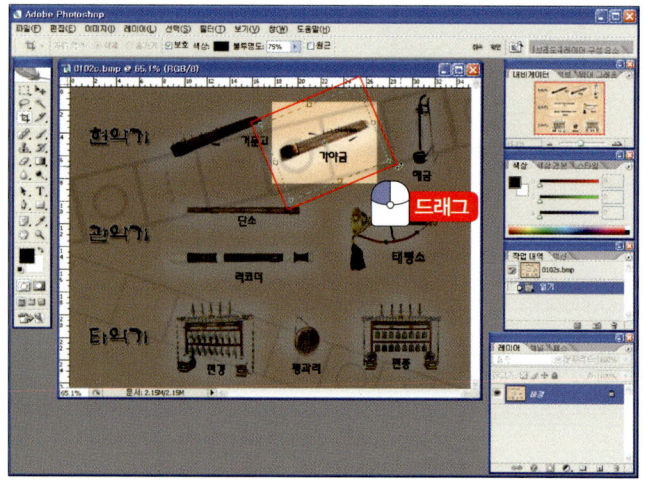

5 크기 조절점 을 드래그하여 크기를 조절합니다.

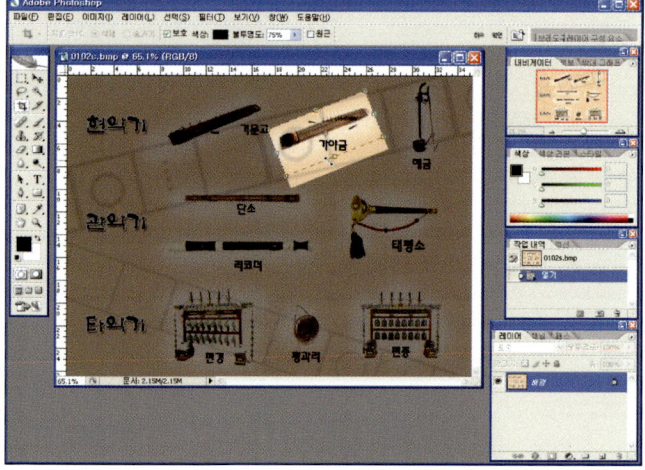

6 자르기하여 '가야금.bmp'로 저장합니다.

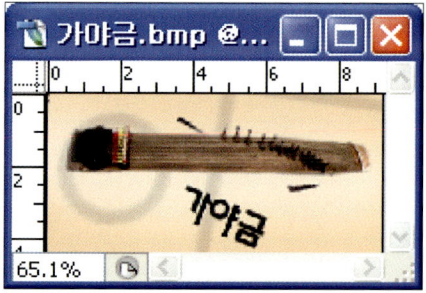

TIP 선택영역 밖에 마우스를 가져가면 마우스 포인터가 또는 로 바뀌어 선택 영역을 회전시킬 수 있습니다.

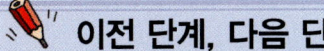
이전 단계, 다음 단계

1 꽹과리 이미지를 자르기합니다.

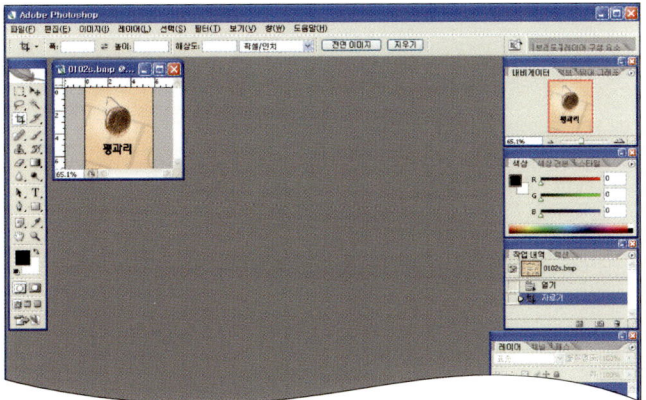

2 [편집] 메뉴의 [이전 단계]를 클릭합니다.

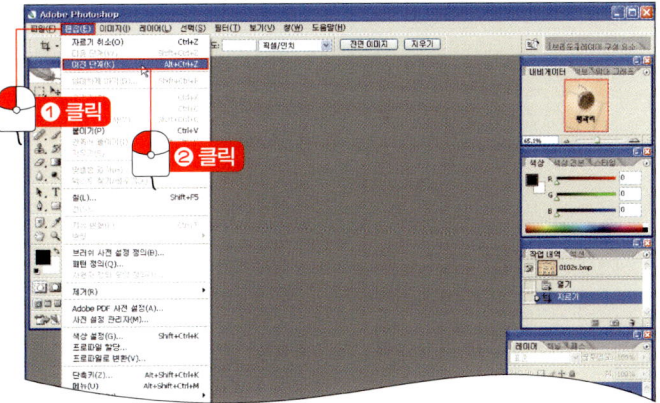

3 다시 파일을 열지 않아도 원본 파일을 편집할 수 있습니다.

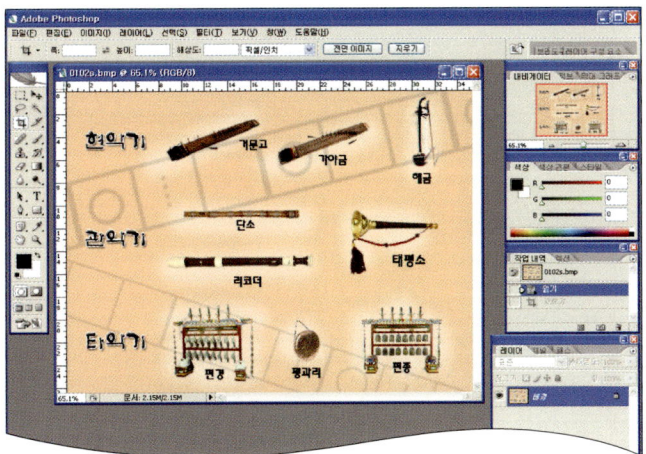

4 [편집] 메뉴의 [다음 단계]를 클릭합니다.

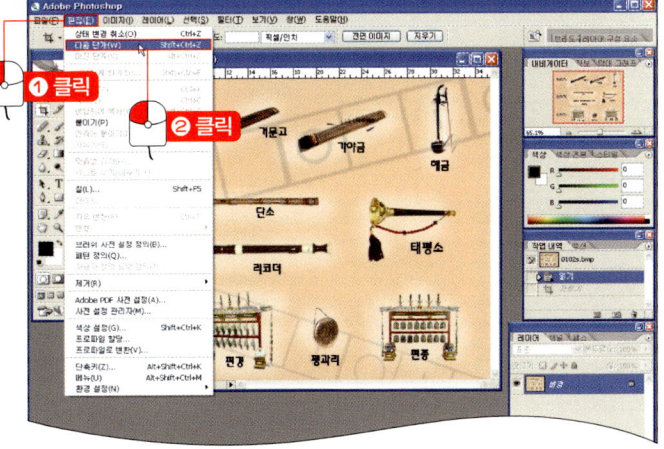

5 자르기한 상태로 돌아갑니다.

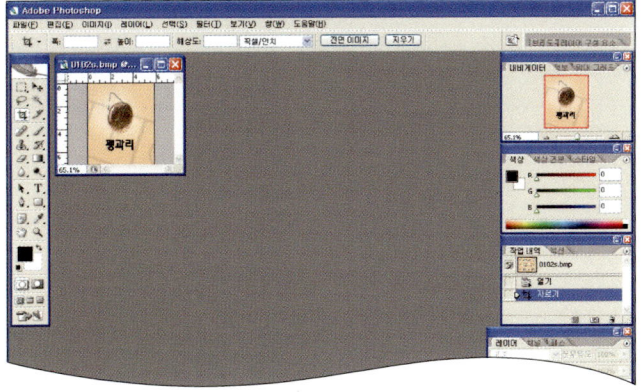

읽어 보세요

01 일반적인 악기의 분류

① **현악기** : 줄(현)을 활 따위로 문지르거나 튕겨서 소리를 내는 악기를 말합니다. 가야금, 거문고, 바이올린, 첼로, 비올라 등이 있습니다.
② **관악기** : 입으로 불어서 소리를 내는 악기를 말합니다. 나무로 만든 목관 악기와 금속으로 만든 금관 악기의 두 가지로 나뉘고, 단소, 피리, 리코더 등이 있습니다.
③ **타악기** : 두드려서 소리를 내는 악기를 말합니다. 꽹과리, 징, 탬버린, 트라이앵글, 드럼, 편경, 편종 등이 있습니다.

02 국악기 종류

우리나라 악기는 삼국시대를 전후하여(약 2,000년 전에서 1,000년 전 사이) 우리나라에서 만들어진 고유악기와 중국지방 등지에서 수입된 악기로 이루어져 있는데, 그 종류가 매우 다양합니다. 옛 책을 보면 대개 60가지가 넘는 악기들을 찾아볼 수 습니다. 이중에는 악기라기보다 장식품처럼 사용된 것도 있고, 또 안 쓴지 너무 오래 되어서 잊혀진 악기들도 있습니다. 다음은 국악기를 분류하는 여러 방법 중 하나입니다.

① **현명악기** : 줄의 울림에 의하여 소리를 내는 악기를 통틀어 이르는 말로 현악기를 말합니다.
　예 거문고, 가야금(가야고), 아쟁, 양금, 해금, 금, 슬
② **공명악기** : 관 안의 공기를 진동시켜 소리를 내는 악기로 관악기를 말합니다.
　예 대금, 당적, 단소, 퉁소, 향피리, 세피리, 당피리, 새납(태평소), 생황, 나발, 나각, 훈, 지, 약, 적
③ **체명악기** : 북 종류를 제외하고, 자기 자신의 떨림에 의하여 소리를 내는 악기로, 캐스터네츠·종·징 등이 있으며 타악기를 말합니다. 예 편종, 특종, 편경, 특경, 방향, 징, 바라(자바라), 꽹과리(소금), 박, 축, 어, 부, 운라
④ **피명악기** : 북이나 장구처럼 가죽을 씌워서 그 가죽의 떨림에 의하여 소리를 내는 악기를 말하며 타악기를 말합니다.
　예 장구, 좌고, 소고, 용고, 교방고, 절고, 진고, 노고, 노도

03 취타와 대취타

취타는 한자어를 그대로 풀이하면 '불고 때린다.'는 뜻 입니다. 즉 관악기와 타악기를 이용한 음악이라는 뜻에서 붙여진 이름으로 대취타를 관현악기 중심으로 바꾸어 연주한 음악을 말합니다.

	대취타	취타
다른 이름	• 무령지곡	• 만파정식지곡
악기 편성	• 타악기 중심(징, 자바라, 장구 용고 등의 타악기와 나각, 나발과 같은 취악기, 오직 하나의 선율 악기인 태평소로 편성.)	• 관현악기 중심(소금, 대금, 향피리, 장구, 좌고, 편종, 편경, 해금, 가야금, 거문고, 아쟁 등)
목적	• 임금님 행차, 군대 행진 등 행사를 치르기 위한 음악	• 나라가 아무 탈 없이 편안하기를 바라는 음악
느낌	• 힘차고 시원하며 씩씩함	• 웅장하고 화려함
장단	• 취타가 대취타의 리듬 구조를 바탕으로 음악을 바꾼 것이므로 가락이나 리듬, 장단이 매우 비슷하며, 군대가 이동할 때 쓰이는 음악을 바탕으로 하는 음악인 만큼 씩씩하고 활달하며 힘 있는 분위기를 가진다.	

스스로 평가해요

평가요소	쉬워요	할 만해요	어려워요
• 악기를 현악기, 관악기, 타악기로 나눌 수 있습니다.			
• 편경, 가야금 등의 국악기 그림을 보고 이름을 말할 수 있습니다.			
• 필요한 부분을 자르기 할 수 있습니다.			
• 자르기 영역을 자유자재로 변경할 수 있습니다.			

혼자 해결해요

:: **우리 고장에서 잘 알려진 곳의 위성사진이나 지도를 찾아 필요한 부분을 자르기하여 저장해 봅시다.** [사회 – 우리 지역의 환경]

1 | 위성사진(네이버 위성지도, 다음 스카이뷰 등) 다운받기
2 | 위성사진 열기
3 | 자르기 도구를 이용하여 자르기
4 | '국회의사당.bmp'으로 저장

Lesson 03

태양의 가족들

》 **선택 윤곽 도구를 이용하여 태양계의 구성원 만들기**

우리가 살고 있는 지구는 태양 주위를 1년에 한 번씩 돌고 있습니다. 그것을 공전이라고 하는데, 공전으로 인해서 계절의 변화가 생깁니다. 태양 주위를 도는 행성은 지구 말고도 여러 행성이 있습니다. 어떤 행성들이 태양의 주위를 돌고 있는지 알고 있습니까?

선택 윤곽 도구와 복사, 붙이기 기능을 이용하여 태양의 가족사진을 만들어 봅시다.

이런 것을 공부해요

이런 것을 생각해요	교과서를 찾아봐요	이런 것을 활용해요
• 태양계를 구성하는 행성을 알 수 있습니다. • 태양계 행성들의 크기와 태양과의 거리를 비교할 수 있습니다. • 계절이 변화하는 까닭을 알 수 있습니다.	• 과학 5학년 −지구와 달 −태양계와 별 • 과학 6학년 −계절의 변화	• 사각형 선택 윤곽 도구 • 원형 선택 윤곽 도구 • 복사 • 붙이기 • 이동 도구

함께 해결해요

파일 열기와 배치

1 C:\포토샵\Part01\태양계s.bmp를 엽니다.

2 [도구 상자]의 손 도구 를 더블 클릭합니다.

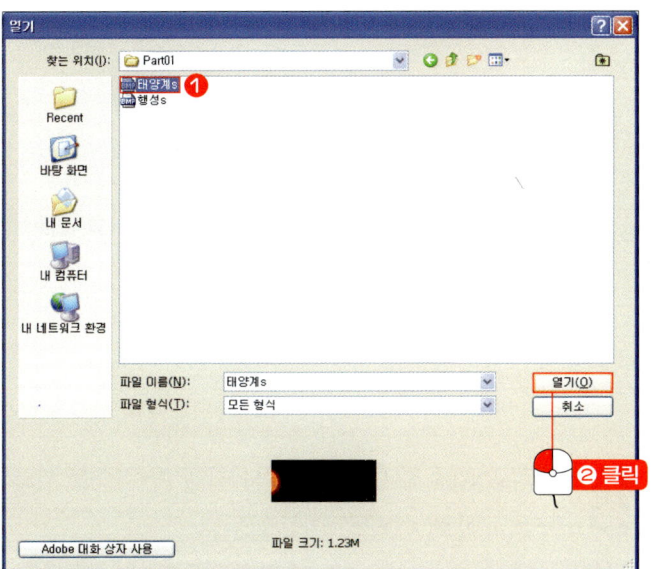

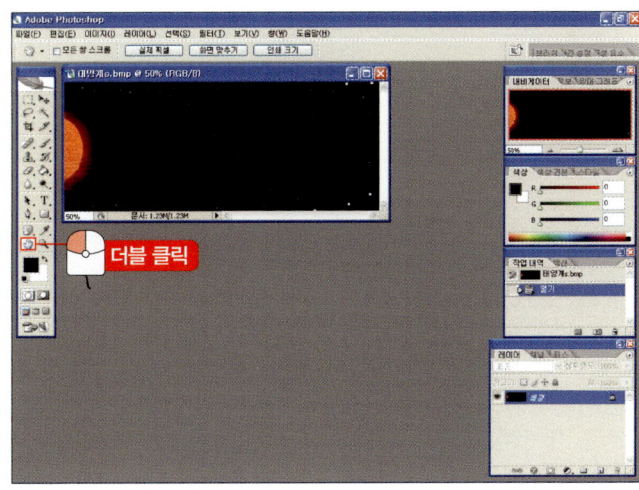

3 '태양계s.bmp' 창이 크게 바뀌었습니다.

4 [파일] 메뉴의 [열기]를 클릭합니다.

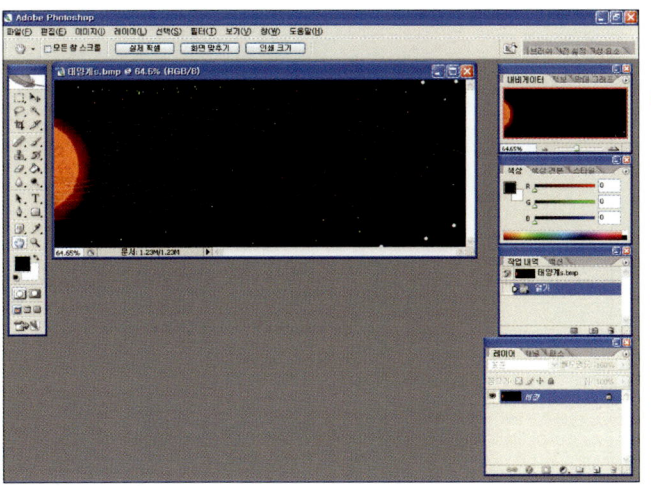

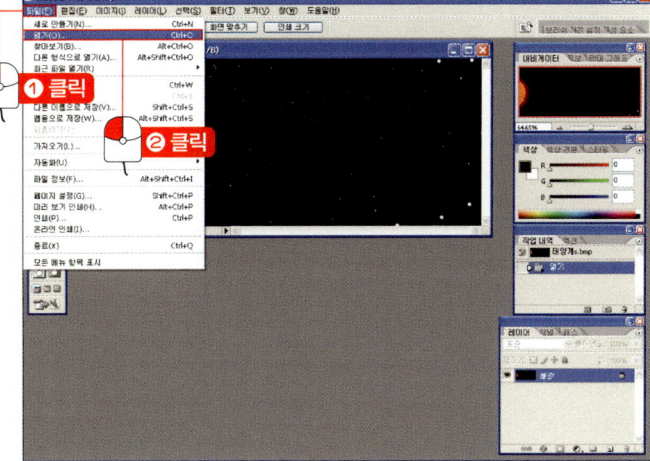

5 C:\포토샵\Part01\행성s.bmp를 선택하고 [열기] 버튼을 클릭합니다.

6 [도구 상자]의 손 도구 를 더블 클릭합니다.

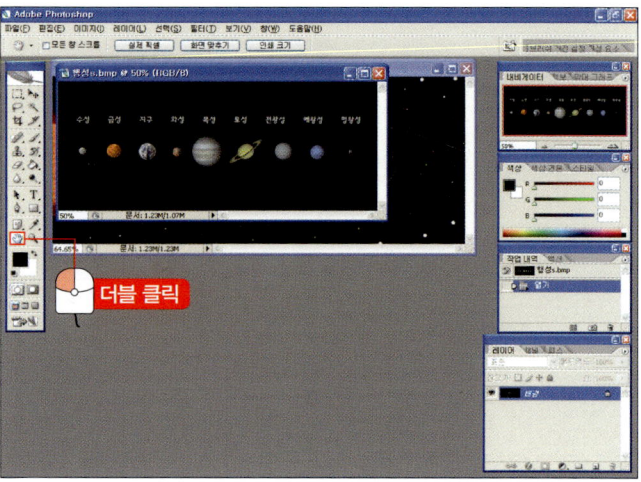

7 '행성s.bmp' 창이 크게 바뀌었습니다.

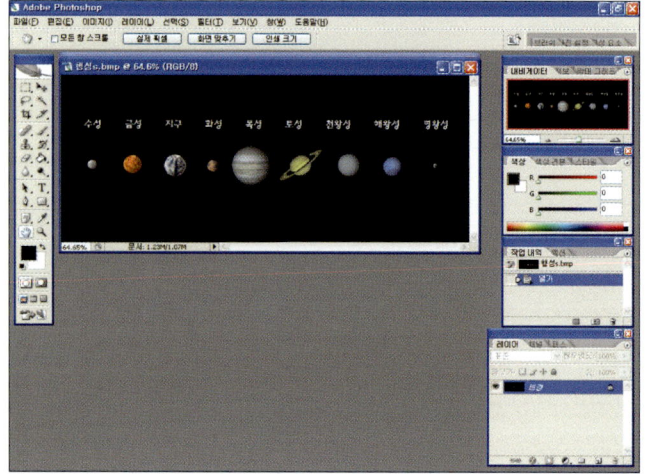

8 '행성s.bmp' 창의 [제목 표시줄]에 마우스를 대고 드래그 하여 아래로 이동합니다.

9 두 창이 모두 보이도록 배치합니다.

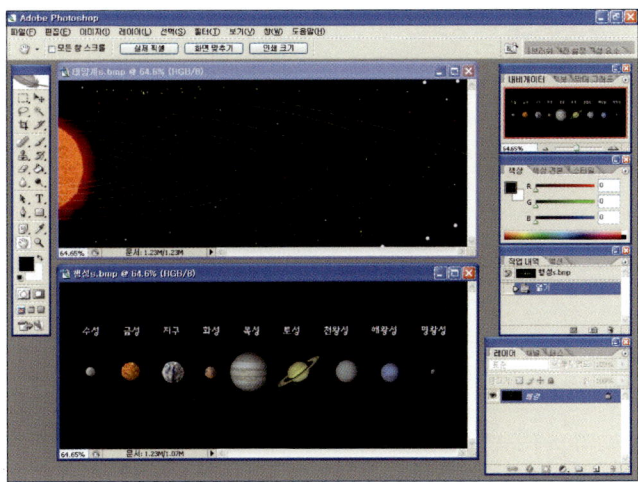

사각형 선택, 복사, 붙이기, 이동

1 [도구 상자]의 사각형 선택 윤곽 도구 □ 를 클릭합니다.

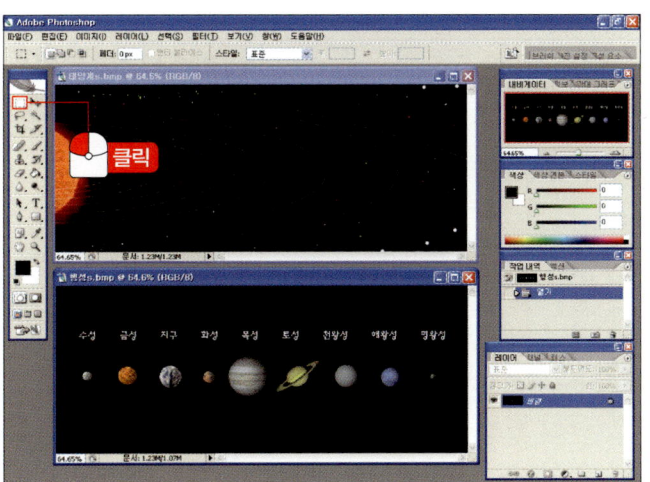

2 '행성s.bmp' 창에서 마우스로 드래그하여 '수성' 이미지를 선택합니다.

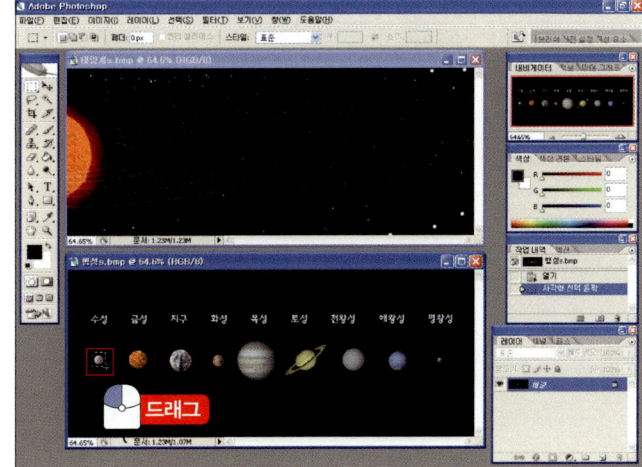

3 [편집] 메뉴의 [복사]를 클릭합니다.

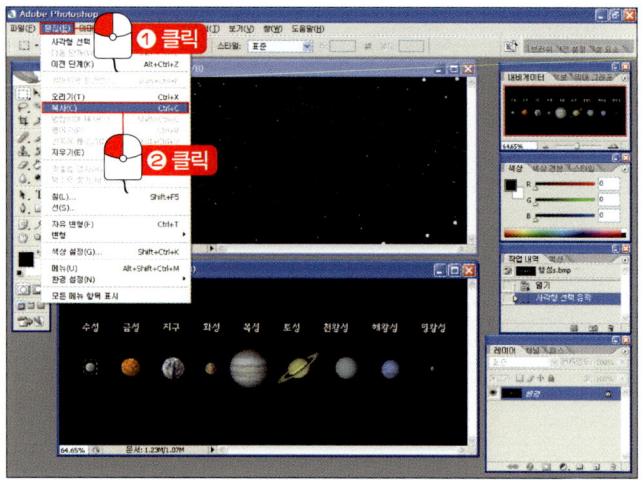

4 '태양계s.bmp' 창의 아무 곳이나 클릭하여 창을 활성화합니다.

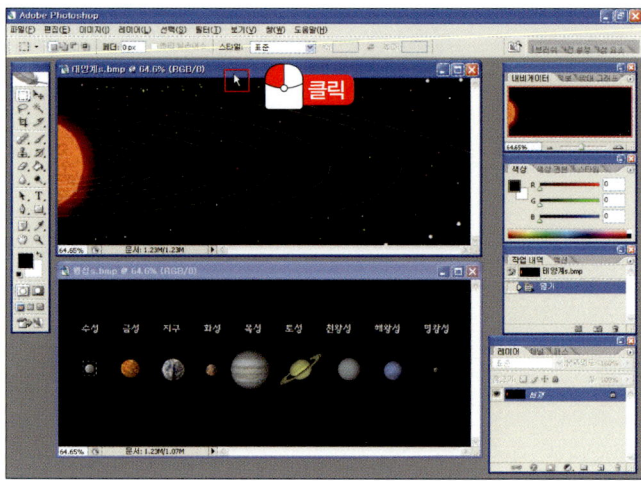

5 [편집] 메뉴의 [붙이기]를 클릭합니다.

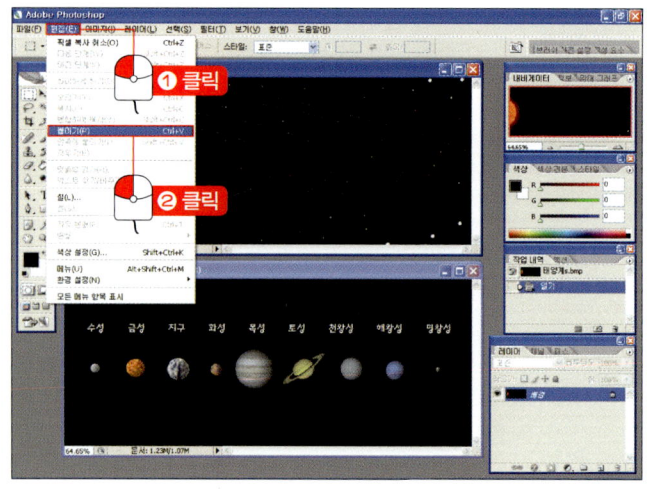

6 복사한 '수성' 이미지가 '태양계s.bmp' 창에 붙었습니다.

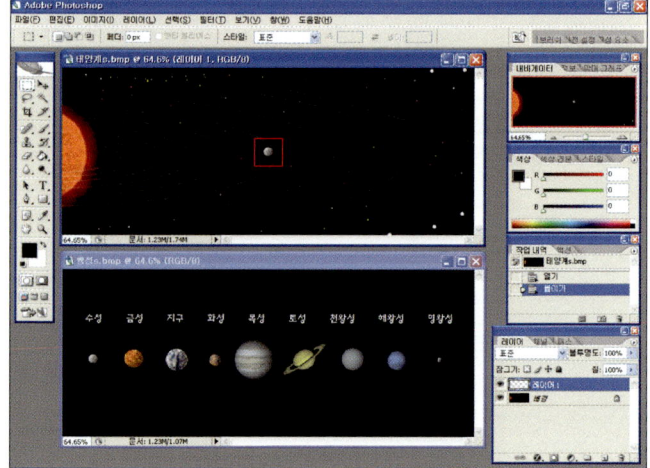

7 [도구 상자]의 이동 도구 를 클릭합니다.

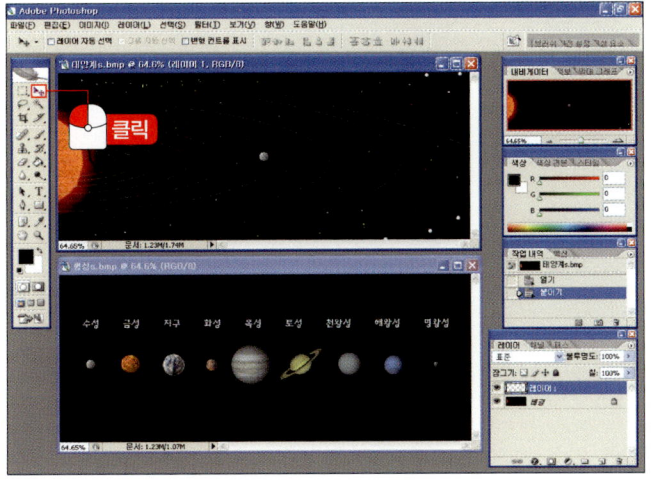

8 '수성' 이미지를 마우스로 드래그하여 첫째 궤도로 이동합니다.

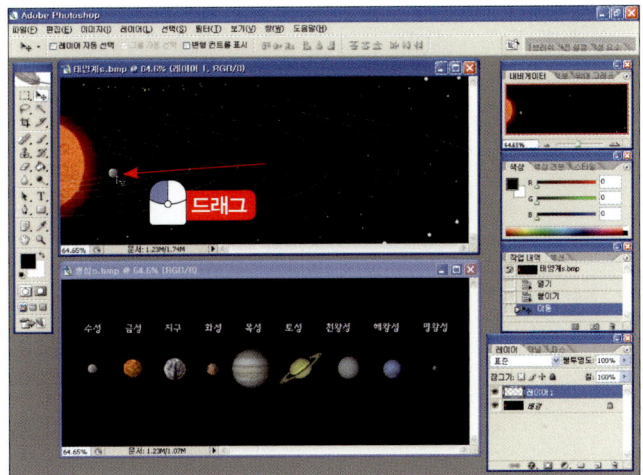

원형 선택, 복사, 붙이기, 이동

1 '행성s.bmp' 창을 활성화하여 [도구 상자]의 사각형 윤곽 선택 도구 를 선택하고 마우스 오른쪽을 클릭합니다.

2 원형 선택 윤곽 도구 를 클릭합니다.

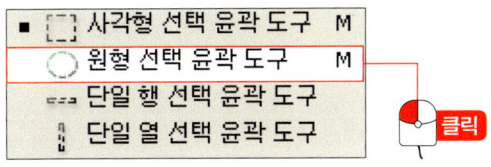

포토샵과 교과서가 짝꿍이 되었어요 | PART 01 **041**

3 '행성s.bmp' 창에서 마우스로 드래그하여 '금성'을 선택합니다.

4 마우스 포인터를 선택 영역 안쪽으로 움직이면 포인터의 모양이 바뀌면서 선택 영역을 이동할 수 있습니다. 마우스로 드래그하여 '금성' 이미지를 모두 포함하도록 선택 영역을 움직입니다.

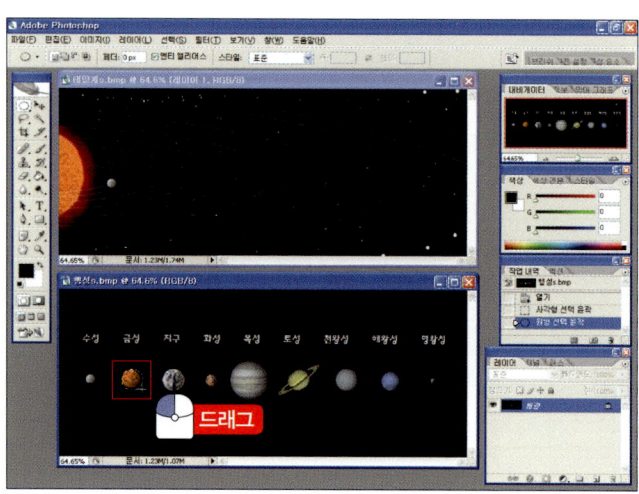

5 [편집] 메뉴의 [복사]를 클릭합니다.

6 '태양계s.bmp' 창을 활성화합니다.

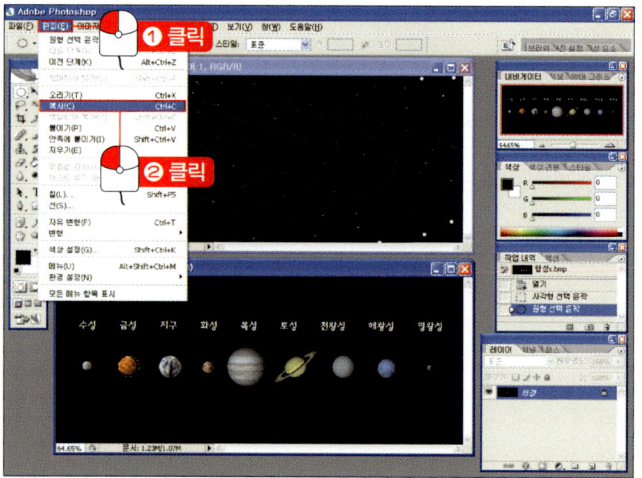
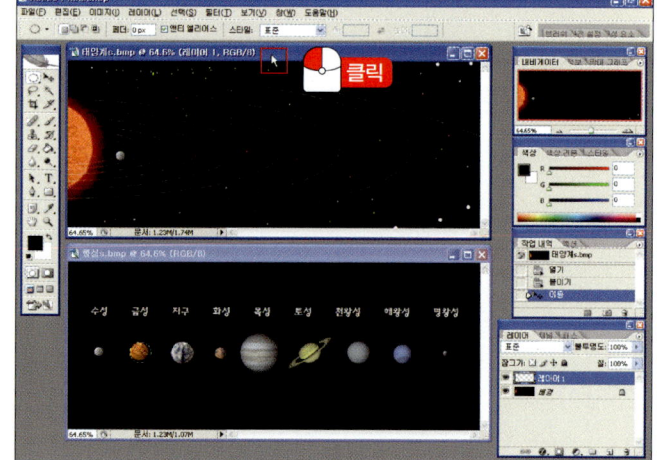

TiP 원형 선택 윤곽 도구로 선택할 때 〈Shift〉를 누른 채 드래그 하면 바른 원을 선택할 수 있습니다.

7 [편집] 메뉴의 [붙이기]를 클릭합니다.

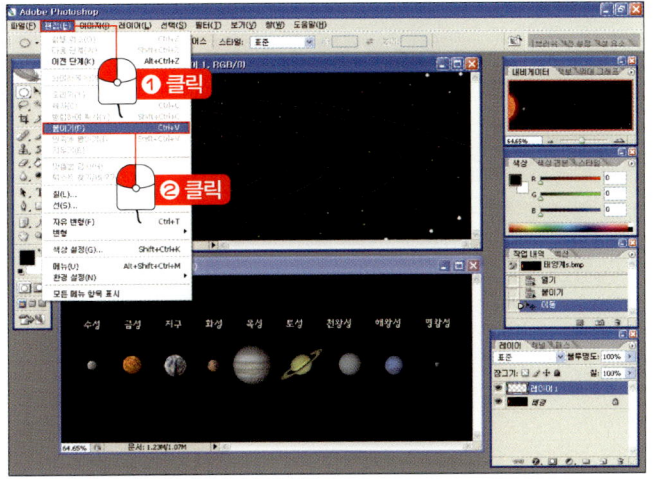

8 [도구 상자]의 이동 도구 를 클릭합니다.

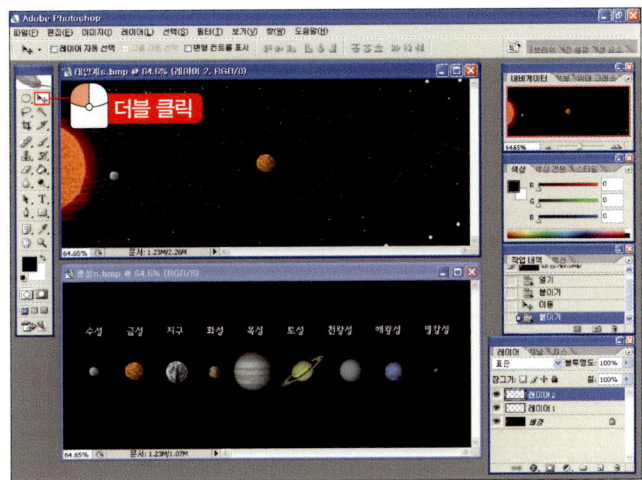

9 '금성' 이미지를 둘째 궤도로 이동합니다.

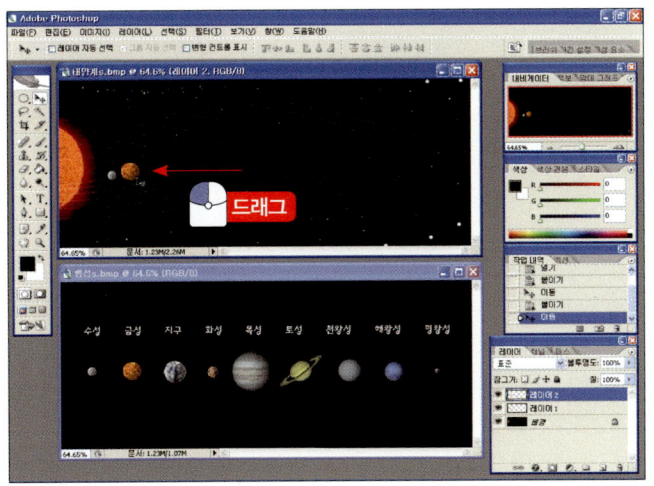

10 위의 작업을 반복하면 태양계의 이미지를 완성할 수 있습니다.

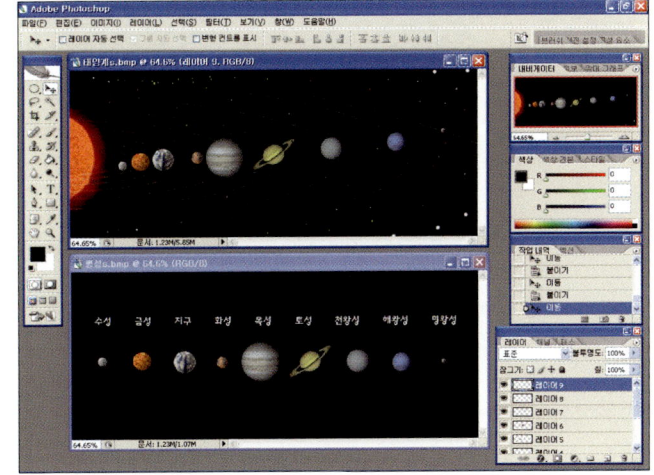

TiP 태양계 이미지에는 명왕성이 있지만, 명왕성은 2006년 이후로 태양계의 행성에서 제외되었습니다.

읽어 보세요

01 별자리의 변화

밤하늘에는 수많은 별들이 떠 있습니다. 사람들은 별들의 위치를 기억하기 위하여 별자리를 만들었습니다. 우리 눈에 보이는 별자리는 매일 조금씩 바뀌고 있습니다. 지금 이 순간에도 별자리는 그 자리를 바꾸고 있지요. 왜 그럴까요? 우리가 사는 지구가 가만히 있지 않기 때문입니다. 그렇기 때문에 초저녁과 새벽에 보이는 별자리의 모습이 다르고, 계절에 따라서도 그 모습이 다르게 보이는 것입니다.

02 행성이란?

① **항성** : 태양처럼 스스로 빛을 내는 아주 높은 온도의 천체
② **행성** : 지구처럼 스스로 빛을 내지는 못하고 항성(태양)의 빛을 반사하여 빛나면서 항성의 주위를 도는 천체
③ **위성** : 달처럼 행성의 주위를 도는 천체
④ **소행성** : 일반적인 행성보다 작고 어두운 행성
⑤ **혜성** : 밤하늘에 긴 꼬리를 드리우고 움직이는 천체

03 태양계

태양을 중심으로 8개의 행성과 여러 개의 소행성, 혜성이 태양의 주위를 따라 움직이는 천체계를 말합니다.

① **수성** : 태양에서 가장 가깝습니다.
② **금성** : 지구에서 가장 가깝고, 수성 다음에 위치하여 태양 주위를 돕니다.
③ **지구** : 우리가 살고 있는 행성으로 물이 있어 생물이 존재할 수 있습니다.
④ **화성** : 지구 다음에 있는 행성으로 빛깔이 매우 붉습니다.
⑤ **목성** : 태양계에서 가장 큰 행성으로 16개의 위성을 거느리고 있습니다.
⑥ **토성** : 태양계에서 가장 아름다운 행성으로 여러 개의 고리가 있으며, 18개의 행성을 거느리고 있습니다.
⑦ **천왕성** : 태양계에서 세 번째로 큰 행성이며, 15개의 위성이 있습니다.
⑧ **해왕성** : 천왕성과 크기가 비슷합니다.

04 행성의 크기

- 지구의 반지름을 1m로 생각했을 때의 크기를 비교한 것입니다.

행성	수성	금성	지구	화성	목성	토성	천왕성	해왕성	명왕성
반지름	0.4m	0.9m	1.0m	0.5m	11.2m	9.4m	4.0m	3.9m	0.2m

05 태양과 행성 간의 거리

- 태양과 지구까지의 거리를 1m로 생각했을 때의 행성 간의 거리를 비교한 것입니다.

행성	수성	금성	지구	화성	목성	토성	천왕성	해왕성	명왕성
거리	0.4m	0.7m	1.0m	1.5m	5.2m	9.5m	19.2m	30.1m	39.5m

06 계절이 변하는 까닭

계절은 왜 바뀔까요? 지구가 태양의 주위를 1년에 한 바퀴씩 돌기 때문입니다. 그것을 공전이라고 하지요. 지구의 공전 때문에 태양의 고도가 달라지는데, 변화하는 태양의 고도로 인해서 지구에서는 계절의 변화가 일어나게 됩니다. 태양의 고도가 바뀌면 기온에 변화가 생기고, 결국에 계절이 변하게 되는 것입니다.

스스로 평가해요

평가요소	쉬워요	할 만해요	어려워요
• 태양계의 가족 구성원을 알고 있습니다..			
• 행성의 크기와 태양과 행성 간의 거리를 비교할 수 있습니다.			
• 선택 윤곽 도구를 사용하여 원하는 모양을 선택할 수 있습니다.			
• 선택한 영역을 복사하기와 붙이기 할 수 있습니다			

혼자 해결해요

:: **자동차 이미지를 선택·복사하여 자동차가 다니는 그림지도를 완성해 봅시다.** [사회-지도 그리기]

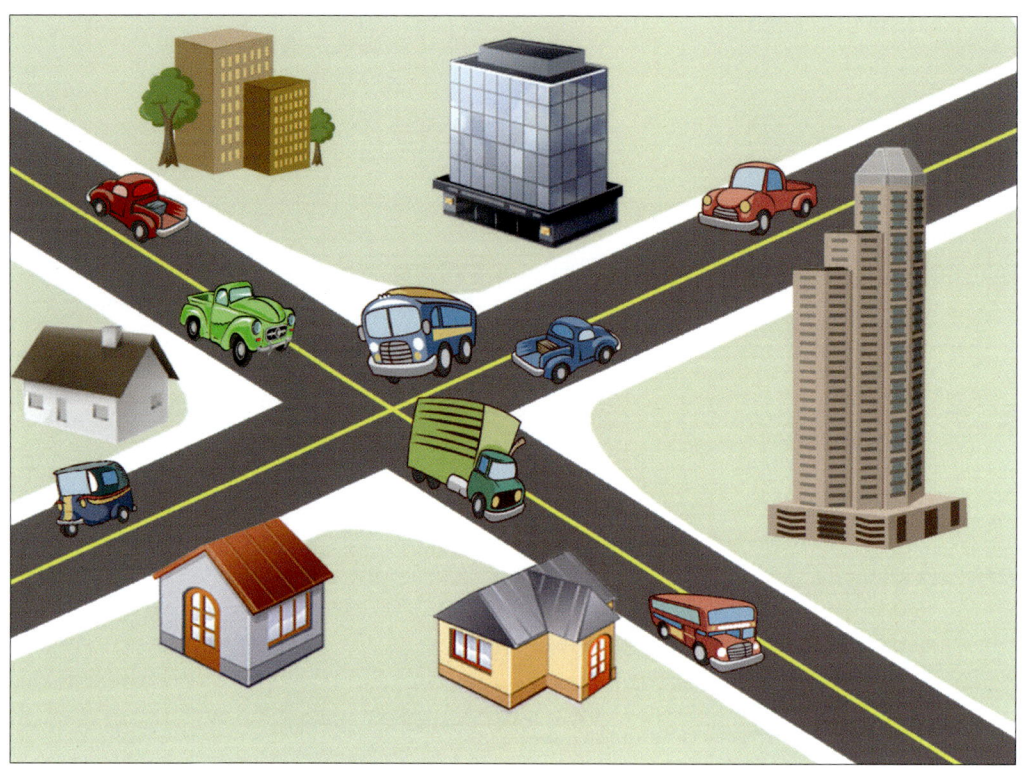

1 | C:\포토샵\Part01\약도s.bmp 열기
2 | 검색사이트나 MS 오피스온라인 클립아트(http://office.microsoft.com/ko-kr/images/)에서 '건물' 또는 '자동차'로 이미지를 검색하여 다운받기
3 | 건물 또는 자동차 이미지에서 선택 윤곽 도구로 선택하고 복사하기
4 | '약도s.bmp' 창에 이미지 붙이기
5 | 이동 도구로 이미지 배치하기

Lesson 04 풀과 나무가 자라요

» 올가미 도구를 이용하여 식물도감 만들기

가끔 들길이나 산길을 걷다보면, 이름도 알 수 없는 수많은 식물들이 깔깔대며 웃는 소리를 들을 수 있습니다. 그런데 참 이상한 것은 내가 식물의 이름을 불러줄 때 웃음소리가 더 커진다는 것입니다. 내가 자기에게 관심을 갖고 있는 것을 식물은 기막히게 느낀답니다.

올가미 도구를 이용하여 식물도감을 만들어 봅시다. 식물 사진 자료를 수집하고 올가미 도구로 원하는 부분을 선택·복사하여 저장한 후, 인쇄하여 활용해 봅시다.

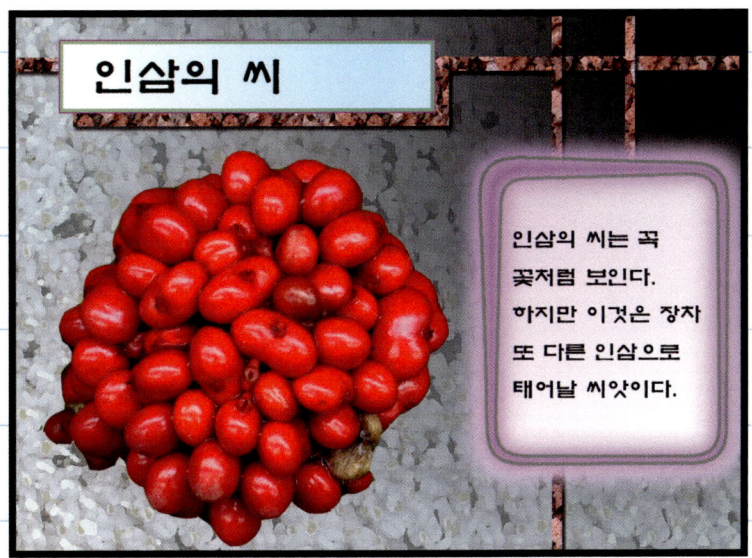

미리 준비해요

이 장에서는 문자를 다루지 않는다. 다만 여기 삽입된 문자는 학생들이 이미지를 완성한 후 인쇄하여 연필로 쓴 것에 해당한다.

이런 것을 공부해요

이런 것을 생각해요	교과서를 찾아봐요	이런 것을 활용해요
• 일정한 기준에 따라 식물을 분류할 수 있습니다. • 식물의 구조를 알고, 각 부분의 역할을 이해할 수 있습니다. • 식물을 아끼고 보호하는 마음을 가집니다.	• 과학 4학년 −식물의 한 살이 −식물의 세계 • 과학 5학년 −식물의 구조와 기능	• 올가미 도구 • 다각형 올가미 도구 • 자석 올가미 도구 • 돋보기 도구 • 새로 만들기

함께 해결해요

파일 열기

1 C:\포토샵\Part01\틀s.bmp를 열고 [도구 상자]의 손 도구를 더블 클릭합니다.

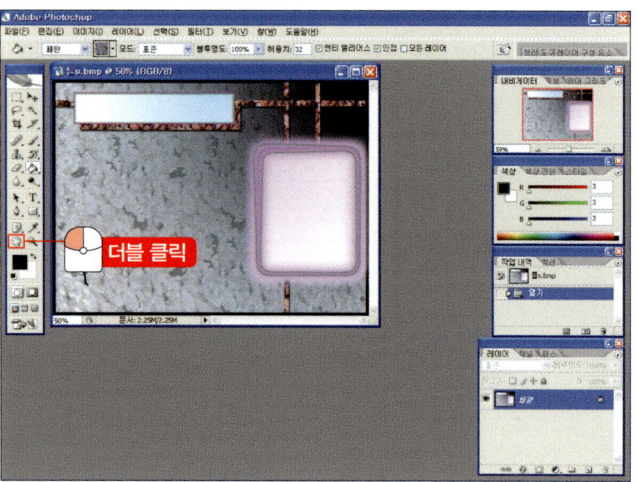

2 '틀s.bmp' 창이 커졌습니다.

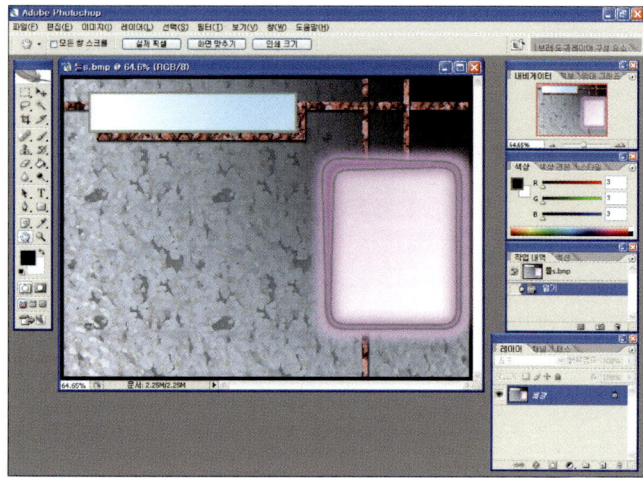

3 [파일] 메뉴의 [열기]를 클릭합니다.

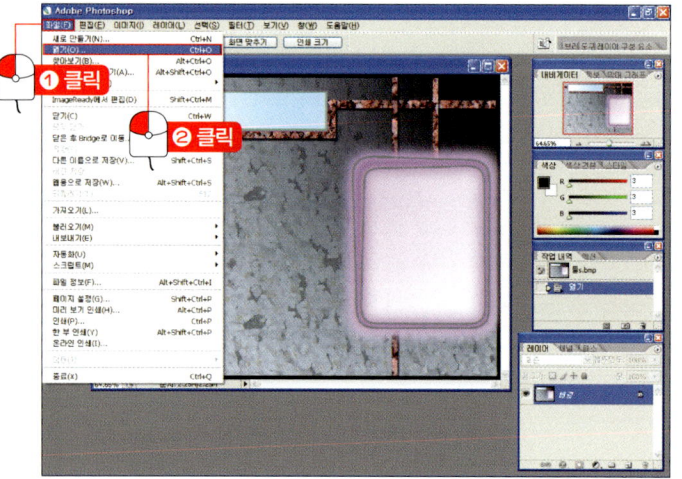

4 C:\포토샵\Part01\인삼의 씨.jpg를 선택하고 [열기] 버튼을 클릭합니다.

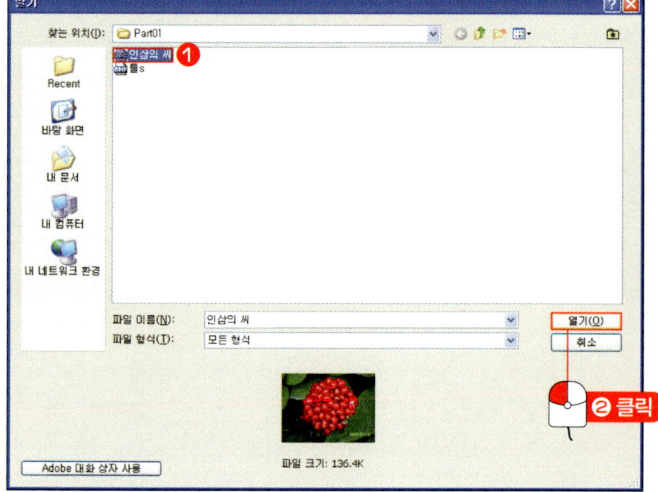

5 '인삼의 씨.jpg' 창의 최대화 ❐ 를 클릭합니다.

6 '인삼의 씨.jpg' 창이 최대화되었습니다.

올가미 도구

1 [도구 상자]의 돋보기 도구 🔍 를 클릭합니다.

2 활성 이미지 영역에 마우스를 대면 마우스 포인터의 모양이 🔍 로 바뀝니다.

3 마우스를 클릭하면 이미지가 확대됩니다.

4 [도구 상자]의 올가미 도구 를 선택하고 마우스 오른쪽을 클릭합니다.

5 자석 올가미 도구 를 클릭합니다.

6 자석 올가미 도구 모양으로 바뀐 마우스 포인터를 빨간색의 인삼의 씨앗 테두리에 대고 한 번 클릭합니다.

7 인삼 씨앗의 테두리를 마우스로 따라가며 적당한 곳에서 클릭합니다.

TiP 올가미 도구 는 자유로운 형태의 선택, 다각형 도구 는 직선으로 선택할 때 활용합니다.

8 시작점과 도착점이 만나면 더블 클릭합니다. 인삼의 씨앗 부분만 선택됩니다.

식물 도감 완성하기

1 [편집] 메뉴의 [복사]를 클릭합니다.

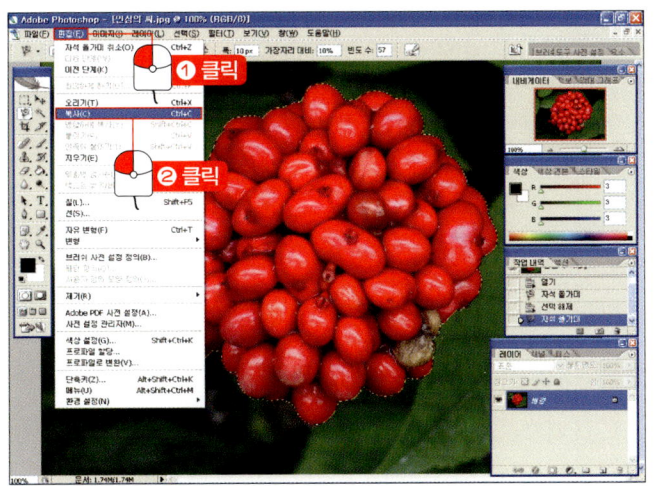

2 [메뉴 막대]에서 화면 복원 을 클릭합니다.

3 '틀s.bmp' 창을 활성화합니다.

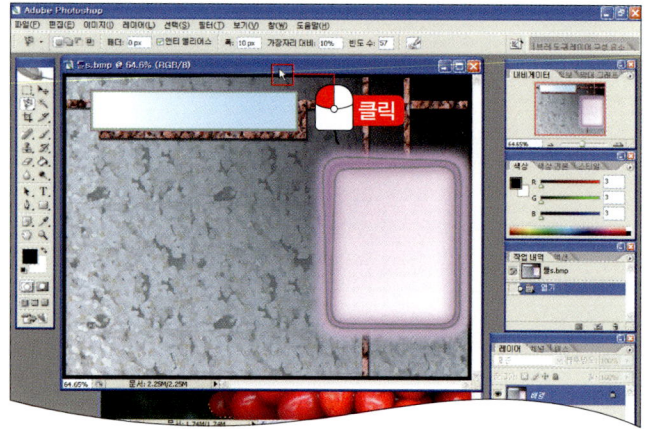

4 [편집] 메뉴의 [붙이기]를 클릭합니다.

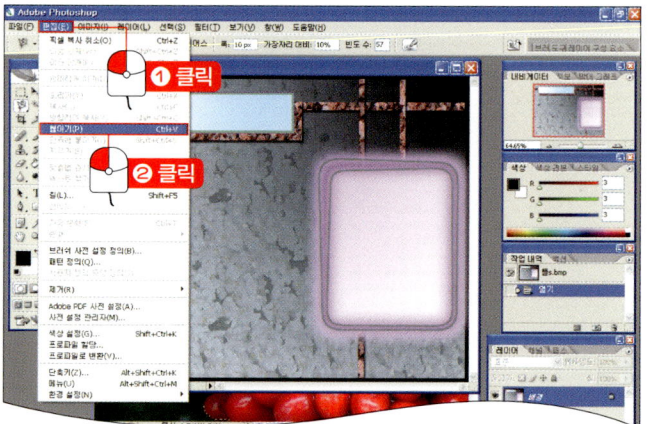

5 [도구 상자]의 이동 도구 를 클릭합니다.

6 인삼 씨앗 이미지를 화면과 같이 이동합니다.

7 [파일] 메뉴의 [미리 보기 인쇄]를 클릭합니다.

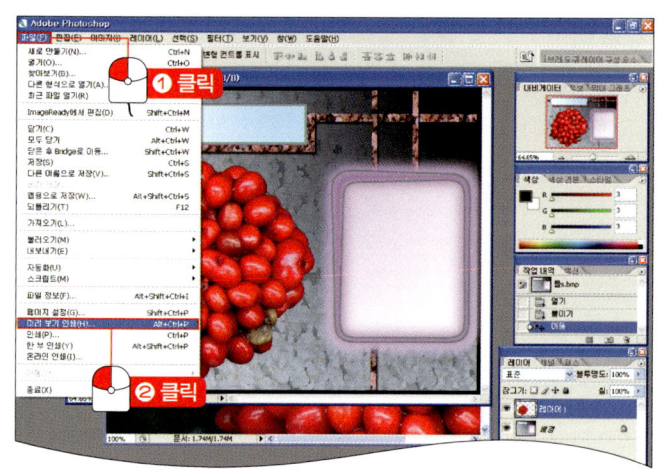

8 [인쇄] 대화상자에서 [페이지 설정] 버튼을 클릭합니다.

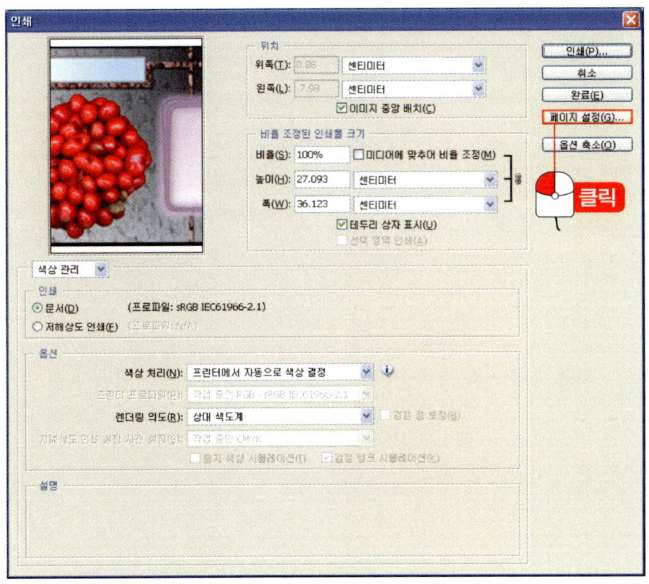

9 [페이지 설정] 대화상자에서 [방향]을 '가로'로 설정하고 [확인] 버튼을 클릭합니다.

10 [인쇄] 대화상자에서 [인쇄] 버튼을 클릭하여 결과물을 출력합니다.

11 인쇄물에 아래와 같이 내용을 입력해 봅시다. 그리고 '인삼의 씨f.bmp'로 저장해 봅시다.

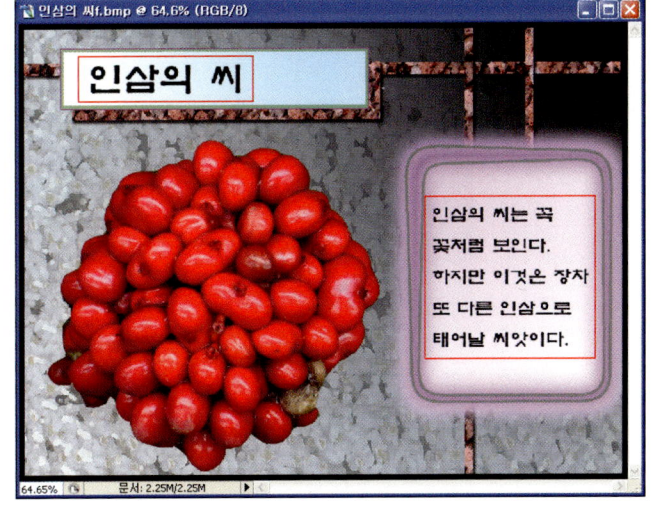

TIP 11번 내용은 인쇄후 직접 써보라는 이야기입니다. 컴퓨터로 입력하는 방법은 이후에 다루어집니다.

읽어 보세요

01 식물의 생김새

사람의 몸을 하는 일에 따라 팔, 다리, 머리, 가슴 등으로 구분하듯이 식물도 각 기능에 따라 뿌리, 줄기, 잎 등으로 구분합니다. 각 부분은 저마다 하는 일이 다르며, 그 부분들이 정상적으로 자기 일을 할 때 건강한 식물의 모습을 유지하게 됩니다.

뿌리, 줄기, 잎 등 식물의 각 부분은 모두 식물의 호흡 작용에 저마다 역할을 하고 있습니다. 집에서 가꾸는 화분에 지나치게 물을 많이 주면 뿌리가 썩고 마는데, 이는 뿌리가 제대로 숨을 쉬지 못해서 일어나는 현상입니다.

① **뿌리** : 물과 영양분을 흡수합니다. 양분을 저장합니다. 식물이 쓰러지지 않게 지지합니다.
② **줄기** : 물과 영양분을 운반합니다. 식물의 몸을 지탱합니다.
③ **잎** : 햇빛을 받아 광합성 작용을 합니다. 몸의 수분을 증발시킵니다.
④ **꽃과 열매** : 종족의 번식을 담당합니다.

02 식물의 분류

식물을 분류하는 기준은 여러 가지가 있겠지만 일반적으로 꽃이 피느냐 피지 않느냐에 따라 꽃식물과 민꽃식물로 나눕니다. 꽃식물은 꽃을 통해 번식하고, 민꽃식물은 포자를 통해 번식합니다. 꽃식물은 씨방의 유무에 따라 속씨식물과 겉씨식물로 나뉘고, 속씨식물은 떡잎의 수에 따라 외떡잎식물과 쌍떡잎식물로 나눕니다.

꽃 식물	속씨식물	• 꽃잎, 꽃받침이 있고, 밑씨가 씨방에 감싸여 있다. • 복숭아, 장미, 감나무 등	외떡잎식물	• 떡잎이 한 장이다. • 잎맥이 나란히맥이다. • 관다발의 배열이 불규칙하다. • 원뿌리와 곁뿌리가 구별되지 않는다. • 꽃잎의 수가 3의 배수이다.　• 벼, 잔디, 보리, 옥수수 등
			쌍떡잎식물	• 떡잎이 두 장이다. • 잎맥이 그물맥이다. • 관다발이 규칙적으로 배열돼 있다. • 원뿌리와 곁뿌리가 구별된다. • 꽃잎의 수가 4~5의 배수이다.　• 봉숭아, 무, 호박, 해바라기 등
	겉씨식물	• 꽃잎, 꽃받침, 씨방이 없다. 소나무, 잣나무, 전나무, 향나무, 은행나무 등		
민꽃 식물	• 꽃이 없다. 버섯, 곰팡이, 이끼류 등			

스스로 평가해요

평가요소	쉬워요	할 만해요	어려워요
• 식물의 구조를 알고, 각 부분의 역할을 말할 수 있습니다.			
• 일정한 기준에 따라 식물을 분류할 수 있습니다.			
• 올가미 도구를 이용하여 원하는 부분을 선택할 수 있습니다.			
• 신규의 옵션을 원하는 대로 지정할 수 있습니다.			

혼자 해결해요

:: **자석 올가미 도구를 이용하여 궁남지 사진에서 다리와 정자만 선택해 봅시다. 그리고 [파일] 메뉴의 [새로 만들기]를 클릭하여 빈 이미지를 하나 만들고 선택한 이미지를 붙여 봅시다.** [사회-문화재 탐방]

1 | 궁남지 사진 다운 받아 열기 (가지고 있는 다른 문화재 사진 활용 가능)
2 | 자석 올가미 도구를 이용하여 영역 선택하고 복사
3 | [편집] 메뉴의 [새로 만들기] 클릭
4 | [새로 만들기] 대화상자에서 폭 '800(픽셀)', 높이 '600(픽셀)', 배경 내용 '흰색'으로 설정
5 | 복사한 이미지 붙이기

PART

02

기본 기능 몇 가지로
자신감을 키워요

Lesson 05 알파벳 따라잡기

» 자동 선택 도구를 이용하여 알파벳 배열하기

한글은 ㄱ, ㄴ, ㄷ, ㄹ 등의 자음과 ㅏ, ㅑ, ㅓ, ㅕ 등의 모음으로 소리를 구성합니다. 각 자는 고유의 소리를 대표합니다. 영어는 이러한 말소리를 알파벳을 이용하여 표현합니다. 알파벳은 한글과는 달리 같은 의미의 글자를 대문자와 소문자로 나누어 표현합니다.

자동 선택 도구를 이용하여 알파벳의 순서와 대·소문자를 공부해 봅시다.

이런 것을 공부해요

이런 것을 생각해요	교과서를 찾아봐요	이런 것을 활용해요
• 알파벳 대문자와 소문자를 읽을 수 있습니다. • 알파벳 대·소문자를 구별하여 쓸 수 있습니다.	• 영어 3, 4학년 – 알파벳 대·소문자 구별하기	• 자동 선택 도구 • 모두 선택 • 선택 해제 • 재선택 • 반전

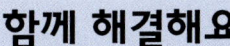

자동 선택

1 C:\포토샵\Part02\알파벳.bmp를 엽니다.

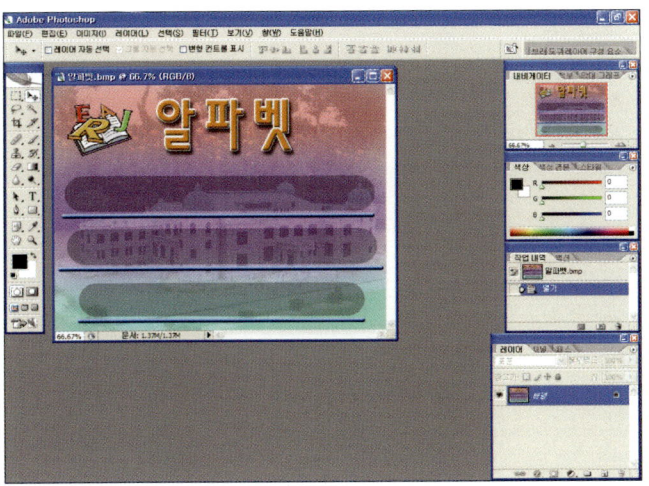

2 C:\포토샵\Part02\a-i.bmp를 엽니다.

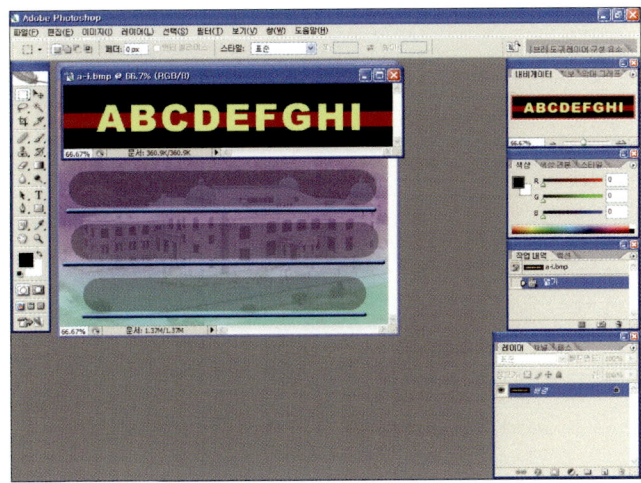

3 'a-i.bmp' 창을 드래그하여 '알파벳.bmp' 창 아래로 이동합니다.

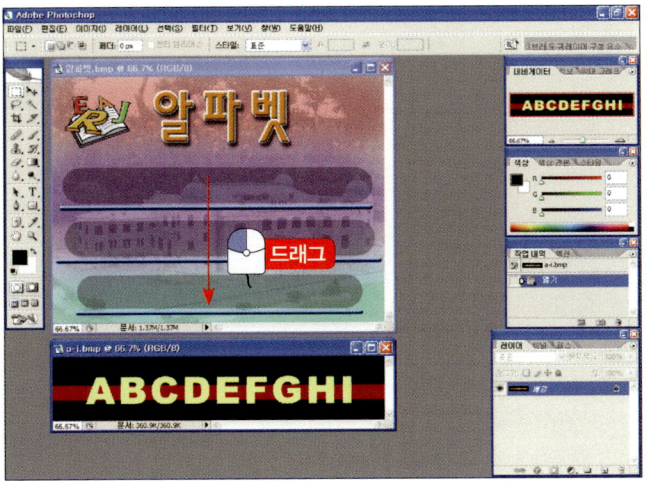

4 [도구 상자]에서 자동 선택 도구를 클릭합니다.

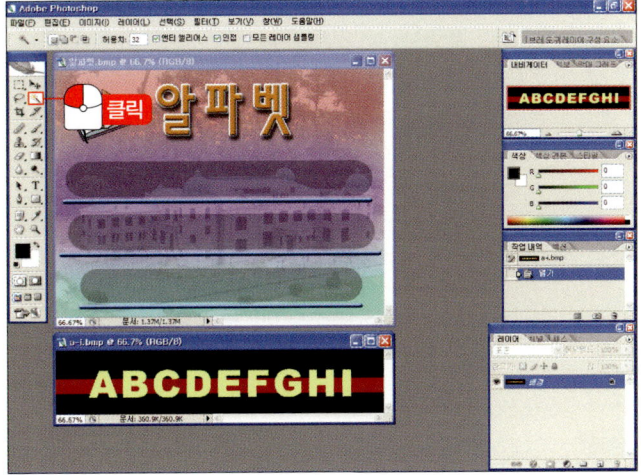

5 'a-i.bmp' 창의 'A'를 클릭합니다.

6 'A'가 선택됩니다.

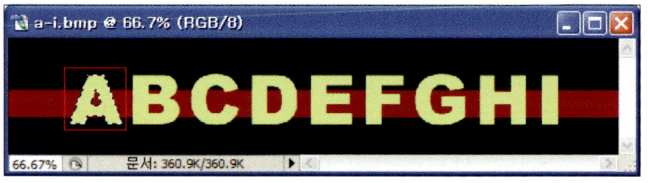

7 [편집] 메뉴의 [복사]를 클릭합니다.

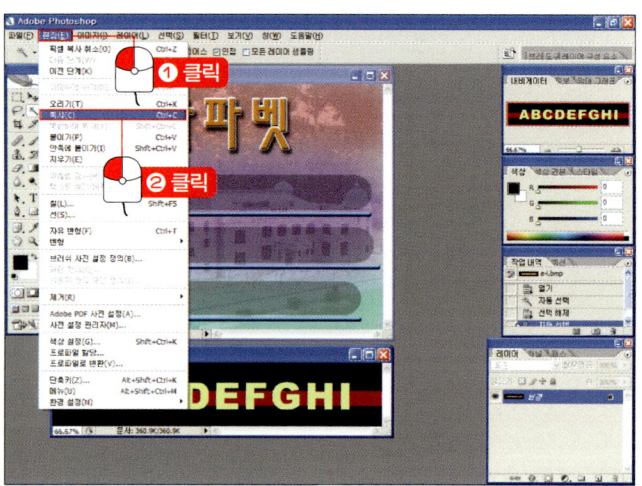

8 '알파벳.bmp' 창을 활성화하고 [편집] 메뉴의 [붙이기]를 클릭합니다.

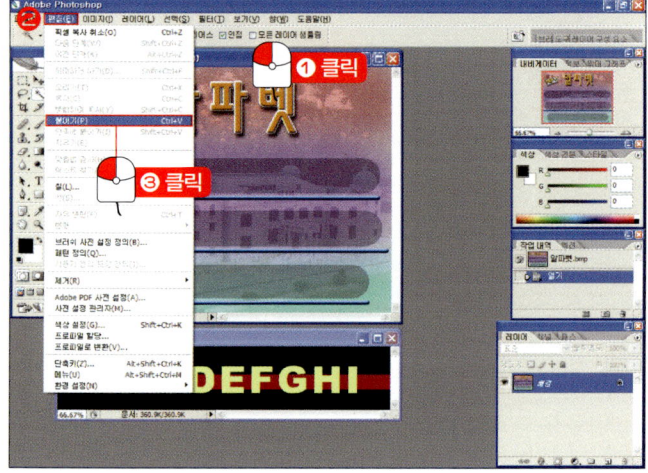

9 [도구 상자]의 이동 도구로 화면과 같이 이동합니다.

TiP 잘못 선택했을 경우 [선택] 메뉴의 [선택 해제]를 클릭하여 선택 영역을 사라지게 할 수 있습니다.

추가 선택

1 'a-i.bmp' 창을 활성화하고 자동 선택 도구로 'B'를 클릭합니다.

2 〈Shift〉를 누른 채 'C'도 클릭합니다.

3 'B'와 'C'가 선택됩니다.

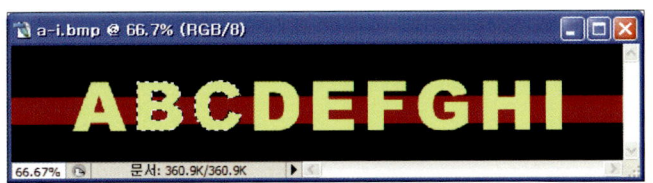

4 같은 방법으로 'D, E, F, G, H, I'를 선택합니다.

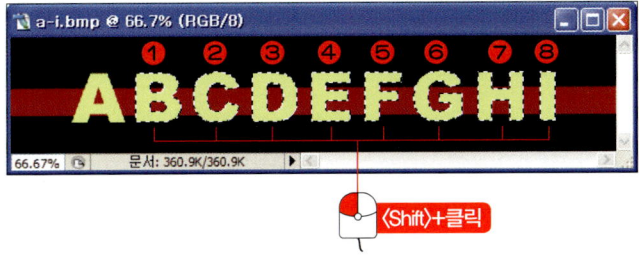

5 [편집] 메뉴의 [복사]를 클릭합니다.

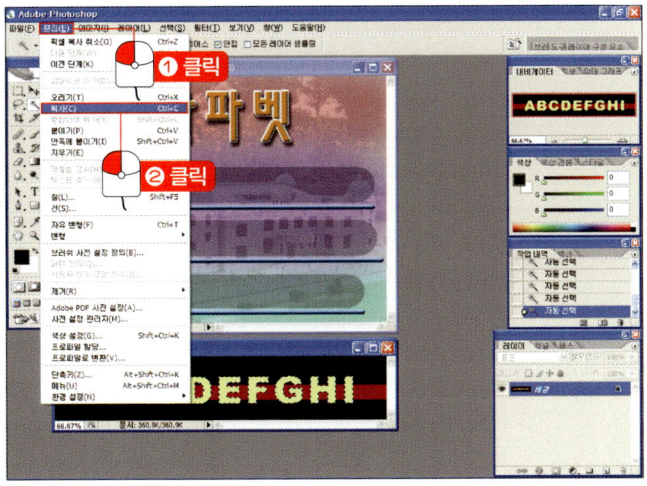

6 '알파벳.bmp' 창을 활성화하고 [편집] 메뉴의 [붙이기]를 클릭합니다.

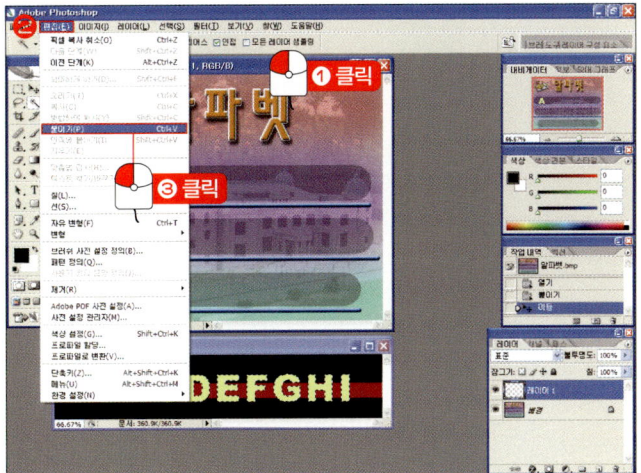

7 [도구 상자]의 이동 도구 로 화면과 같이 이동합니다.

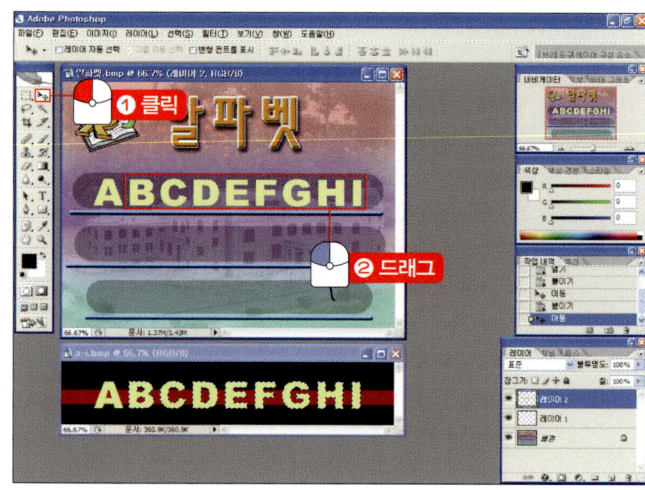

반전

1 'a-i.bmp' 창을 닫고, C:\포토샵\Part02\j-r.bmp를 엽니다.

2 자동 선택 도구 로 'j-r.bmp' 창의 배경을 클릭합니다.

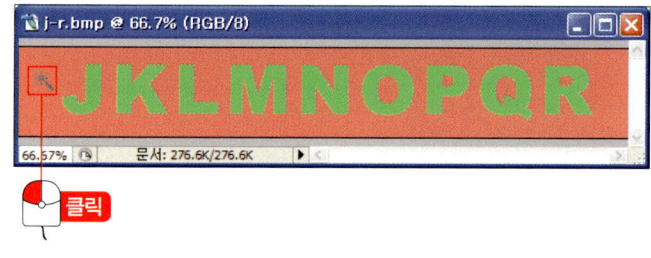

3 [선택] 메뉴의 [반전]을 클릭합니다.

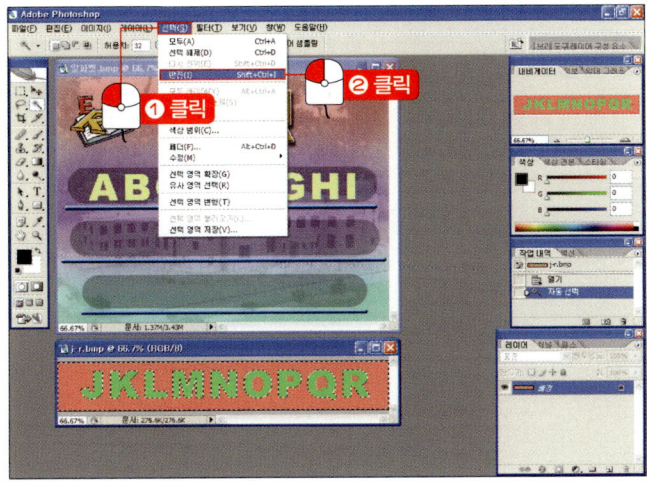

4 선택이 반전되어 글자가 선택됩니다.

5 〈Alt〉를 누른 채 화면과 같이 'O'의 가운데를 클릭합니다.

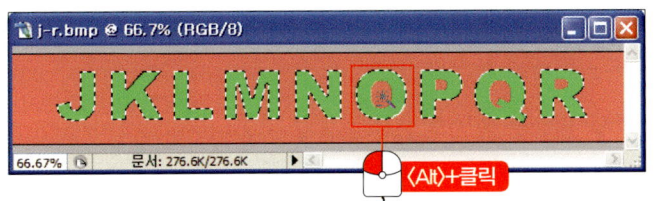

6 같은 방법으로 'P, Q, R'의 안쪽 배경을 클릭합니다.

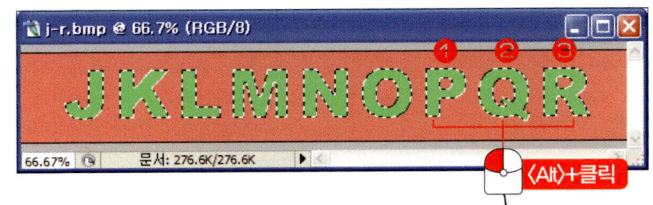

7 [편집] 메뉴의 [복사]를 클릭합니다.

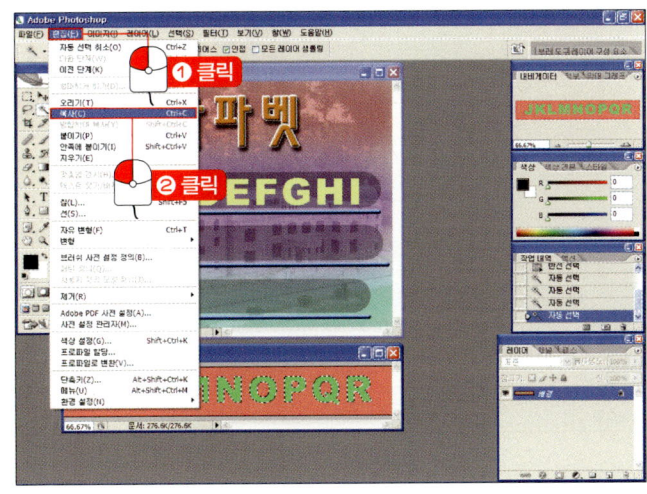

TIP 자동 선택도구를 〈Alt〉와 함께 사용하면 마우스 포인터가 로 바뀌어 불필요한 선택 영역을 제외할 수 있습니다.

8 '알파벳.bmp' 창을 활성화하고 [편집] 메뉴의 [붙이기]를 클릭합니다.

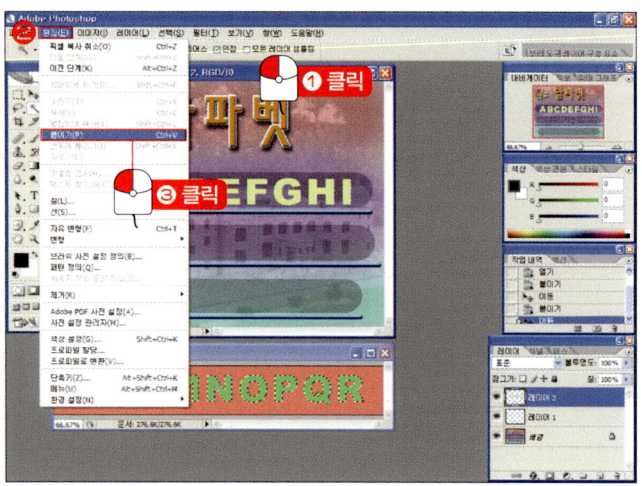

9 [도구 상자]의 이동 도구로 화면과 같이 이동합니다.

전체선택

1 'j-r.bmp' 창을 닫고, C:\포토샵\Part02\s-z.bmp를 엽니다.

2 [선택] 메뉴의 [모두]를 클릭합니다.

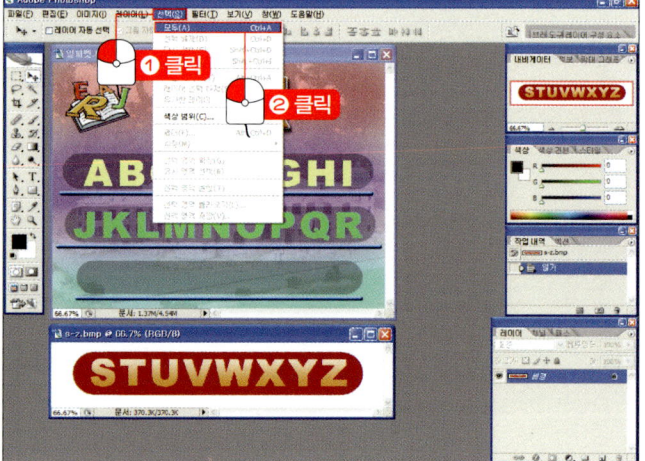

3 [도구 상자]의 자동 선택 도구 를 클릭합니다.

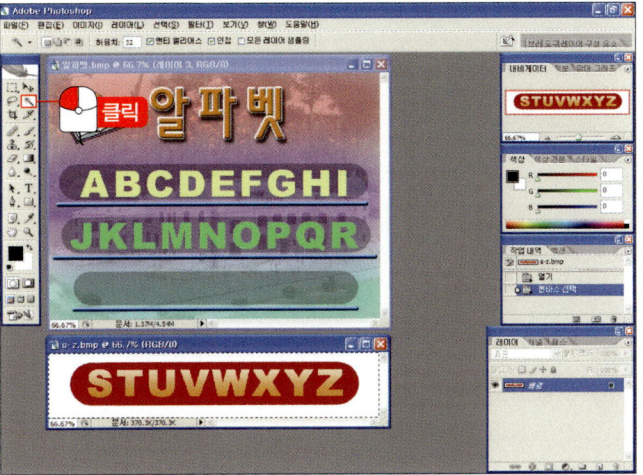

4 〈Alt〉를 누른 채 화면과 같이 흰 배경을 클릭합니다.

5 〈Alt〉를 누른 채 화면과 같이 붉은 배경을 클릭합니다.

6 글자가 선택됩니다.

7 [편집] 메뉴의 [복사]를 클릭합니다.

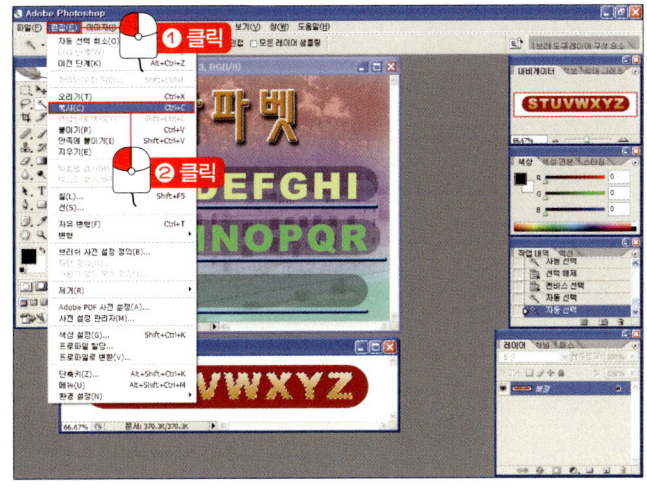

8 '알파벳.bmp' 창을 활성화하고 [편집] 메뉴의 [붙이기]를 클릭합니다.

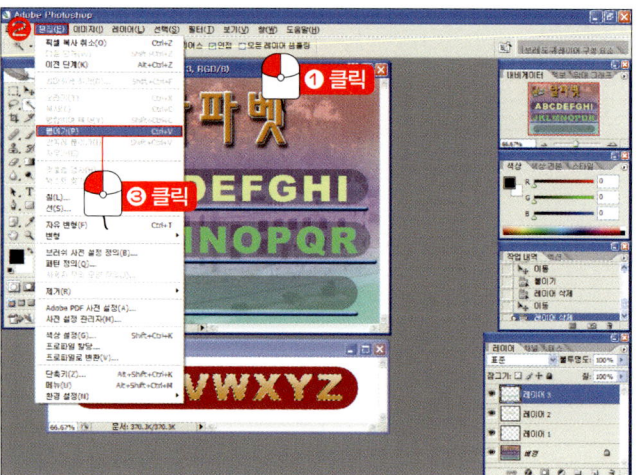

9 [도구 상자]의 이동 도구 로 화면과 같이 이동합니다.

 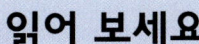

01 알파벳

대문자	A	B	C	D	E	F	G	H	I	J	K	L	M
소문자	a	b	c	d	e	f	g	h	i	j	k	l	m
이름	에이	비	씨	디	이	에프	지	에이치	아이	제이	케이	엘	엠

대문자	N	O	P	Q	R	S	T	U	V	W	X	Y	Z
소문자	n	o	p	q	r	s	t	u	v	w	x	y	z
이름	엔	오	피	큐	아르	에스	티	유	브이	더블유	엑스	와이	제트

02 사선지에 알파벳 쓰기

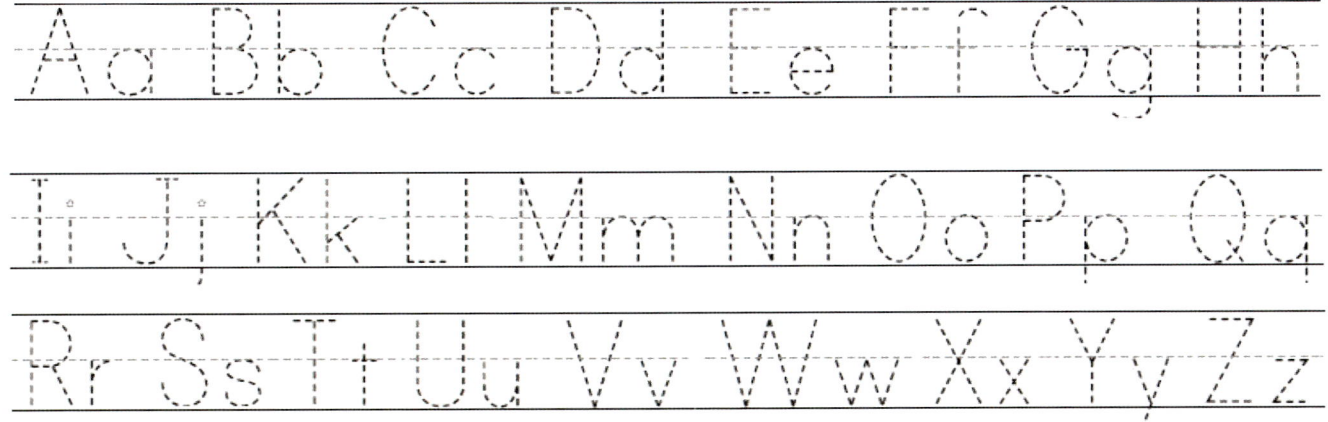

03 알파벳의 기원

한글은 조선시대에 세종대왕과 집현전 학자들께서 만드셨습니다. 알파벳은 한글처럼 어느 한 시대에 만들어진 것이 아닙니다. 여러 시대에 걸쳐 지금의 알파벳이 만들어졌습니다. 알파벳의 기원은 예전의 이집트문자까지 거슬러 올라갑니다. 이집트문자에서 시나이문자, 페니키아문자, 그리스문자, 에트루리아문자, 라틴문자의 순으로 변화되어 내려온 것으로 알려져 있습니다. 알파벳 체계 중 가장 오래된 것은 페니키아인에 의하여 만들어진 것이라고 합니다.

04　아라비아 숫자와 로마 숫자

아라비아 숫자란 여러분들이 평소에 쓰는 1, 2, 3, 4, 5, 6, 7, 8, 9, 10 등과 같은 숫자를 말합니다. 숫자를 나타내는 방법은 이와 같은 방법 말고도 Ⅰ, Ⅱ, Ⅲ 등과 같은 로마 숫자로 표현하는 방법도 있습니다. 아라비아 숫자에 해당하는 로마 숫자는 다음과 같습니다.

아라비아숫자	1	2	3	4	5	6	7	8	9	10	11	12
로마숫자	Ⅰ	Ⅱ	Ⅲ	Ⅳ	Ⅴ	Ⅵ	Ⅶ	Ⅷ	Ⅸ	Ⅹ	Ⅺ	Ⅻ

스스로 평가해요

평가요소	쉬워요	할 만해요	어려워요
• 알파벳을 대문자와 소문자를 읽을 수 있습니다.			
• 알파벳 대문자와 소문자를 구별하여 쓸 수 있습니다.			
• 자동 선택 도구를 이용하여 필요한 부분을 복사하여 붙일 수 있습니다.			
• 선택 해제, 재선택 기능을 자유롭게 활용할 수 있습니다.			

혼자 해결해요

:: 각 칸에 보기와 같이 알맞은 쌓기 나무의 개수를 자동 선택 도구를 이용하여 복사하여 붙여 봅시다.

[수학 6학년－쌓기나무]

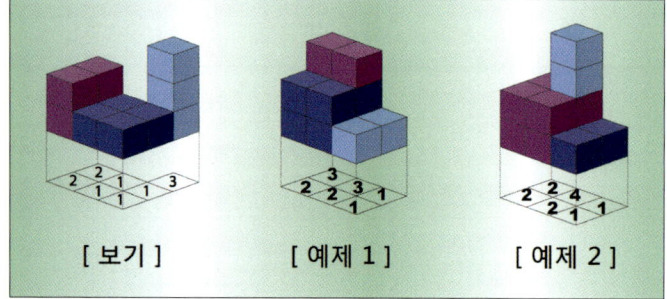

[보기]　　　[예제 1]　　　[예제 2]

1 |　C:\포토샵\Part02\쌓기나무.jpg 열기
2 |　C:\포토샵\Part02\숫자.jpg 열기
3 |　자동 선택 도구 로 알맞은 수 선택 후 복사하여 붙이기

Lesson 06

낱말 카드

» 레이어를 활용하여 낱말카드 만들기

무엇이든 시작이 어렵지 계속하다보면 익숙해서 쉬워집니다. 영어를 익히는 것도 마찬가지입니다. 평상시에는 잘 사용하지 않아 어려운 영어도 계속해서 사용하다보면 쉬워질 것입니다. 영어 낱말카드를 만들어 해당하는 물건에 붙이고, 눈에 잘 띄는 곳에 놓아둔다면 쉽게 익숙해 질 것입니다.
영어 낱말카드를 레이어를 활용하여 만들어 봅시다.

미리 준비해요

카드배경1.bmp, MS 오피스 온라인클립아트(http://office.microsoft.com/ko-kr/images)에 접속합니다.
검색창에 MC900418512를 입력하여 C:\포토샵\Part02\카드배경1.bmp로 미리 저장해둡니다.

이런 것을 공부해요

이런 것을 생각해요	교과서를 찾아봐요	이런 것을 활용해요
• 낱말카드를 활용하여 영어 단어를 익힐 수 있습니다. • 낱말카드로 익힌 단어를 일상생활에서 익숙하게 사용할 수 있습니다.	• 영어 3학년 -좋아하는 음식 묻고 답하기 • 영어 4학년 -그림보고 낱말 의미 이해하기	• 새 레이어 만들기 • 레이어 복사 • 레이어 순서 변경 • 레이어 이름 변경 • 레이어 불투명도 변경 • 레이어 스타일 추가

함께 해결해요

 새 레이어 만들기

1 C:\포토샵\Part02\낱말카드.psd를 엽니다.

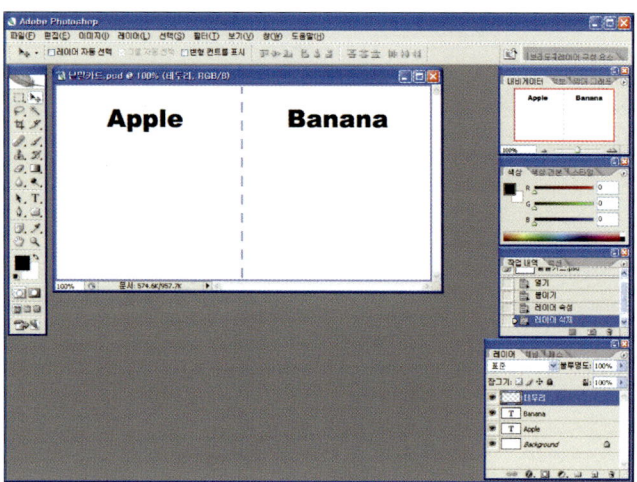

2 C:\포토샵\Part02\사과.bmp를 열어 [선택] 메뉴의 [모두]를 클릭하거나 〈Ctrl+A〉를 누릅니다.

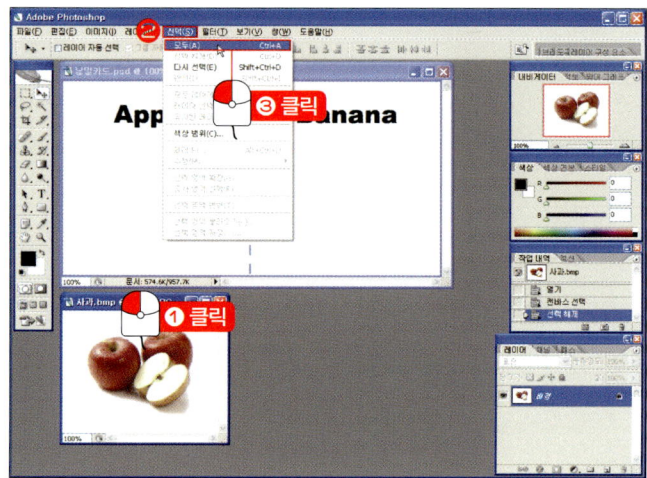

3 [편집] 메뉴의 [복사]를 클릭하거나 〈Ctrl+C〉를 누릅니다.

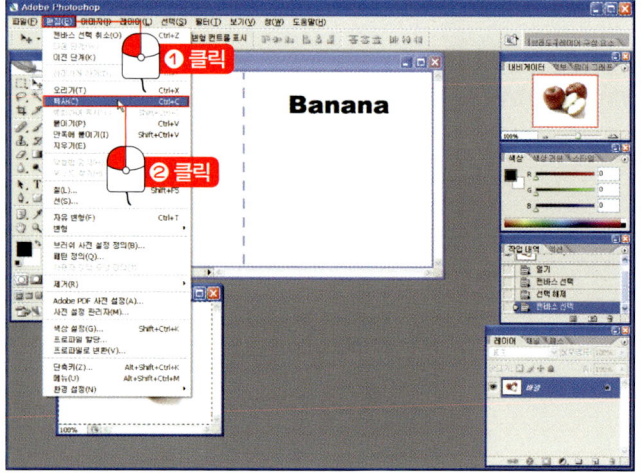

4 '낱말카드.psd' 창을 활성화하고 [레이어] 팔레트에서 'apple' 레이어를 클릭합니다.

5 [편집] 메뉴의 [붙이기]를 클릭하거나 〈Ctrl+V〉를 누릅니다.

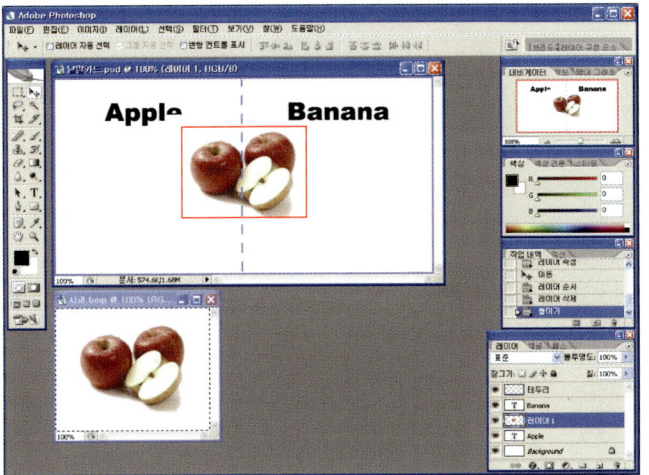

6 [레이어] 메뉴의 [레이어 속성]을 클릭합니다.

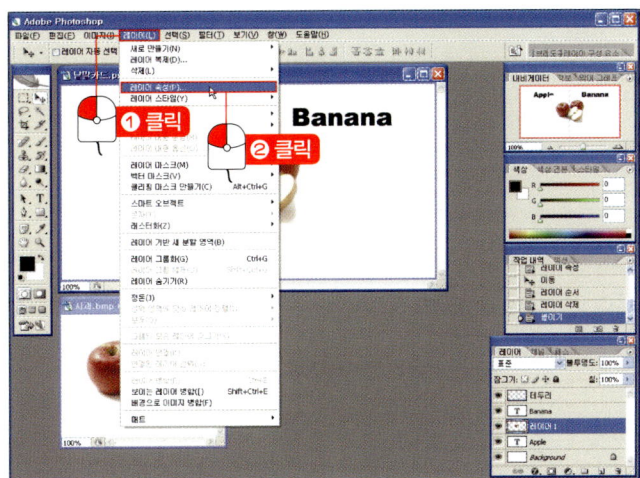

7 [레이어 속성] 대화상자의 이름에 '사과'를 입력하고 [확인] 버튼을 클릭합니다.

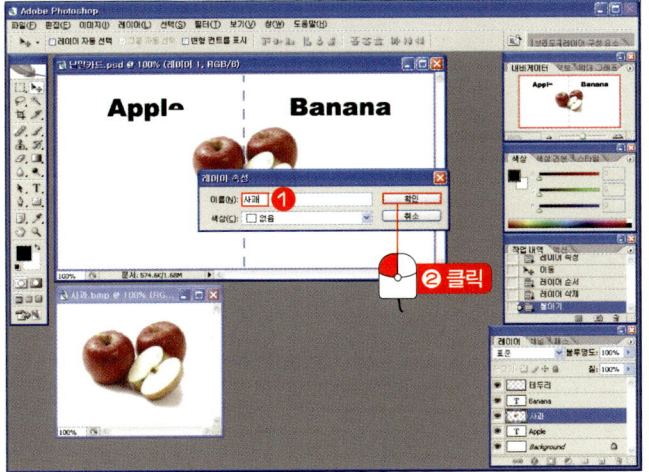

8 이동 도구로 사과를 화면과 같이 이동합니다.

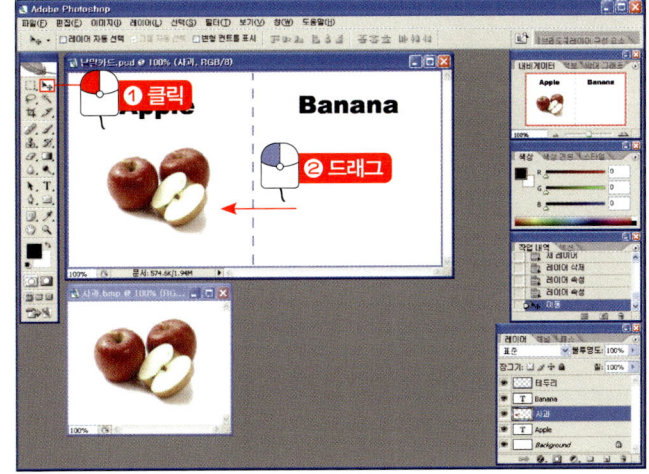

TIP 키보드의 〈→〉, 〈←〉, 〈↑〉, 〈↓〉를 누르면 마우스로 옮기는 것 보다 더 세밀하게 이미지를 이동할 수 있습니다.

9 C:\포토샵\Part02\바나나.bmp를 열고, 바나나 이미지 전체를 선택하여 복사합니다.

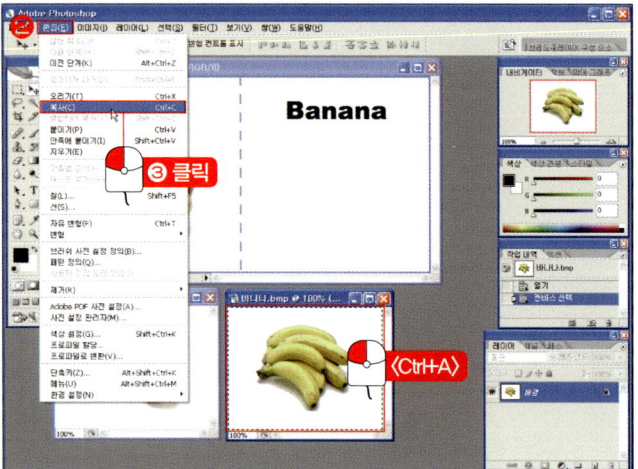

10 '낱말카드.psd' 창을 활성화하고 [레이어] 팔레트에서 'banana' 레이어를 클릭합니다.

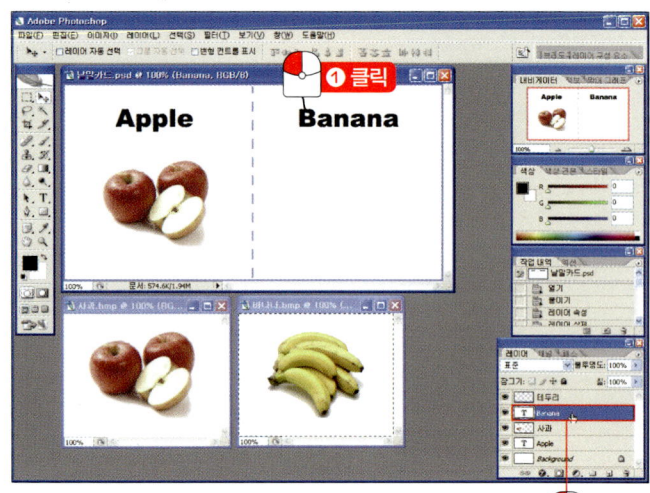

11 [편집] 메뉴의 [붙이기]를 클릭하거나 〈Ctrl+V〉를 누릅니다.

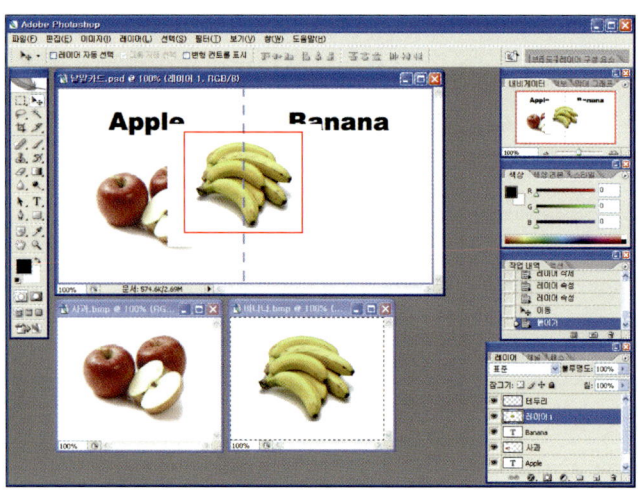

12 이동 도구로 바나나를 적당한 곳으로 이동하고 레이어 이름을 '바나나'로 변경합니다.

레이어 불투명도 변경 및 레이어 복제

1 C:\포토샵\Part02\카드배경1.bmp 파일을 열고 '카드배경1.bmp' 이미지 전체를 선택하여 복사합니다.

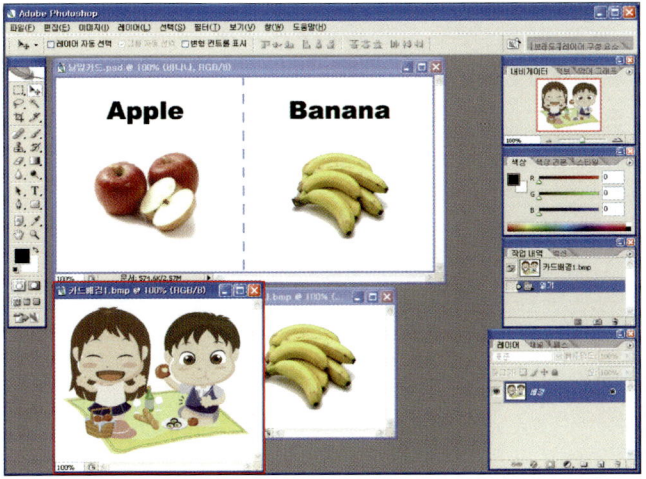

2 '낱말카드.psd'의 'background' 레이어 위에 붙이기하고 레이어 이름을 '카드배경'으로 변경합니다.

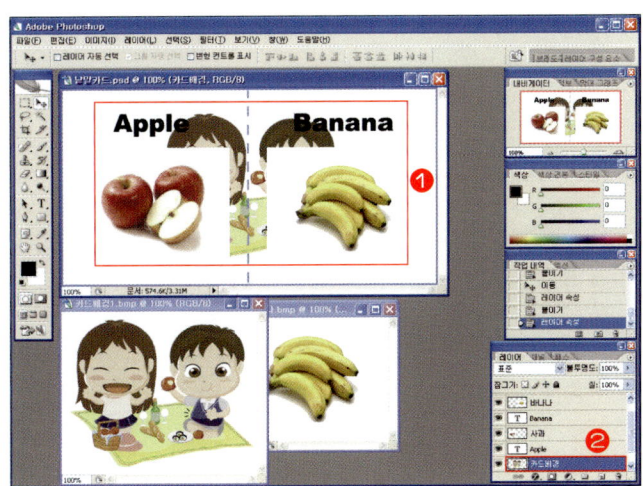

3 [레이어] 팔레트의 '사과' 레이어를 클릭합니다. 자동 선택 도구로 '사과' 레이어의 흰 배경을 클릭합니다.

4 〈Delete〉를 눌러 흰 배경을 지우고, [선택] 메뉴의 [선택 해제]를 클릭하거나 〈Ctrl+D〉를 누릅니다.

 **TiP** [붙이기]가 잘못 되어 레이어 순서가 바뀌었을 경우에는 레이어 팔레트에서 해당 레이어를 드래그하여 순서를 바꿀 수 있습니다.

5 같은 방법으로 바나나 레이어의 흰 배경을 지우고, 이동 도구로 '카드배경' 레이어를 화면과 같이 이동합니다.

6 [레이어] 팔레트의 불투명도를 '40'으로 합니다.

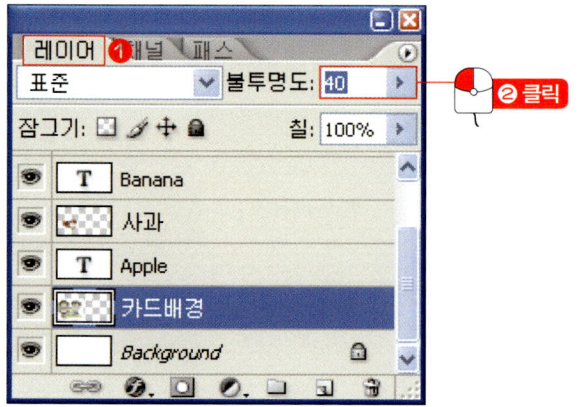

7 [레이어] 메뉴의 [레이어 복제]를 클릭합니다.

8 [레이어 복제] 대화상자에서 새 이름에 이름을 입력한 후 [확인] 버튼을 클릭합니다. 입력 없이 [확인] 버튼을 클릭하면 화면에 표시된 이름(카드배경 사본)으로 레이어가 복제 됩니다.

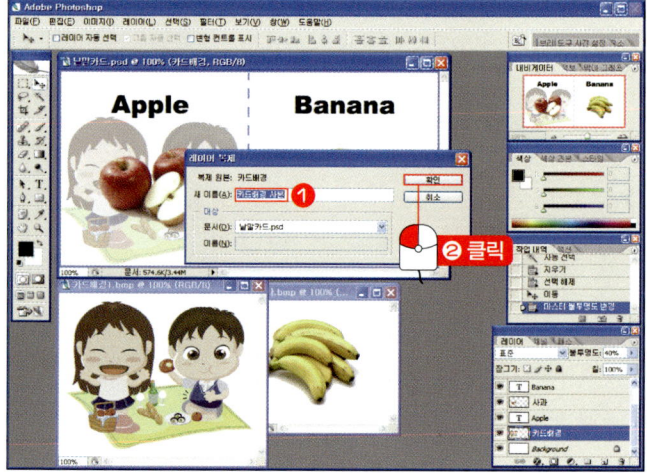

9 이동 도구 로 '카드배경 사본' 레이어를 화면과 같이 이동합니다.

레이어 스타일 추가

1 [레이어] 팔레트에서 'apple' 레이어를 선택하고, [레이어] 메뉴의 [레이어 스타일-그림자]를 클릭합니다.

2 [레이어 스타일] 대화상자가 나타나면 [확인] 버튼을 클릭합니다.

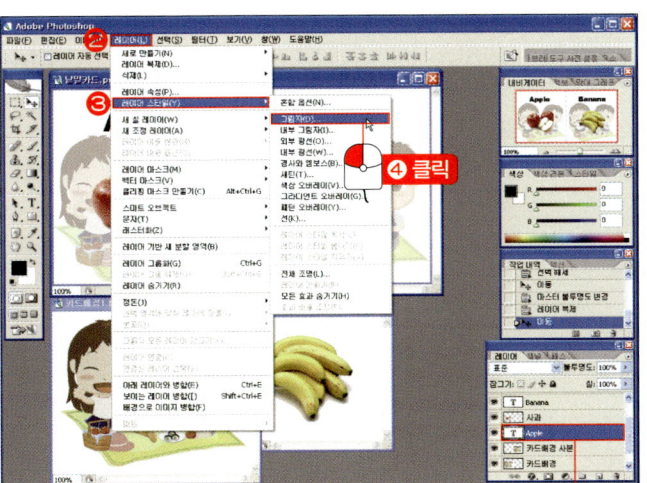
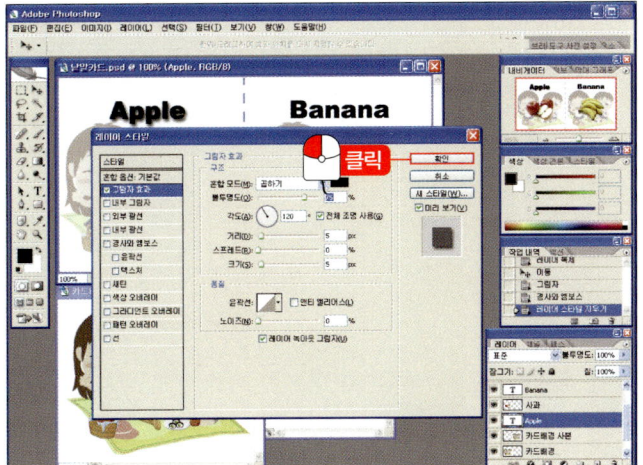

3 [레이어] 메뉴의 [레이어 스타일-경사와 엠보스]를 클릭합니다. [레이어 스타일] 대화상자가 나타나면 [확인] 버튼을 클릭합니다.

4 [레이어] 메뉴의 [레이어 스타일-레이어 스타일 복사]를 클릭합니다.

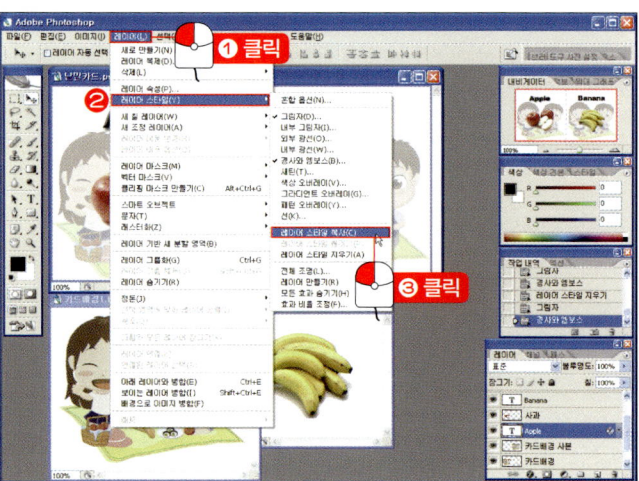

5 [레이어] 팔레트에서 'banana' 레이어를 선택하고, [레이어] 메뉴의 [레이어 스타일-레이어 스타일 붙이기]를 클릭합니다.

6 '낱말카드완성.bmp'로 저장합니다.

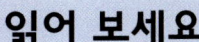 읽어 보세요

3학년 낱말 목록

단원	어휘
예비학습	bag, book, chair, desk, door, pen, pencil, window, cat, dog, lion, monkey, eye, hand, mouth, nose, apple, banana, orange, pear
1	be, bye, hello, hi, I, name
2	a(an), eraser, it, OK, oh, ruler, sorry, thank, that, this, what, you
3	birthday, dad, for, happy, mom, welcome, wow
4	at, close, down, face, hungry, look, no, open, please, sit, stand, touch, up, wash
5	chicken, do, fish, grape, here, like, lunch, not, time, too, yes
6	bear, big, cow, go have, how, kangaroo, let, many, pig, small, so, the
7	can, come, dance, fly, great, help, jump, on, run, ski, sure, swim, wait
8	cap, dold, draw, everyone, glove, make, outside, pants, put, rain, shoe, snow, snowman, sunny

4학년 낱말 목록

단원	어휘
1	cloudy, day, hot, king, know, meet, Mr., Mrs., nice, see, teacher, to, weather
2	beautiful, bird, classroot, flower, good, in, oops, ouch, rice, watch
3	afternoon, evening, friend, morning, much, old, strong, very, year
4	bed, breakfast, dinner, late, now, o'clock, school
5	boy, brother, father, girl, he, mother, pretty, puppy, right, she, sister, who
6	bat, color, cute, green, notebook, pencil case, red, white
7	all, bad, badminton, baseball, basketball, play, sick, soccer, table tennis, tired
8	bike, black, blue, brown, candy, doll, hundred, stop, there, want, pink, yellow

03 5학년 낱말 목록

단원	어휘
1	about, angry, egg, fine, from, headache, home, love, prince, really, song, well
2	cat, goat, math, music, science, today, we
3	ball, bookcase, box, hurry, TV, under, where
4	city, elephant, elevator, excuse, idea, over, picnic, rock, sky, tall, tower, wonderful,
5	bank, church, hospital, just, left, middle, miss, pardon, problem, straight, turn, way,
6	back, every, get, homework, night, study
7	ear, glasses, hair, long, short, singer, uncle,
8	busy, camping, lesson, paper, ready, scissors, shopping, sound
9	boat, glue, sock
10	ahead, chopsticks, fork, full, knife, more, rice, some, try, use,
11	clean, kick
12	backyard, bathroom, bedroom, cook, future, house, kitchen, living room, spoon, dish,
13	cousin, enjoy, favorite, fun, museum, park, river, telephone, yesterday, zoo,
14	buy, free, listen, movie, speak, then
15	everywhere, join, must, potato, together, windy
16	again, grandpa, holiday, job, people, stay, vacation, visit, with

04 6학년 낱말 목록

단원	어휘
1	elementary, floor
2	ask, behind, between, bookstore, building, corner, ma'am, near, office, post, restaurant, sir, street, toy
3	cool, fall, feel, leaf, letter, season, spring, summer, warm, winter
4	concert, date, last, lucky, when, why
5	car, change, expensive, helicopter, may, melon, watermelon
6	cola, delicious, drink, food, sandwich, thirsty, water
7	doctor, driver, nurse, officer, pilot, police, singer, work
8	grandmother, Mt., read, ride, trip, will
9	little
10	course, fast, grandfather, mouse, of, rabbit, surprise, tiger, than
11	guitar, musical, show, talk, tomorrow

단원	어휘
12	airplane, bucket, heavy, hold, honey, move, paint, pass
13	aunt, because, earache, hope, present, soon, stomachache, worry
14	cat, fox, invite, model, off, pic, plane, snake, turkey, write
15	already, away, cookie, sleep, yet
16	congratulations, same

스스로 평가해요

평가요소	쉬워요	할 만해요	어려워요
• 낱말카드를 활용하여 영어 단어를 쉽게 익힐 수 있습니다.			
• 낱말카드로 익힌 단어를 일상 생활에서 익숙하게 사용할 수 있습니다.			
• 새 레이어를 만들고 삭제할 수 있습니다.			
• 레이어 스타일을 추가할 수 있습니다.			

혼자 해결해요

:: 동식물 레이어를 활용하여 육지에서의 먹이피라미드를 만들어 봅시다. [과학 6학년 – 먹이 피라미드]

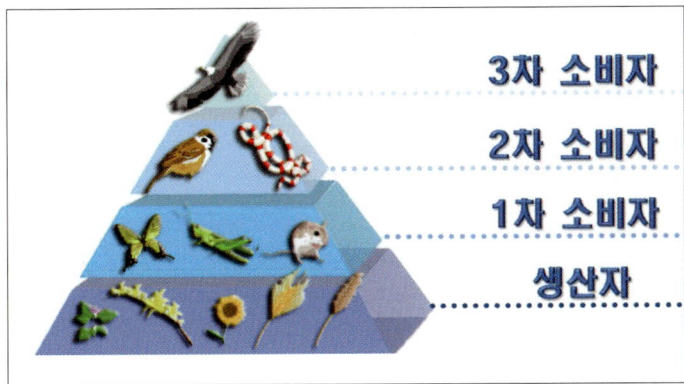

1 | C:\포토샵\Part02\먹이피라미드.bmp, 생산소비자.psd 열기
2 | 이미지 복사하고 붙이기
3 | 레이어 스타일 추가
4 | 레이어 스타일 복사하고 붙이기

시에 흠뻑 젖어요

》 문자 도구를 이용하여 시화 꾸미기

길가에 구르는 모난 돌에도 관심을 가져보세요. 아무렇게나 널브러져 있던 돌이 웃는 얼굴로 말을 걸어올 겁니다. 세상이 새롭게 보일 겁니다. 시는 아주 작은 것에도 관심을 가질 때 나도 모르게 마음 속에 가득 고이는 기쁨이나 슬픔 등을 밖으로 표현하는 것입니다.

문자 도구를 이용하여 배경에 어울리는 시를 쓰고, 시화를 꾸며 봅시다.

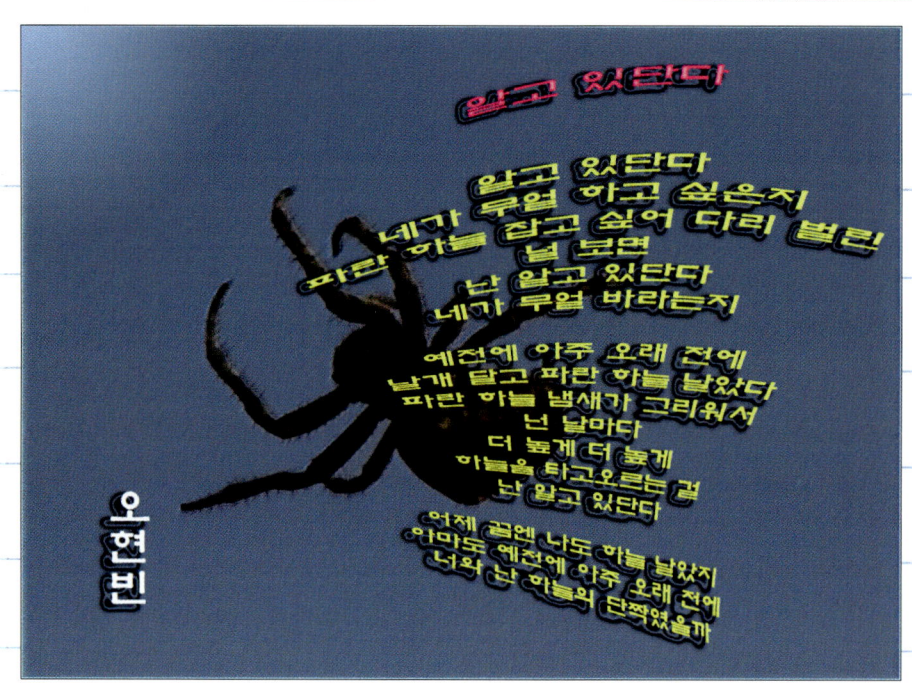

이런 것을 공부해요

이런 것을 생각해요	교과서를 찾아봐요	이런 것을 활용해요
• 그림을 보고 떠오르는 느낌이나 생각을 시로 표현할 수 있습니다. • 재미있는 표현을 사용하여 시를 쓸 수 있습니다. • 시를 사랑하고 즐겨 읽습니다.	• 국어 4학년 -시 암송하기 • 국어 5학년 -인상적인 표현을 넣어 시 쓰기 • 국어 6학년 -시의 비유적인 표현	• 수평 문자 도구 • 세로 문자 도구

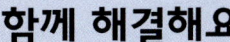

동시 쓰기

1 C:\포토샵\Part02\거미s.bmp를 열고, '거미s.bmp' 창 [제목 표시줄]의 최대화 를 클릭합니다.

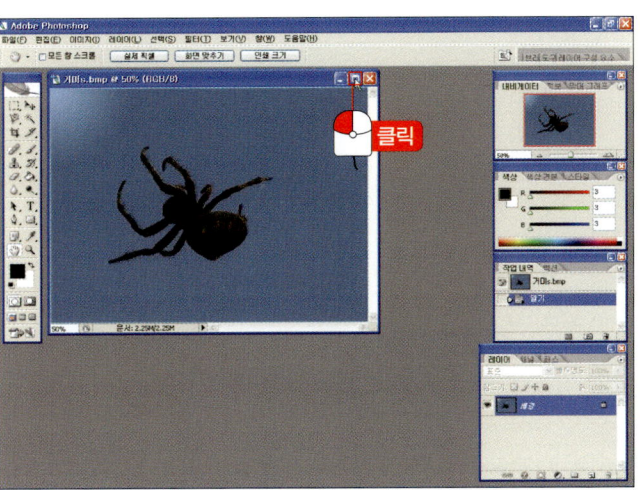

2 [도구 상재]의 돋보기 도구 를 클릭합니다.

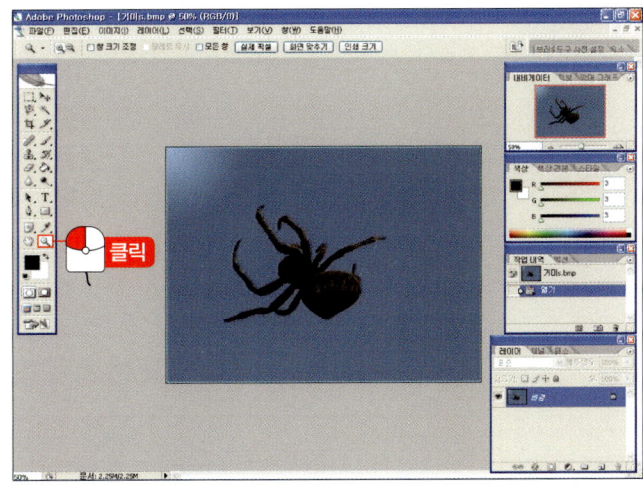

3 활성 이미지 영역에 마우스를 대고 한 번 클릭하여 이미지를 확대합니다.

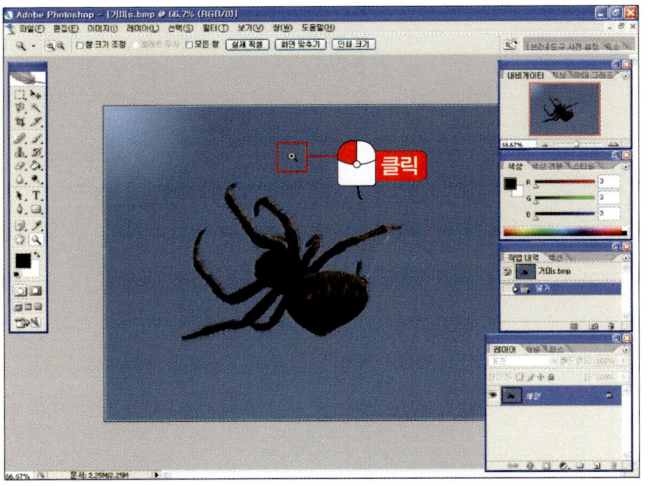

4 [도구 상재]의 수평 문자 도구 T 를 클릭합니다.

5 활성 이미지 영역을 마우스로 한 번 클릭하고, 이미지에 어울리는 시를 생각하여 입력합니다. 내용을 입력하기 전 키보드의 〈한/영〉을 한 번 누르세요.

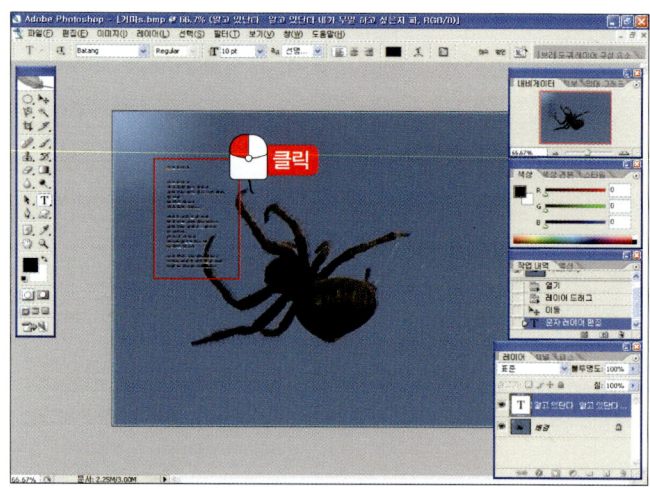

문자 편집 1

1 입력한 내용을 마우스로 드래그하여 블록 설정합니다.

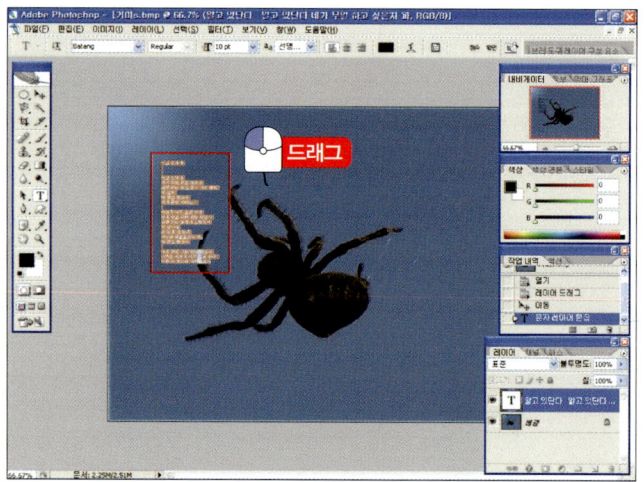

2 [옵션 막대]에서 글꼴을 '휴먼옛체'로 설정합니다.

3 글꼴 크기를 '24 pt'로 설정합니다.

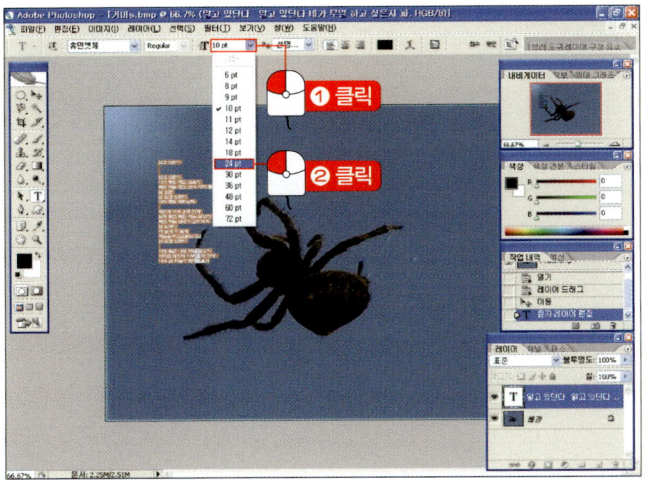

4 앤티 앨리어싱 방법 설정은 '뚜렷하게'로 설정합니다.

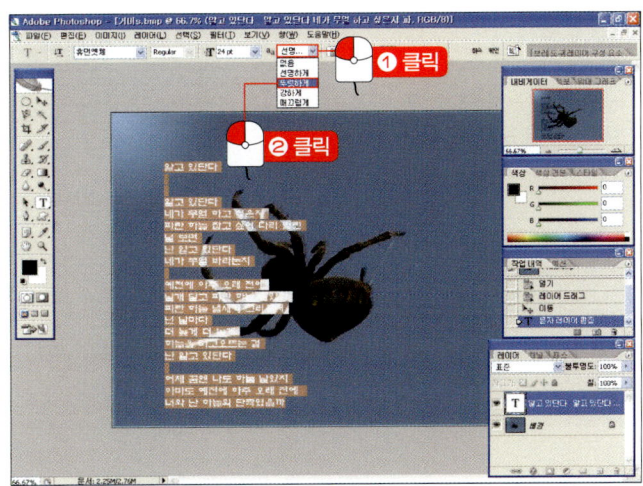

5 텍스트 중앙 정렬 을 클릭합니다.

6 텍스트 색상 설정 을 클릭합니다.

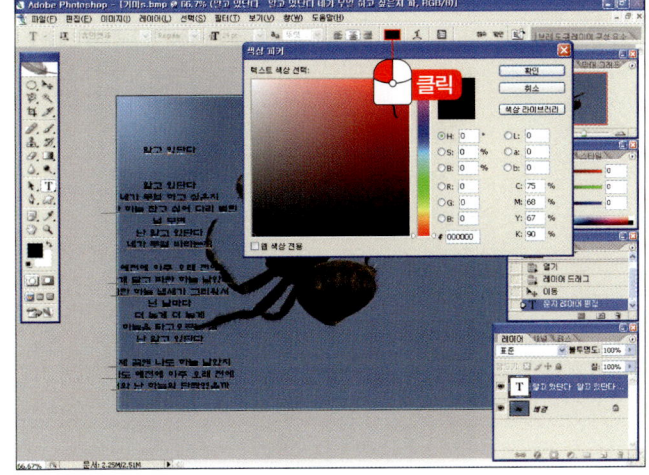

TIP 문자를 입력할 때 줄을 바꿔야 한다면 키보드의 〈Enter〉를 누르세요.
제목과 본문 사이는 〈Enter〉를 두 번 이상 눌러 구분하는 것이 좋습니다.

7 [색상 피커] 대화 상자에서 원하는 색을 설정하고 [확인] 버튼을 클릭합니다.

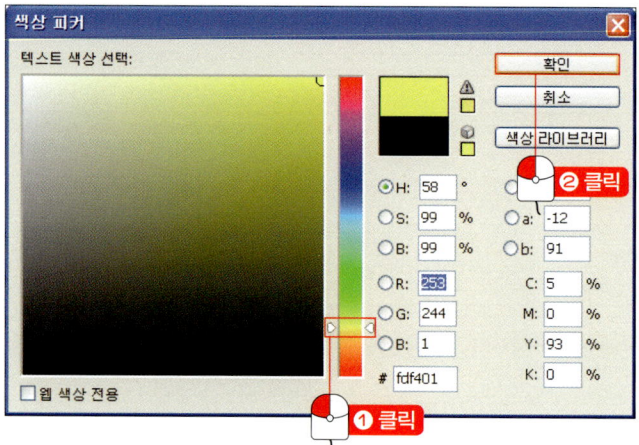

8 제목 부분만 블록 설정합니다.

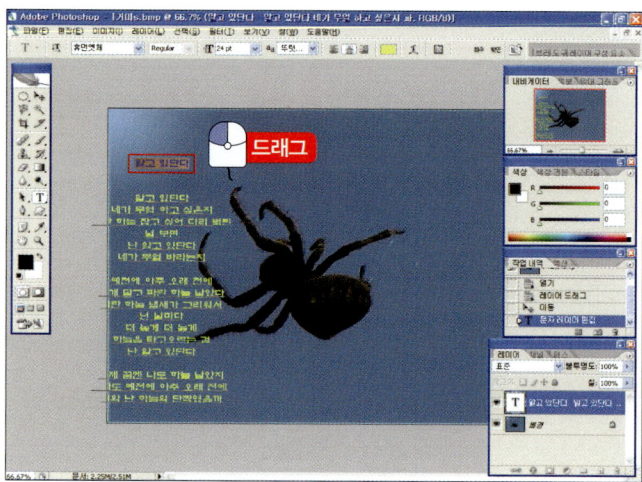

9 글꼴 크기를 '30 pt'로 설정합니다.

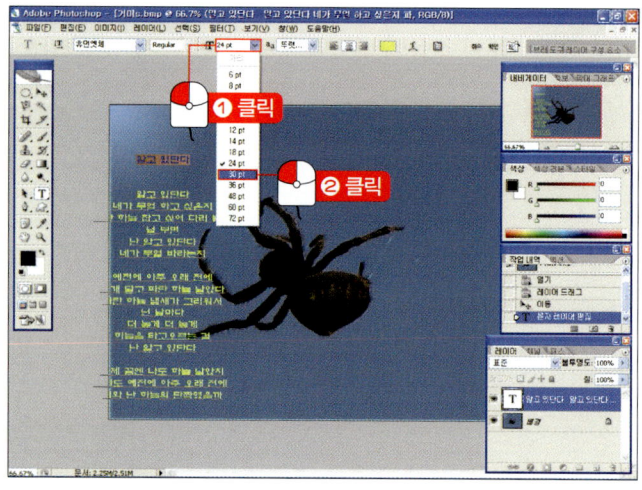

10 텍스트 색상 설정 ▢ 을 클릭하여 글꼴의 색을 변경합니다.

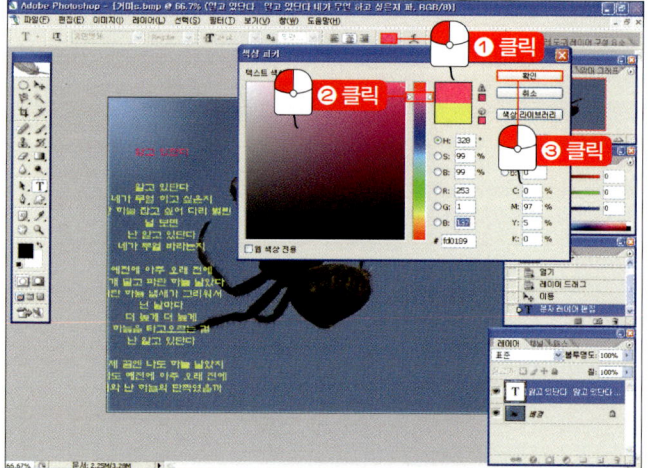

문자 편집 2

1 [옵션 막대]의 변형된 텍스트 만들기  를 클릭합니다.

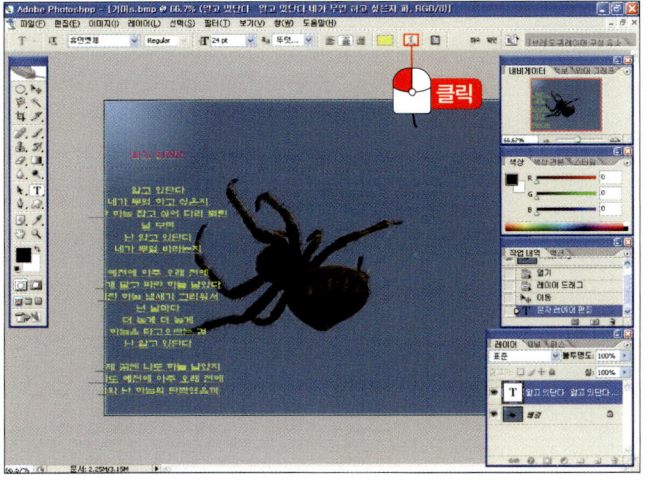

2 [텍스트 변형] 대화 상자가 나타납니다.

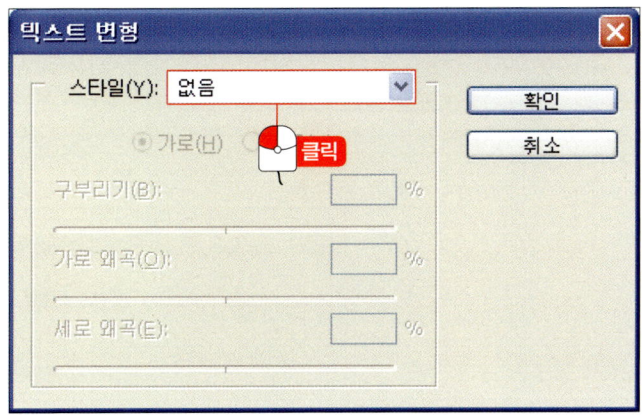

3 [스타일]에서 '위가 넓은 조개'를 선택합니다.

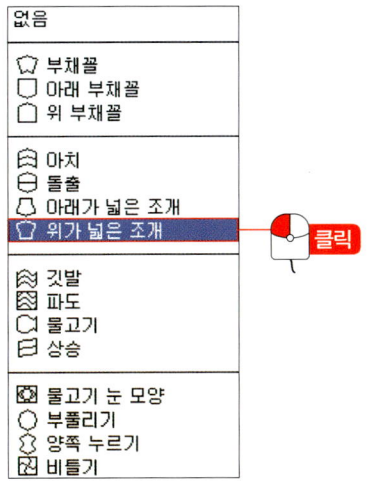

4 구부리기, 가로 왜곡, 세로 왜곡을 화면과 같이 설정하고 [확인] 버튼을 클릭합니다.

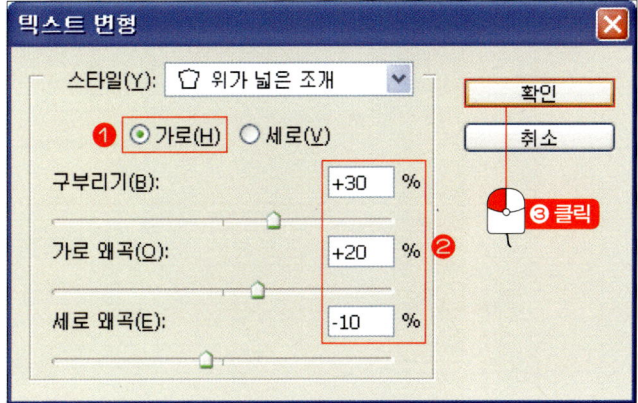

5 [옵션 막대]의 오른쪽 끝에 있는 을 클릭합니다.

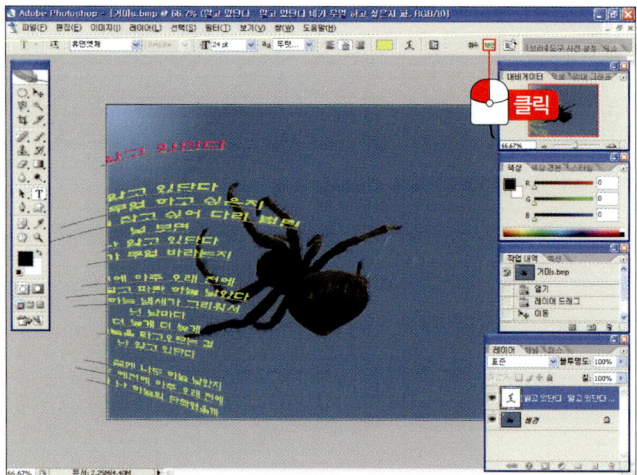

6 [진행중] 대화 상자가 나타나면서 편집한 내용의 변형을 진행합니다.

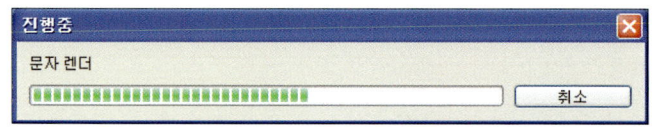

7 입력한 내용의 변형이 완료됩니다.

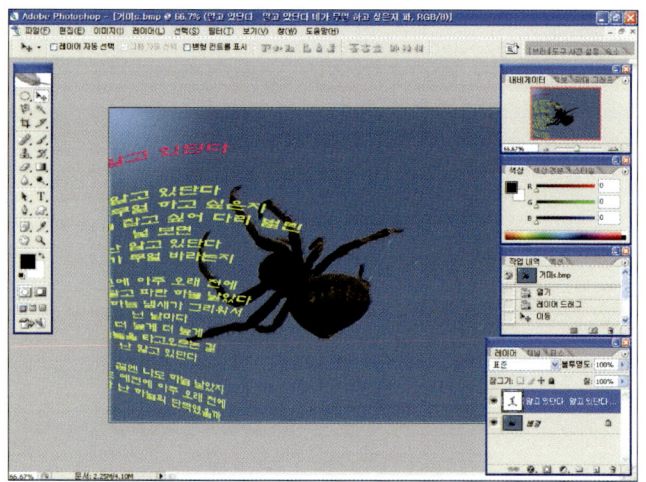

8 [도구 상자]의 이동 도구를 클릭 합니다.

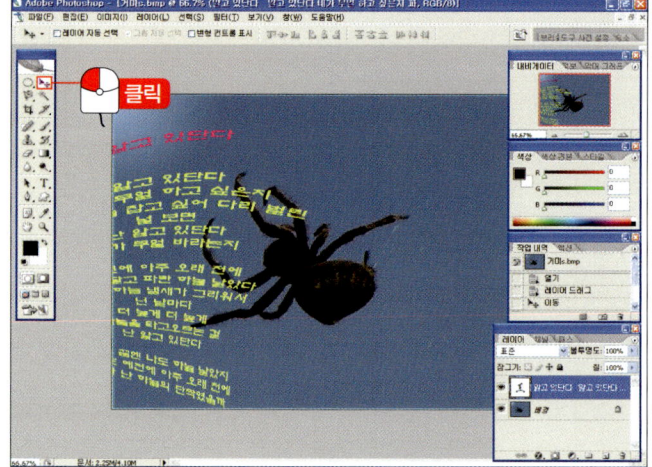

9 편집한 문자를 마우스로 드래그하여 적당한 위치로 옮깁니다.

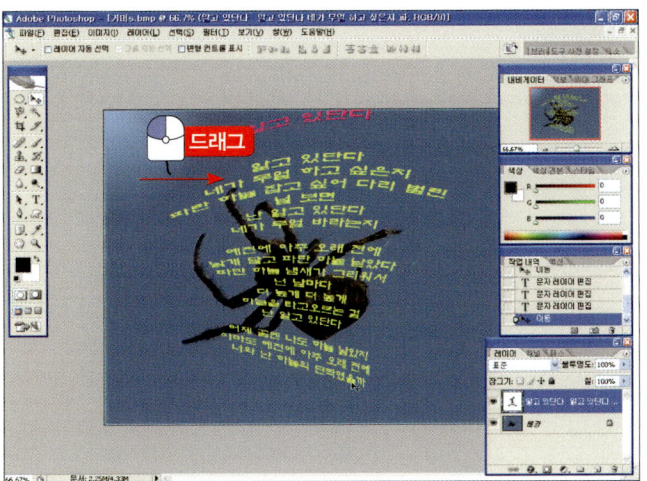

10 이미지와 문자의 배치가 어울리는지 확인합니다.

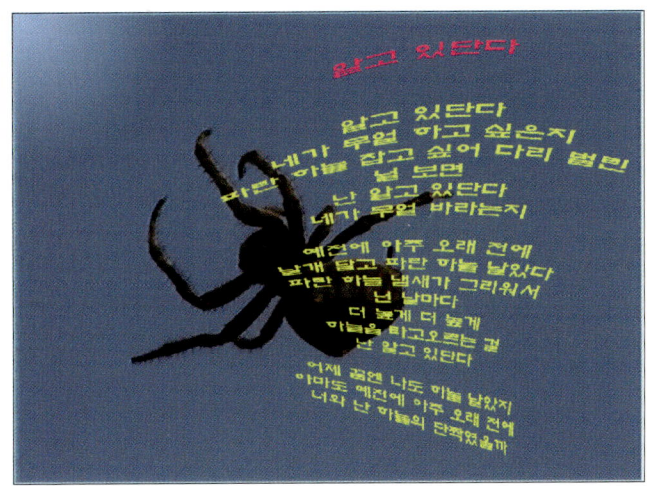

문자 편집 3

1 [레이어] 메뉴의 [레이어 스타일-그림자]를 클릭합니다.

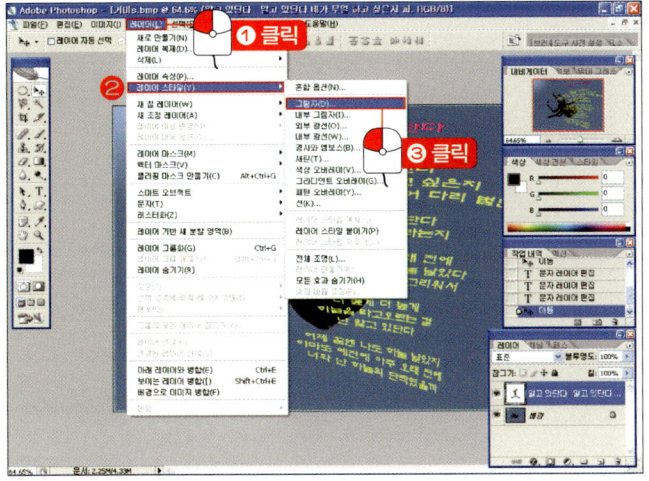

2 [레이어 스타일] 대화상자에서 불투명도, 거리, 스프레드, 크기를 화면과 같이 설정합니다.

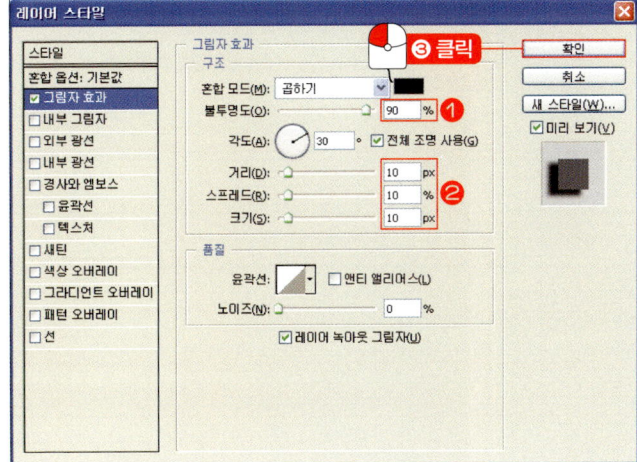

3 품질의 윤곽선에서 '이중 링'을 선택합니다.

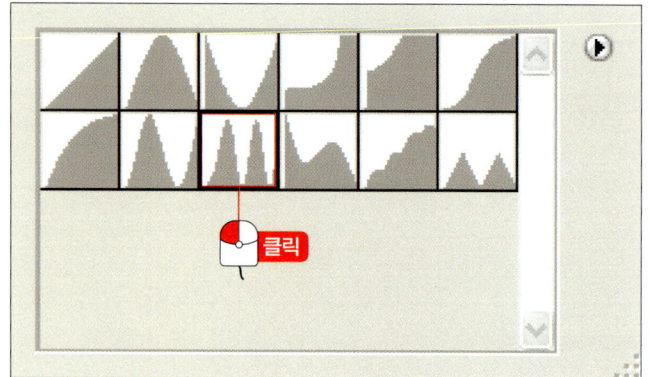

4 [레이어 스타일] 대화상자 왼쪽 [스타일]에서 '내부 광선'을 체크 표시합니다.

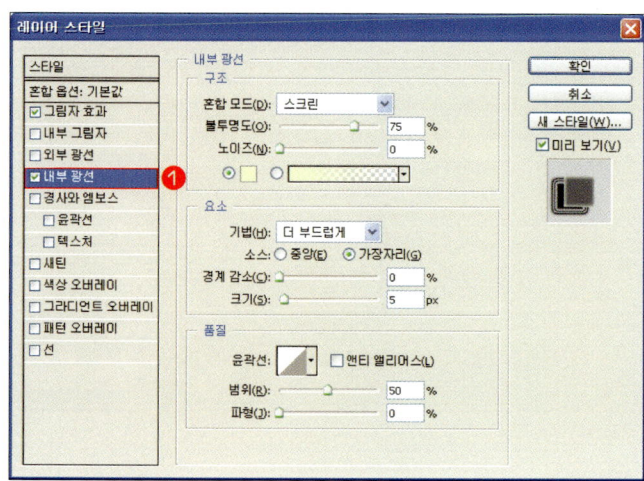

5 [요소]의 소스와 경계 감소를 화면과 같이 설정하고 [확인] 버튼을 클릭합니다.

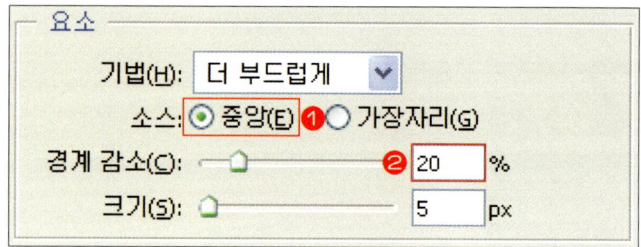

6 레이어 스타일이 적용됩니다.

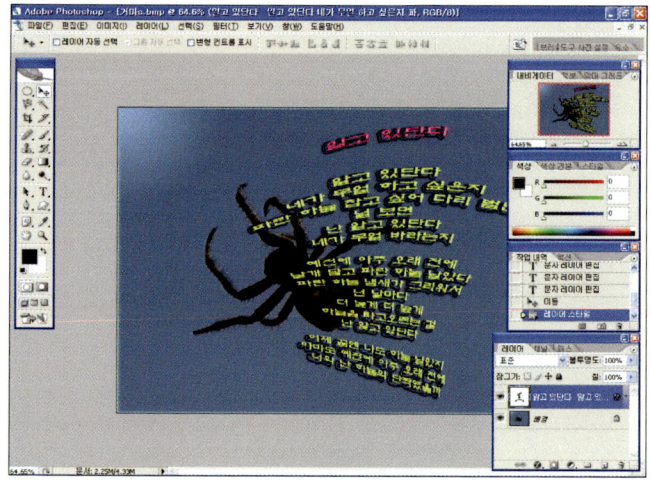

7 [도구 상자]의 세로 문자 도구 를 클릭합니다.

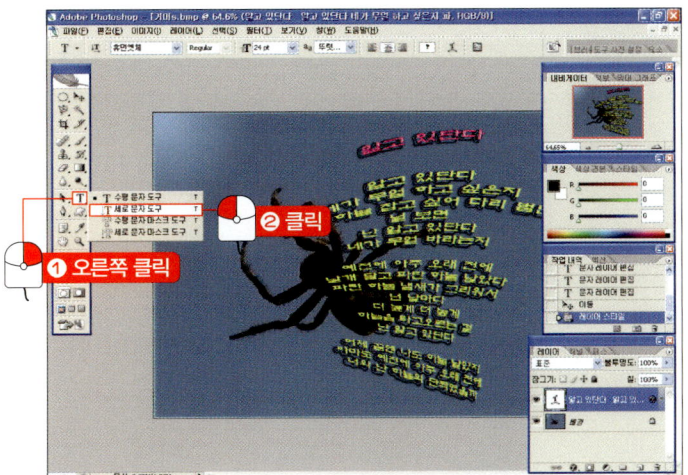

8 이름을 입력합니다. 글꼴 '휴먼옛체', 글꼴 크기 '48 pt', 텍스트 색상 '흰색'으로 설정합니다.

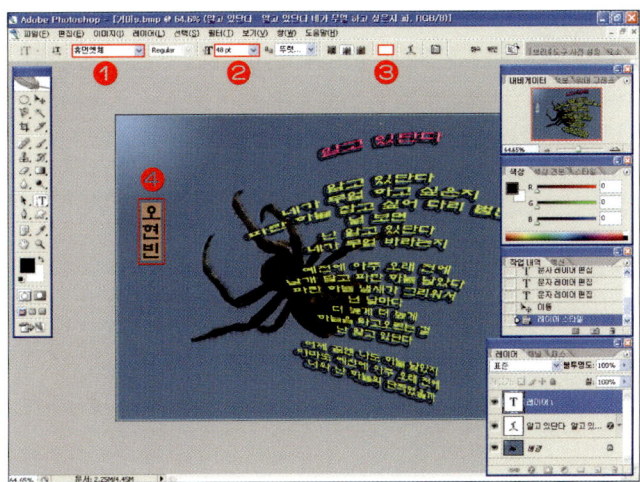

9 [도구 상자]의 이동 도구 를 이용하여 입력한 이름을 적당한 위치로 이동합니다.

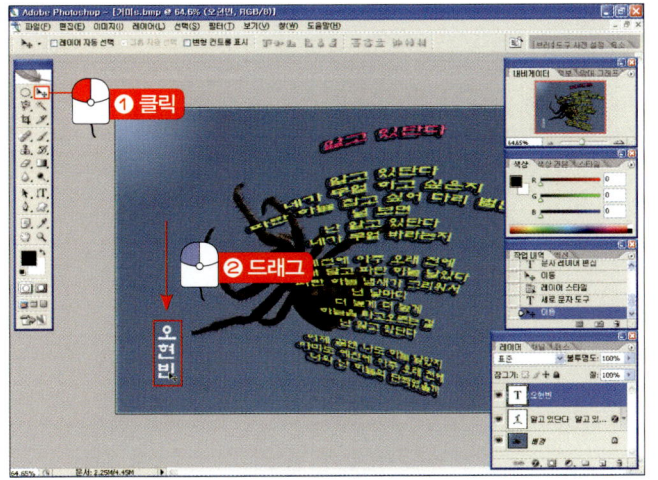

10 [레이어] 팔레트의 시 텍스트 레이어의 [단축 메뉴]에서 [레이어 스타일 복사]를 클릭합니다.

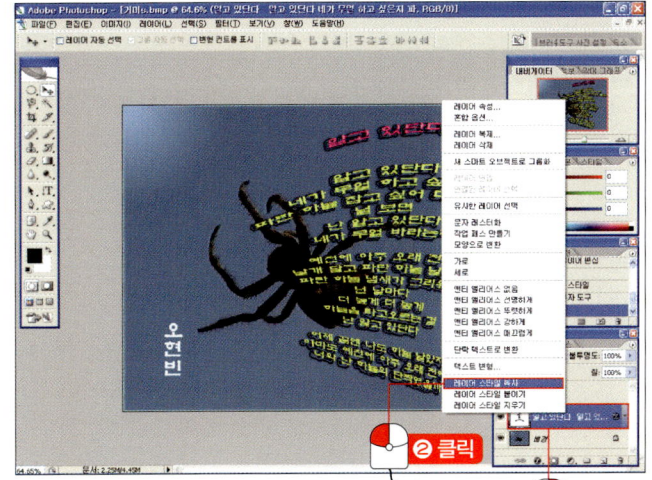

11 이름을 입력한 레이어의 [단축 메뉴]에서 [레이어 스타일 붙이기]를 클릭합니다.

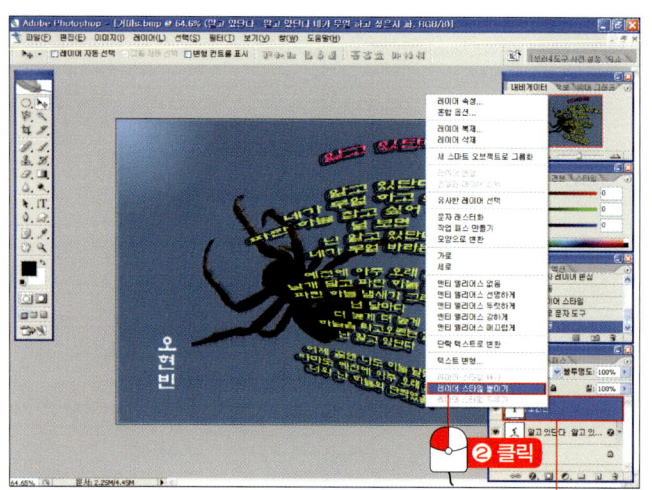

12 작업한 내용을 '거미f.bmp'로 저장합니다.

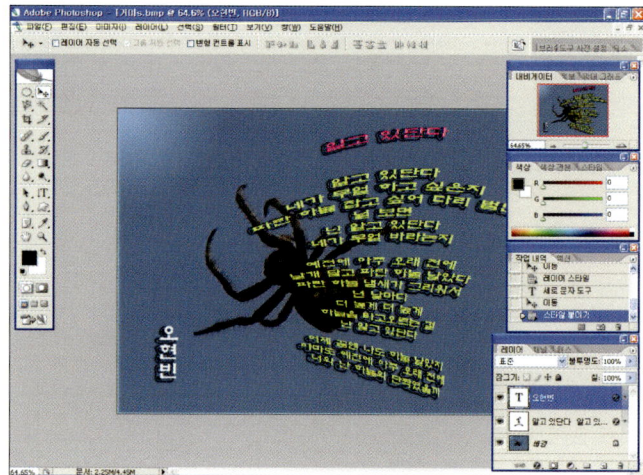

TiP '.psd'로 저장하면 나중에 이제껏 작업한 내용을 쉽게 알아볼 수 있고, 작업 내용의 수정도 용이하게 할 수 있습니다.

읽어 보세요

01 시란?

여러분들은 시란 어떤 글이라고 생각하세요? 줄글에 비해 짧은 글, 혹은 노래 부르듯이 읽히는 글이라고만 생각하는 것은 아닌가요? 물론 잘못된 생각은 아닙니다. 단지 시란 어떤 글인가를 이야기하기에 부족할 뿐이지요. 시는 줄글에 비해 비교적 짧은 것이 사실입니다. 그것은 줄글이 사물이나 대상, 사건 등을 풀어서 이야기하려는 반면에 시는 그것을 최대한 압축해서 표현하려 하기 때문입니다. 독자의 입장에서 압축된 표현을 풀어서 이해하려는 재미가 시의 매력입니다. 그러니까 시는 길게 풀어서 표현하게 되면 시로서의 맛을 제대로 살릴 수가 없는 것이지요. 또 시는 노래 부르듯이 읽혀지는 것이 일반적입니다. 동요나 가요의 노랫말을 생각해 보세요. 절로 박자나 리듬감이 느껴집니다. 글자 수가 일정하기도 하고, 우리가 숨을 들이마시고 내뱉는 시간과 노랫말의 단위가 비슷하기도 합니다. 우리는 이처럼 박자와 리듬이 느껴지는 글에서 아름다움을 느끼게 됩니다. 시도 마찬가지인데, 시에서 느껴지는 이런 박자감이나 리듬감을 운율이라고 합니다.

다른 대상에 빗대어 표현하는 표현법이 무엇입니까? 비유법이지요. 시는 다른 어떤 글보다 비유를 많이 사용합니다. 짧은 글 속에서 많은 것을 표현하자면 비유를 사용하는 것이 효과적인 방법입니다. 친구들의 별명을 생각해 보세요. 별명은 친구의 특징을 가장 잘 표현할 수 있는 것으로 붙이게 됩니다. 예를 들어 공주라는 별명에는 예쁘다거나, 잘난 척 한다거나, 옷을 잘 입는다거나, 착하다거나 하는 풀어서 이야기하자면 매우 긴 사연이 담겨 있습니다. 그것을 통틀어서 표현하는 방법이 비유지요. 시란 이와 같은 비유를 참 많이 사용하는 글입니다.

매일 지나치는 거리의 풍경, 친구의 모습, 똑같은 학교생활. 이런 것들을 지겹게 느낀다면 시는 태어나지 않습니다. 매일 반복되는 일이나 주변에 하찮게 있는 것들에게 따뜻한 눈길을 주고 사랑을 줄 때 시는 우리 마음 속에 찾아옵니다. 누구나 느끼고 생각하는 것을 시는 제일 싫어합니다. 세상을 새롭게 느낄 때 시가 태어납니다. 그러니까 시는 세상을 새롭고 활기 있게 만드는 아름다운 글입니다.

시를 쓸 때는 이런 점을 꼭 기억하세요. 모든 사람이 시를 잘 쓸 수는 없습니다. 그러나 시의 특성을 바르게 알고 시를 쓴다면, 꽤 괜찮은 시를 쓸 수 있을 것입니다.

스스로 평가해요

평가요소	쉬워요	할 만해요	어려워요
• 생각과 느낌을 시로 표현할 수 있습니다.			
• 재미있는 표현을 사용하여 시를 씁니다.			
• 문자 도구를 이용하여 문자를 입력하고 편집할 수 있습니다.			
• 가로 문자 도구와 세로 문자 도구 쓰임새의 차이를 알고 있습니다.			

 **혼자 해결해요**

:: **세로 문자 도구를 이용하여 우리 집 가훈을 멋지게 꾸며 봅시다.** [도덕-가족 사랑과 예절]

1 C:\포토샵\Part02\가훈s.bmp 열기(또는 내 컴퓨터에 있는 가족 사진 열기)

2 세로 문자 도구를 이용하여 가훈 입력

3 텍스트 편집

① 글꼴 '휴먼옛체'

② 글꼴 크기 '100 pt'

③ 텍스트 색상 '녹색'

④ 변형된 텍스트 만들기 '아치'

4 저장하기

Lesson 08

미술의 세계로

» 색상을 보완하고 수정하여 미술작품집 만들기

예술은 사람이 살아가는 데 밥이나 옷처럼 반드시 필요한 것은 아닙니다. 예술은 사람의 생존과는 직접적인 관계가 없다는 말이죠. 그러나 예술은 생존과 별 관계없지만 우리 삶을 아름답고 풍요롭게 하는 소중한 것입니다. 예술의 한 분야에 속하는 미술도 마찬가지입니다. 피카소나 박수근 화백의 그림을 모르더라도 우리가 살아가는 데는 아무 지장이 없지만, 그분들의 작품을 제대로 감상할 줄 안다면 그만큼 우리 삶은 풍요로워지는 것이죠.

여러 화가들의 작품을 수집하고 색을 수정하여, 나만의 미술작품집을 만들어 봅시다.

이런 것을 공부해요

이런 것을 생각해요	교과서를 찾아봐요	이런 것을 활용해요
• 여러 미술가의 미술작품에서 아름다움을 느낄 수 있습니다. • 여러 미술가의 특징을 비교할 수 있습니다. • 미술작품을 아끼고 사랑합니다.	• 미술 3, 4학년 – 미술관이나 전람회에서 작품 감상하기 • 미술 5, 6학년 – 다양한 관점으로 작품 분석하기	• 자동 레벨 • 자동 대비 • 자동 색상 • 명도/대비 • 칠 • 선

함께 해결해요

자동 레벨, 자동 대비, 자동 색상

1 C:\포토샵\Part02\꿈.bmp를 엽니다. 이것은 원본 이미지 파일입니다.

2 C:\포토샵\Part02\꿈s.bmp를 엽니다. 이것은 색상이 손상된 파일입니다.

3 '꿈s.bmp' 창을 마우스로 드래그하여 두 창이 모두 보이도록 이동합니다.

4 '꿈s.bmp' 창을 활성화한 상태에서 [이미지] 메뉴의 [조정-자동 레벨]을 클릭합니다.

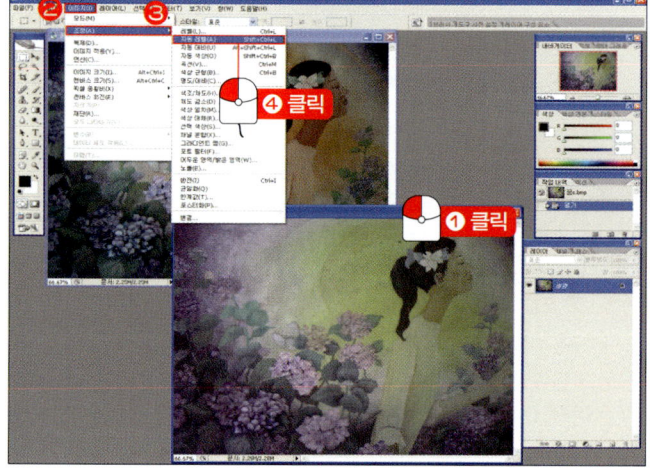

5 원본 이미지의 색상과 비슷한지 확인합니다.

6 [편집] 메뉴의 [자동 레벨 취소]를 클릭합니다.

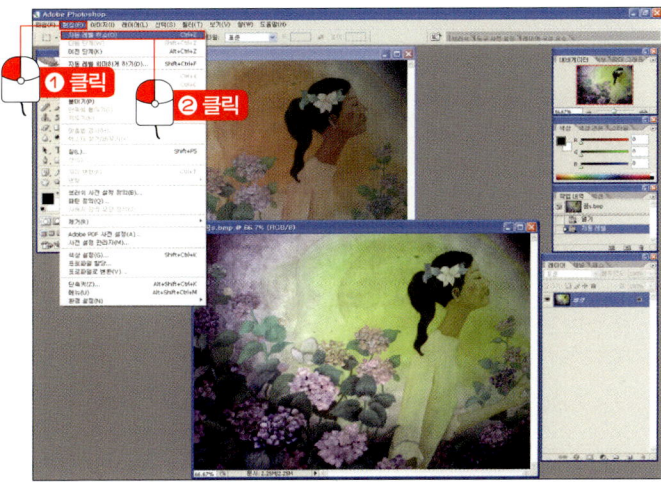

7 '꿈s.bmp' 창을 활성화한 상태에서 [이미지] 메뉴의 [조정-자동 대비]를 클릭합니다.

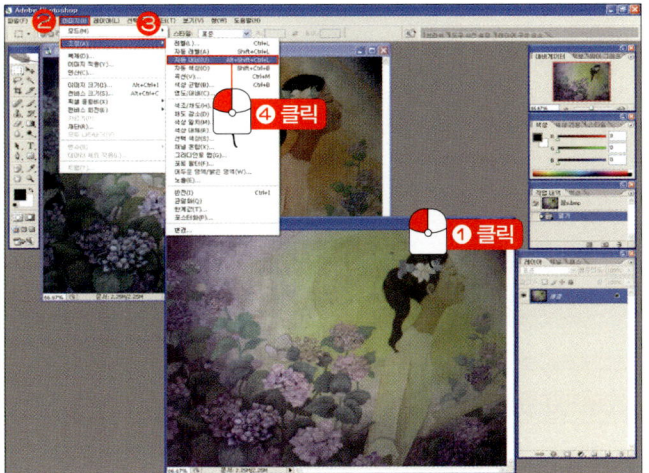

8 원본 이미지의 색상과 비슷한지 확인합니다.

9 [편집] 메뉴의 [자동 대비 취소]를 클릭합니다.

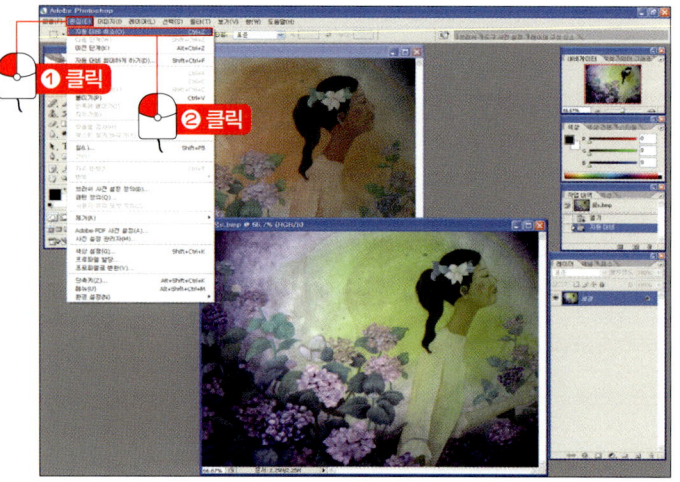

10 '꿈s.bmp' 창을 활성화하고 [이미지] 메뉴의 [조정-자동 색상]을 클릭합니다.

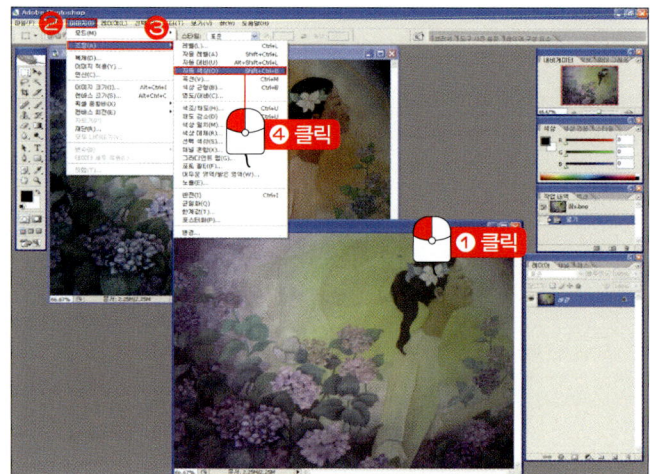

11 원본 이미지의 색상과 비슷한지 확인합니다.

12 [편집] 메뉴의 [자동 색상 취소]를 클릭합니다.

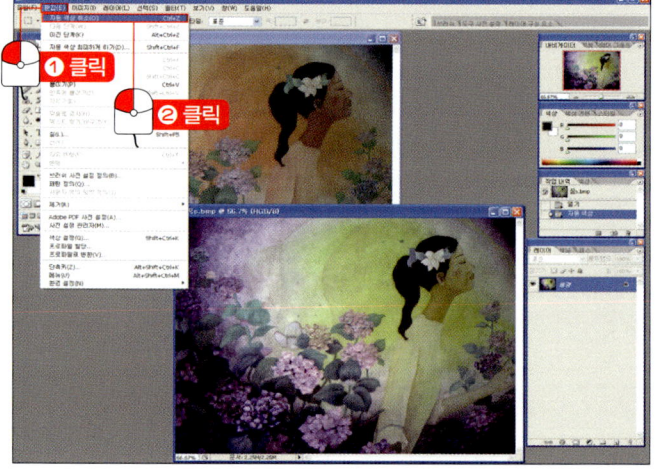

TIP [자동 색상] 명령은 이미지에서 어두운 영역, 중간 영역, 밝은 영역을 찾아서 이미지의 대비와 색상을 자동으로 조정합니다.

명도/대비, 채도 감소, 그라디언트 맵

1 [이미지] 메뉴의 [조정-명도/대비]를 클릭합니다.

2 [명도/대비] 대화 상자에서 명도 '+30', 대비 '+30'으로 설정하고 [확인] 버튼을 클릭합니다. 원본 이미지의 색상과 비교합니다.

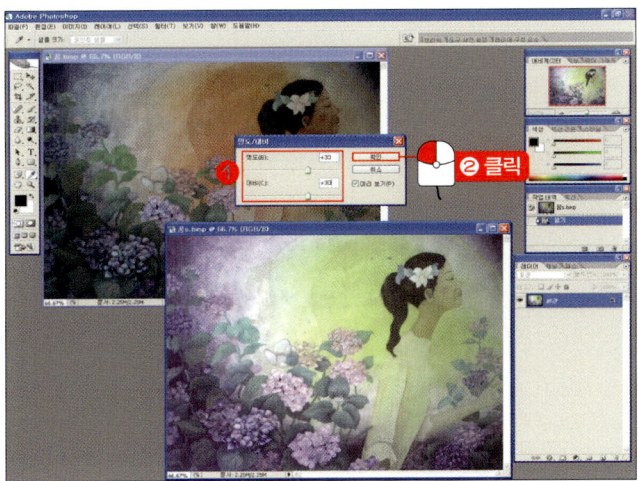

3 [편집] 메뉴의 [명도/대비 취소]를 클릭합니다.

4 [이미지] 메뉴의 [조정-채도 감소]를 클릭합니다.

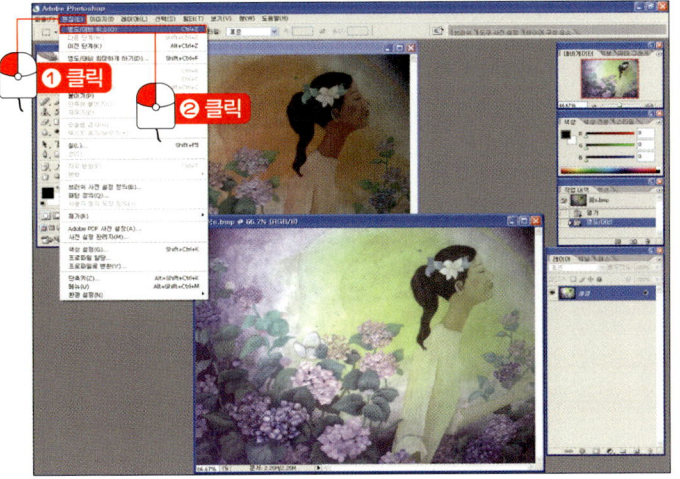

5 원본 이미지의 색상과 비교합니다.

6 [편집] 메뉴의 [채도 감소 취소]를 클릭합니다.

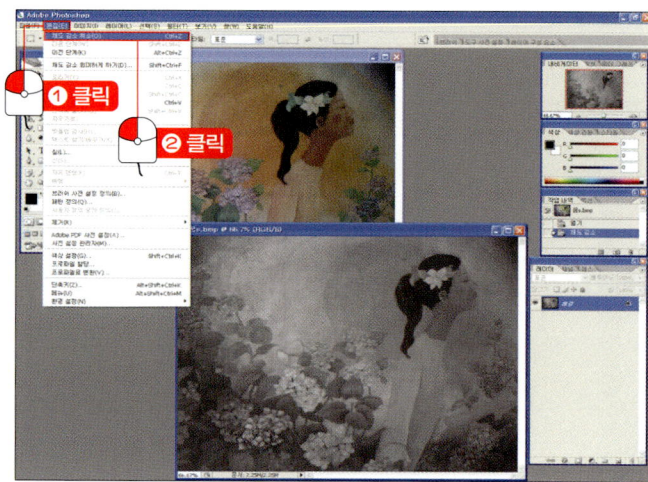

7 [이미지] 메뉴의 [조정-그라디언트 맵]을 클릭합니다.

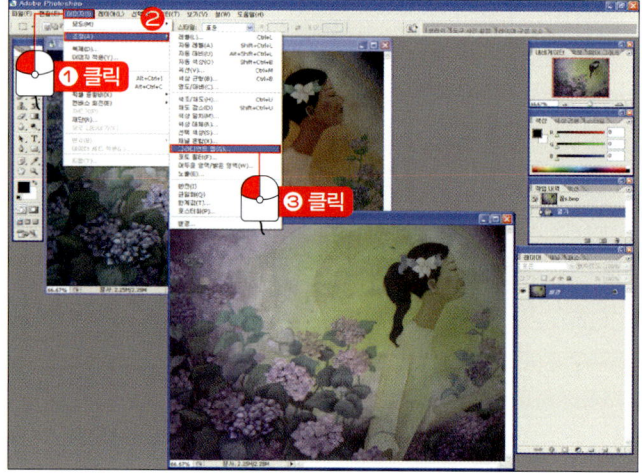

8 [그라디언트 맵] 대화상자에서 [크롬]을 선택하고 [확인] 버튼을 클릭합니다.

9 [편집] 메뉴의 [그라디언트 맵 취소]를 클릭합니다.

반전, 균일화, 한계값, 색조/채도

1 [이미지] 메뉴의 [조정-반전]을 클릭합니다.

2 원본 이미지의 색상과 비교합니다.

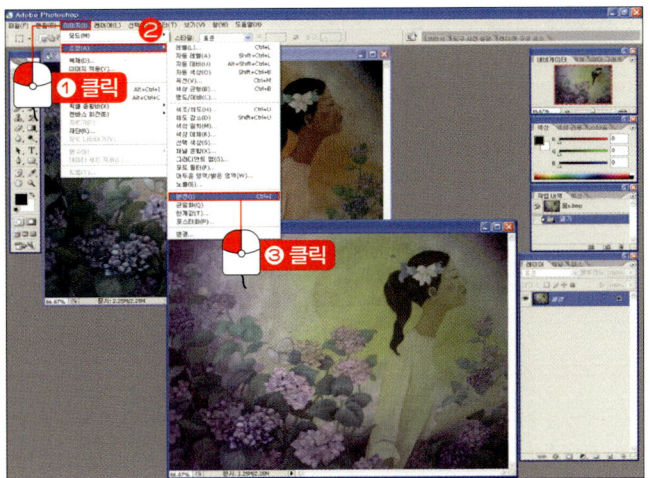

3 [편집] 메뉴의 [반전 취소]를 클릭합니다.

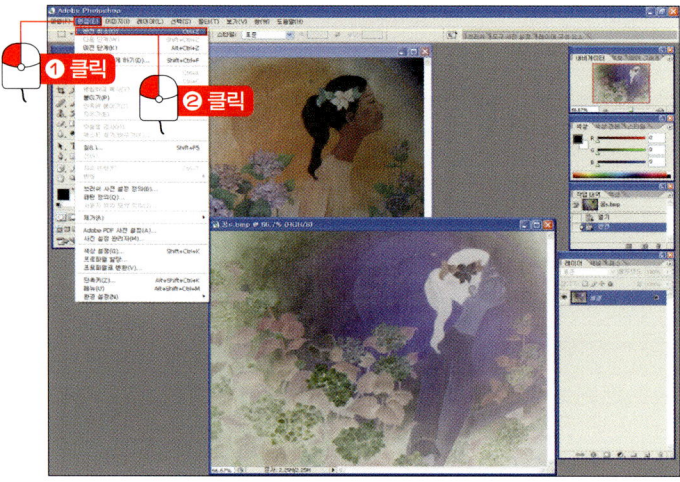

4 [이미지] 메뉴의 [조정-균일화]를 클릭합니다.

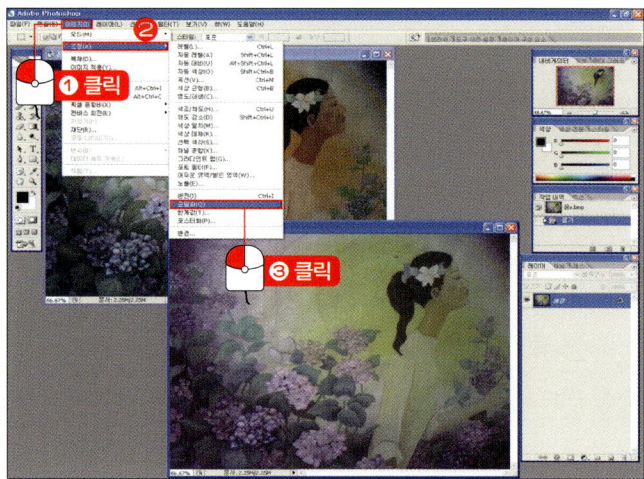

5 원본 이미지의 색상과 비교합니다.

6 [편집] 메뉴의 [균일화 취소]를 클릭합니다.

7 [이미지 메뉴의 [색조/채도]를 클릭합니다.

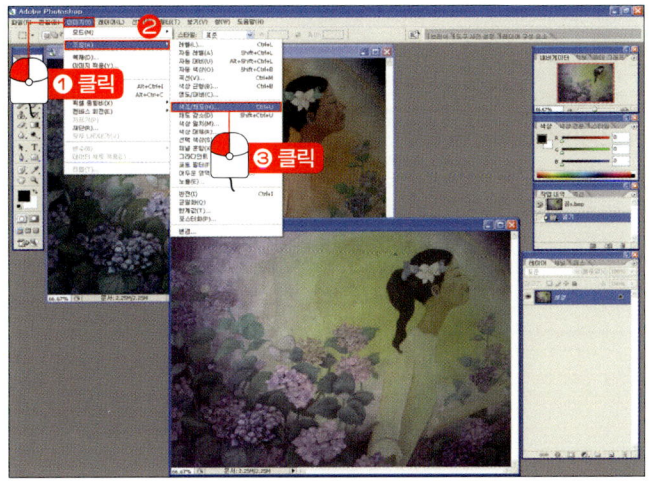

8 [색조/채도] 대화상자에서 색조, 채도, 밝기를 화면과 같이 설정하고 [확인] 버튼을 클릭합니다.

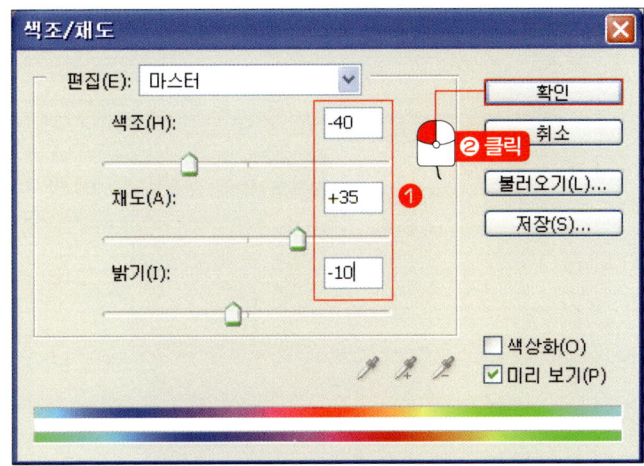

9 원본 이미지의 색상과 비교합니다. 거의 흡사하게 복원된 것 같습니다.

10 '꿈.bmp' 창을 닫고, 이후의 작업을 편하게 하기 위해 '꿈s.bmp' 창을 마우스로 드래그하여 위쪽으로 이동합니다.

TiP 색조란 빛깔의 조화, 색깔의 진하거나 옅은 정도, 강하거나 약한 정도를 말합니다.
채도란 색의 선명한 정도를 말하는 것으로 유채색에만 해당하는 것입니다.

액자 만들기

1 [레이어] 메뉴의 [새로 만들기-레이어]를 클릭합니다.

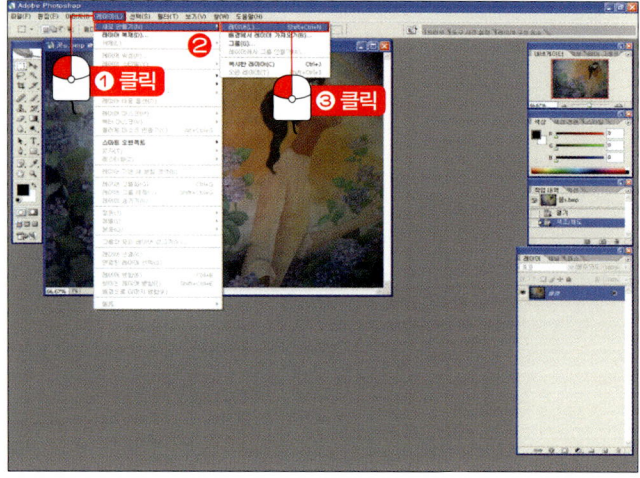

2 [새 레이어] 대화상자가 나타나면 [이름]을 '액자틀'로 입력하고 [확인] 버튼을 클릭합니다.

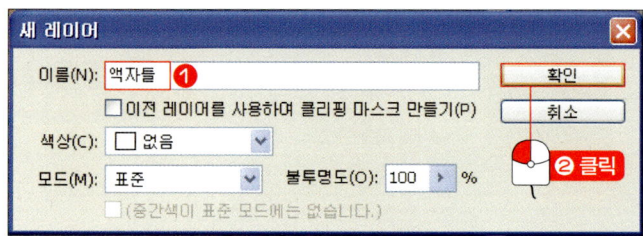

3 [레이어] 팔레트에 '액자틀'이라는 레이어가 추가되었습니다. '액자틀' 레이어를 선택하고 [편집] 메뉴의 [칠]을 클릭합니다.

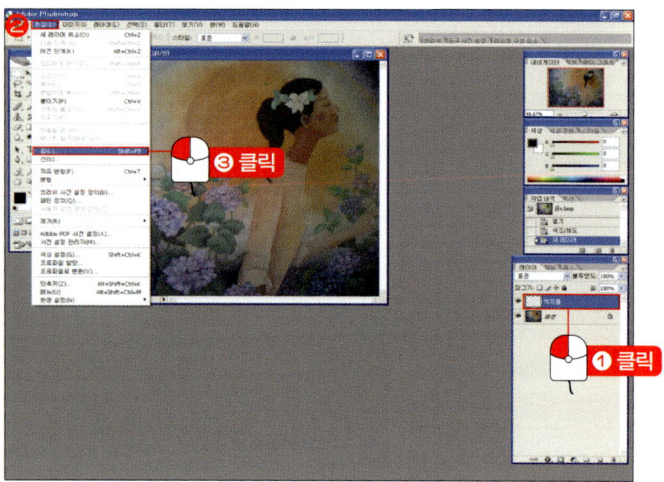

4 [칠] 대화상자에서 내용을 화면과 같이 설정하고 [확인] 버튼을 클릭합니다.

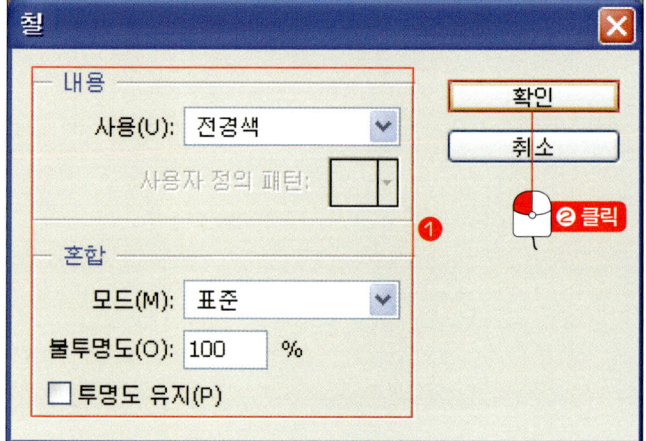

5 [도구 상자]의 사각형 윤곽 선택 도구 를 이용하여 화면과 같이 선택합니다.

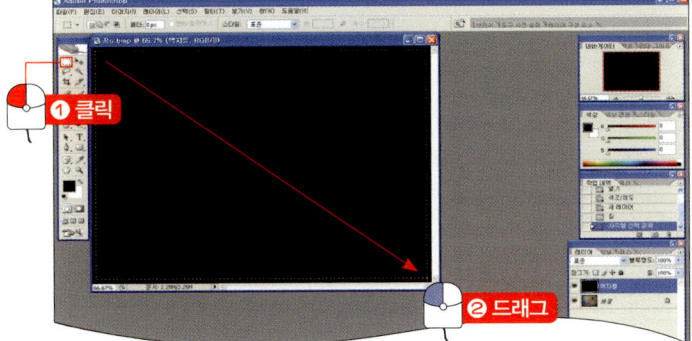

6 키보드의 〈Delete〉를 누릅니다.

7 [편집] 메뉴의 [선]을 클릭합니다.

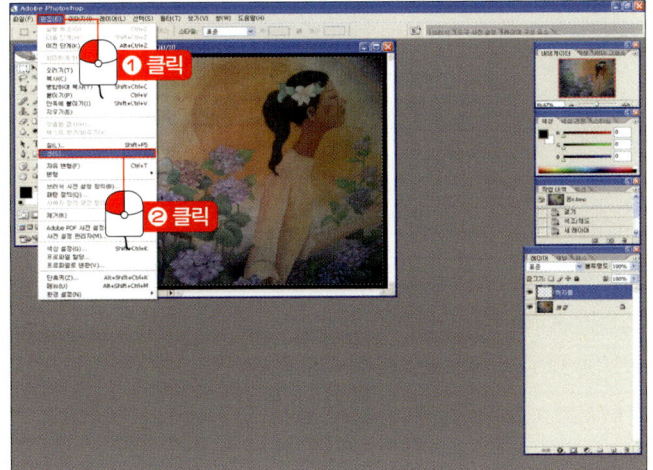

8 [선] 대화상자에서 선, 위치, 혼합을 화면과 같이 설정하고 [확인] 버튼을 클릭합니다.

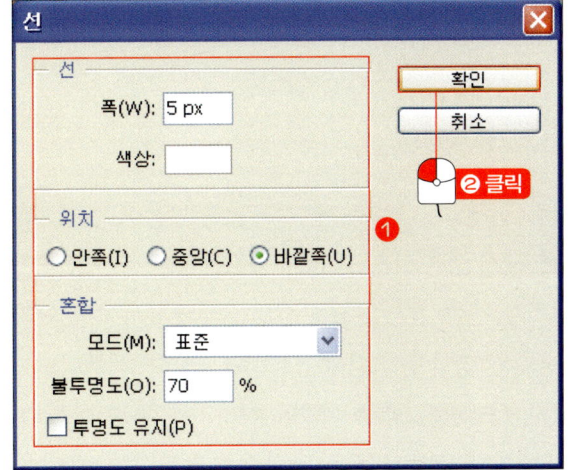

9 이미지의 가장자리에 액자틀이 만들어졌습니다. 다른 이름으로 저장해 봅시다.

읽어 보세요

01 박수근

박수근 선생님은 1914년 강원도 양구에서 태어났습니다. 선생님은 가정이 너무 가난해서 초등학교밖에 다닐 수 없었습니다. 한국전쟁이 일어났을 때 선생님께서는 남한으로 내려와 부두에서 막일을 하거나, 미군부대 매점에서 초상화를 그려주는 일 등을 하면서 돈을 벌었습니다. 선생님께서는 힘들게 살았지만 힘든 삶을 한 번도 원망하지 않았습니다. 오히려 가난하게 사는 서민들의 모습을 그림으로 표현하고자 노력했습니다. 절구질하는 여인, 광주리를 이고 가는 여인, 길가의 행상들, 아기를 업은 소녀, 할아버지와 손자 그리고 김장철 마른 가지를 드러낸 고목들을 선생님은 자신의 화폭에 담았습니다. 선생님은 「귀로」, 「세 여인」, 「시장」 등을 비롯한 많은 작품을 남기고 1965년에 돌아가셨습니다.

02 천경자

천경자 선생님은 1924년에 전라남도 고흥에서 태어났습니다. 동경여자미술전문학교를 졸업하고 파리 아카데미 고에쓰에서 공부하셨습니다.. 1955년에는 대한 미협전 대통령상을 수상하셨고, 1983년에는 은관 문화훈장을 수상하기도 했습니다. 천경자 선생님은 생활하면서 느끼는 감정, 자연의 아름다움, 생명의 신비, 인간의 내면세계 등 매우 넓은 영역을 그림에 표현하였습니다. 선생님의 그림하면 일반적으로 꽃과 여인을 떠올리게 되는데, 그만큼 천경자 선생님은 꽃과 여인의 이미지를 통해 아름다움을 표현하고자 애썼던 분입니다. 「사원」, 「아열대」, 「만선」 등을 비롯한 많은 작품을 남기셨습니다.

03 이응노

이응노 선생님은 1904년 충청남도 홍성에서 태어났습니다. 해강 김규진 선생님께 문인화를 배우셨고, 1924년 조선미술전람회에서 「청죽」으로 입선하면서 미술계에 발을 내디뎠습니다. 1935년에는 일본으로 가서 일본 남화 2대가의 한 사람인 마쓰바야시 게이게쓰에게 그림을 배웠고, 혼고 연구소 등에서 서양화를 연구하는 등 근대적인 미술교육을 받기도 했습니다. 이 때 선생님께서는 전통적인 사군자에서 벗어나 대상을 사실적으로 표현하는 현실풍경화를 많이 그리셨습니다. 해방을 맞아서는 일본의 식민잔재를 버리고 새로운 한국회화를 만들기 위하여 활발한 작품 활동을 하셨습니다. 선생님께서는 「군상」, 「무제」, 「구성」 등의 많은 작품을 남기고 1989년에 돌아가셨습니다.

04 이중섭

이중섭은 선생님은 1916년 평안남도 평양에서 태어나 1956년에 돌아가셨습니다. 41세란 젊은 나이로 돌아가셨지요. 선생님께서는 이전에 보지 못했던 단순한 형식과 선명하고 원색에 가까운 색채, 과감한 붓놀림 등으로 사람들의 시선을 사로잡았습니다. 선생님이 가장 많이 그린 이미지는 소년입니다. 혼자 있는 소년보다는 다른 물체와 어우러진 소년의 모습을 표현했는데, 그 움직임이 매우 역동적입니다. 그것을 소재로 삼게 된 것은 한국전쟁 속에서 이별한 두 아들 때문이라고 합니다. 선생님은 『황소』, 『물고기와 노는 세 아이』, 『달밤』 등 많은 작품을 남기고, 끝내 가족을 만나지 못한 채 혼자 쓸쓸히 돌아가셨습니다.

스스로 평가해요

평가요소	쉬워요	할 만해요	어려워요
• 미술작품에서 아름다움을 발견할 수 있습니다.			
• 여러 미술가의 독특한 특징을 비교할 수 있습니다.			
• 자동 레벨, 자동 대비, 자동 색상, 명도/대비의 기능을 이해할 수 있습니다.			
• 이미지의 색상을 보완하고 수정할 수 있습니다.			

혼자 해결해요

:: **붉게 물든 나뭇잎의 이미지를 파릇파릇한 잎의 이미지로 바꾸어 봅시다.** [미술-시간에 따른 색 변화]

1 | C:\포토샵\Part02\계절s.bmp 열기
2 | [이미지] 메뉴의 [조정-색조/채도] 클릭하기
3 | [색조/채도] 대화상자에서 [편집-마스터]의 색조 '+90', 채도 '-10', 밝기 '-10'으로 설정하기

예쁜 무늬를 만들어요

» 모양 조각을 회전하여 규칙적인 무늬 만들기

여러분들 옷에 있는 무늬에도 수학적인 생각이 담겨 있다는 사실을 알고 있습니까? 도형이나 선을 반복해서 배열하다보면 규칙적인 무늬가 만들어집니다. 도형이나 선을 밀고, 뒤집고, 돌리는 활동을 통해서 예쁜 무늬를 간단하게 만들 수 있다는 말이죠.

주어진 이미지를 밀기, 뒤집기, 돌리기 하여 규칙적인 무늬를 만들어 봅시다.

이런 것을 공부해요

이런 것을 생각해요	교과서를 찾아봐요	이런 것을 활용해요
• 도형을 여러 방향으로 밀고, 뒤집고, 돌리는 방법을 알 수 있습니다. • 모양 조각을 밀고, 뒤집고, 돌리기 하여 규칙적인 무늬를 만들 수 있습니다.	• 수학 3학년 –도형의 이동 • 수학 5학년 –도형의 대칭	이미지 크기 캔버스 크기 캔버스 회전 작업 내역 네비게이터

함께 해결해요

열기와 격자

1 [파일] 메뉴의 [새로 만들기]를 클릭합니다.

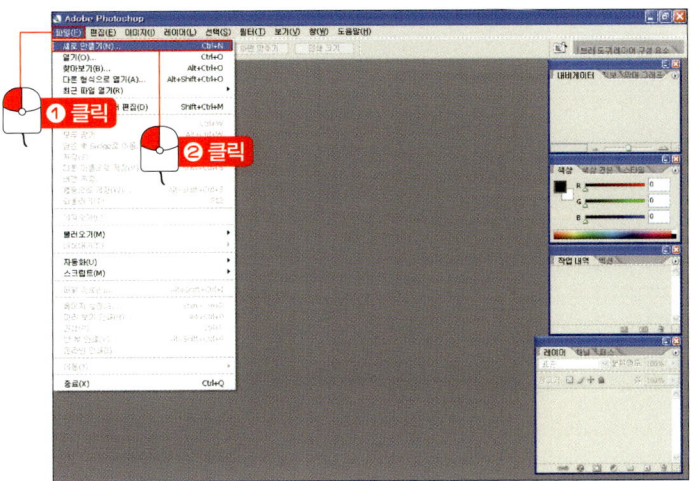

2 [새로 만들기] 대화상자에서 화면과 같이 설정하고 [확인] 버튼을 클릭합니다.

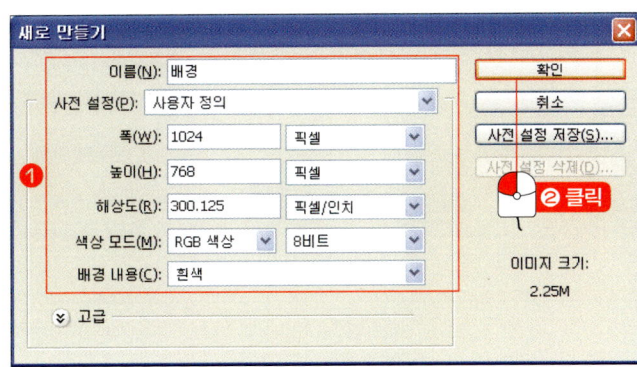

3 [도구 상자]의 손 도구 를 더블 클릭하여 배경 창을 크게 합니다.

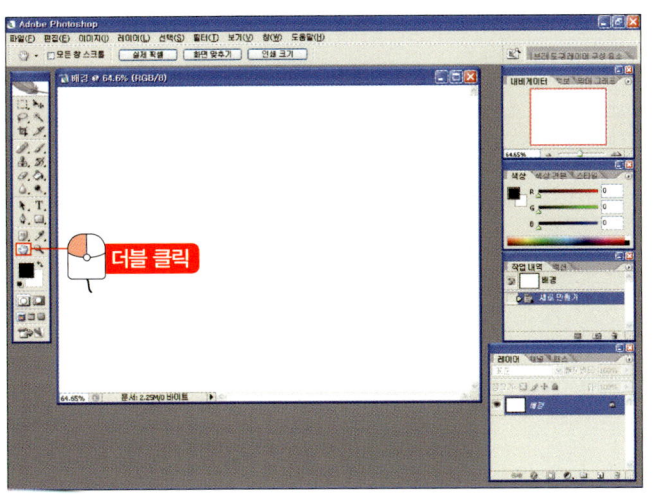

4 C:\포토샵\Part02에서 '무늬1.bmp', '무늬2.bmp', '무늬3.bmp' 파일을 〈Ctrl〉을 누르고 모두 선택하고 [열기] 버튼을 클릭합니다.

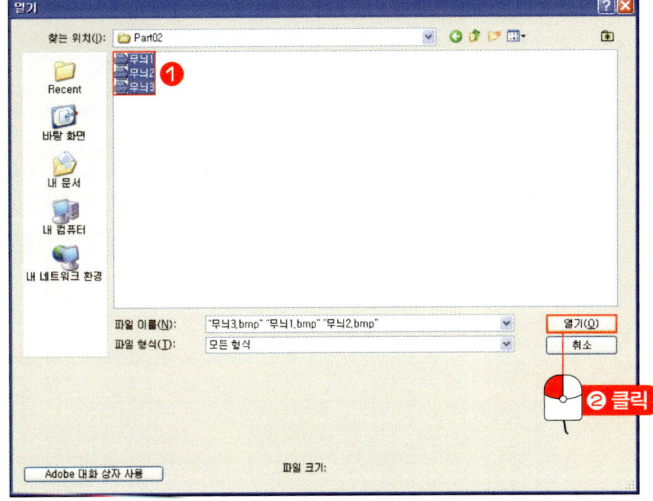

5 '무늬1.bmp', '무늬2.bmp', '무늬3.bmp' 창을 마우스로 드래그하여 배경 창 아래로 옮깁니다.

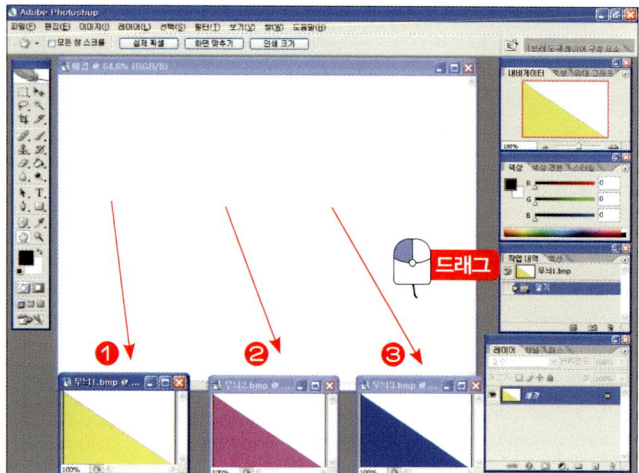

6 배경 창을 활성화하고 [보기] 메뉴의 [표시-격자]를 클릭합니다.

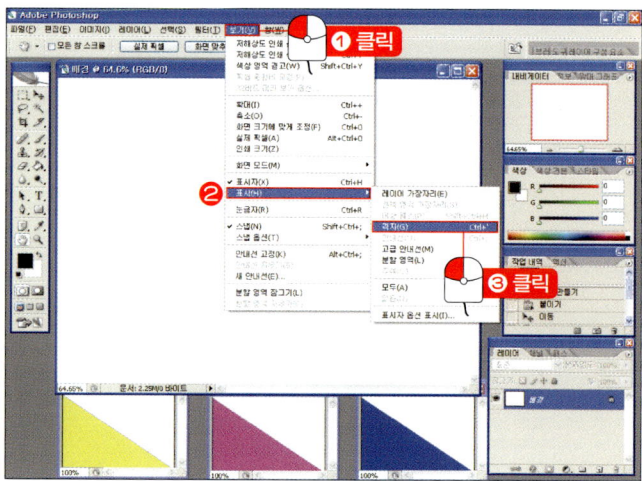

7 배경 창에 격자가 표시됩니다.

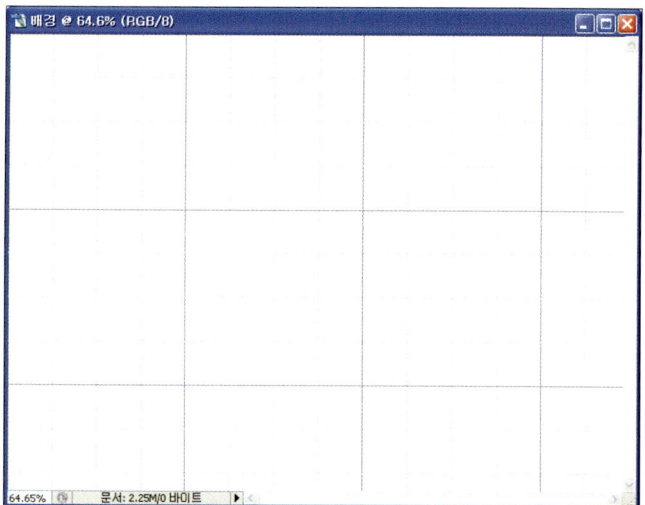

이미지 크기

1 '무늬1.bmp' 창을 활성화하고 [이미지] 메뉴의 [이미지 크기]를 클릭합니다.

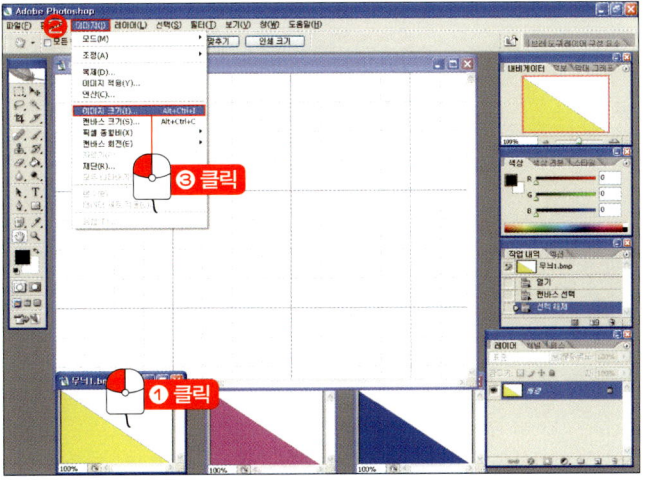

2 [이미지 크기] 대화상자에서 '비율 제한'의 체크 표시하고, 폭을 '120'으로 설정하여 [확인] 버튼을 클릭합니다.

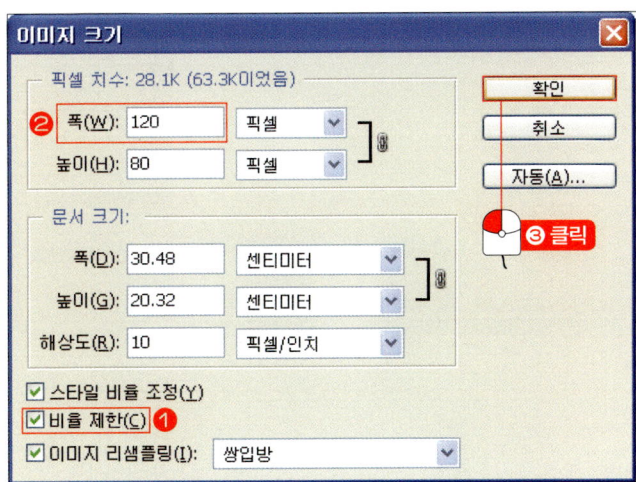

3 '무늬2.bmp', '무늬3.bmp' 창도 이미지의 크기를 줄입니다.

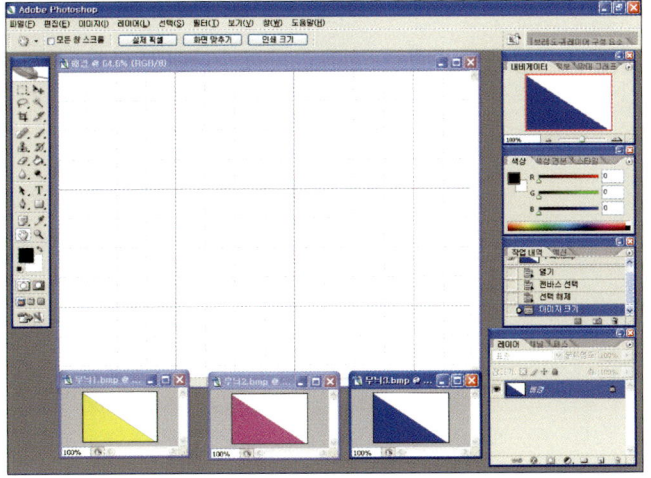

4 '무늬1.bmp' 창을 활성화하고 [선택] 메뉴의 [모두]를 클릭합니다.

5 [편집] 메뉴의 [복사]를 클릭합니다.

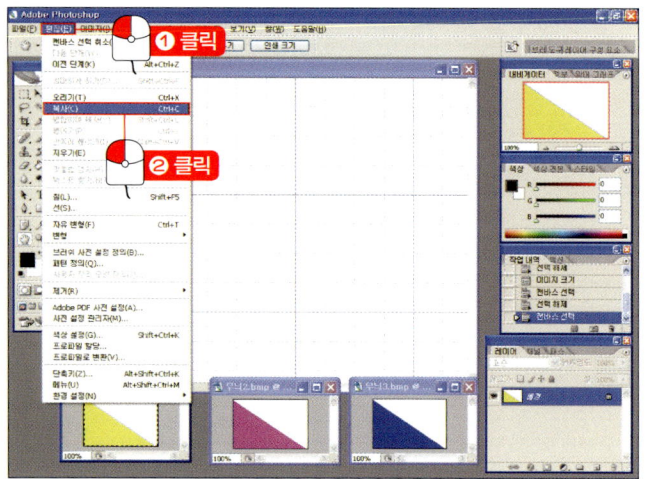

6 배경 창을 활성화하고 [편집] 메뉴의 [붙이기]를 클릭합니다.

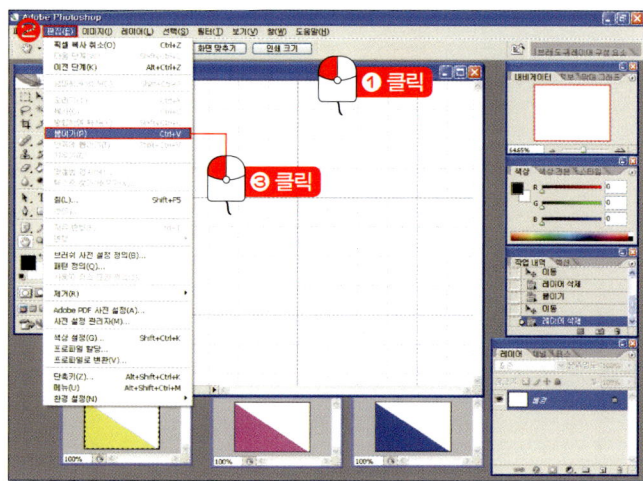

7 [도구 상자]의 이동 도구 를 클릭합니다.

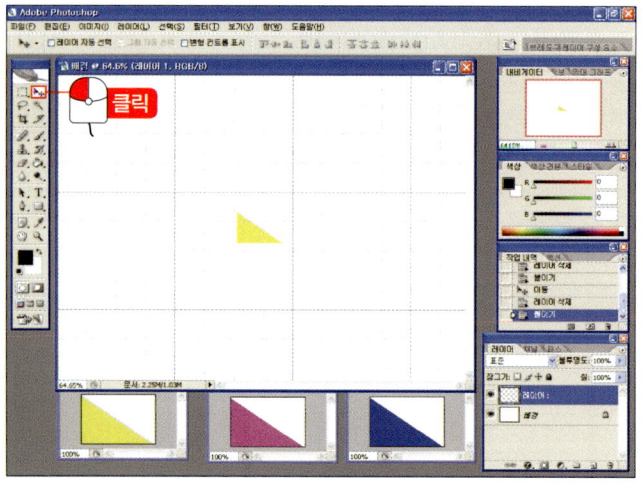

8 복사하여 붙인 이미지를 마우스로 드래그하여 왼쪽 위로 이동합니다.

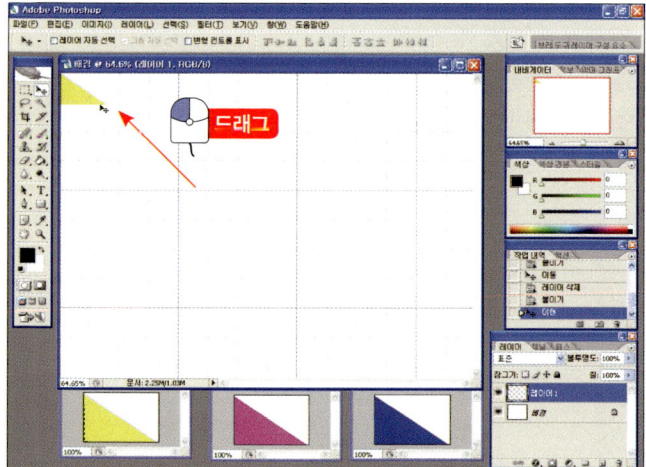

캔버스 크기

1 '무늬1.bmp' 창을 활성화하고 [이미지] 메뉴의 [캔버스 크기]를 클릭합니다.

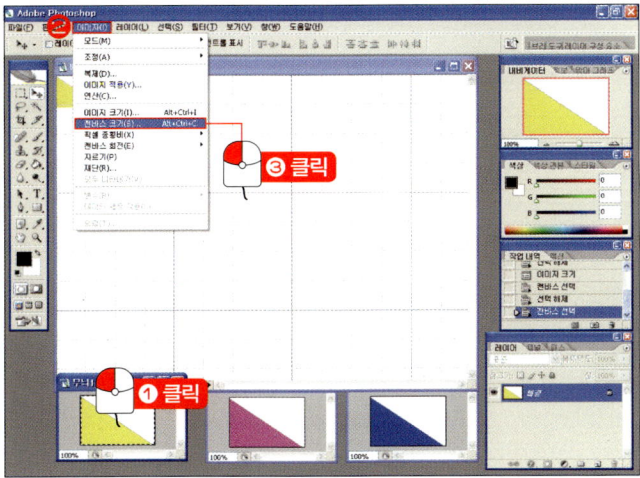

2 [캔버스 크기] 대화상자에서 폭과 높이를 화면과 같이 설정하고 [확인] 버튼을 클릭합니다.

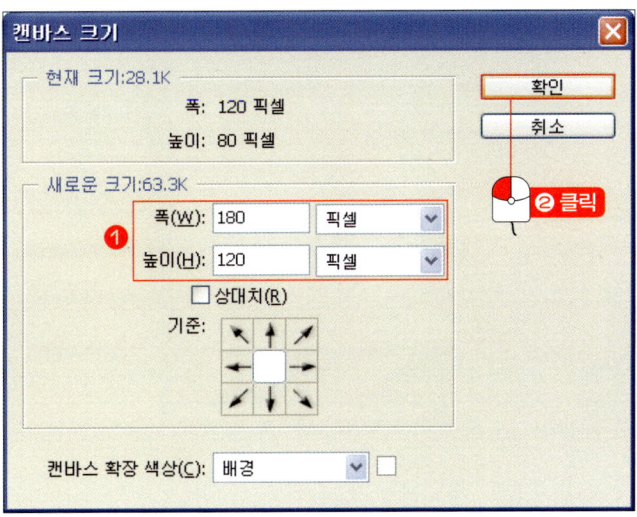

3 [선택] 메뉴의 [모두]를 클릭합니다.

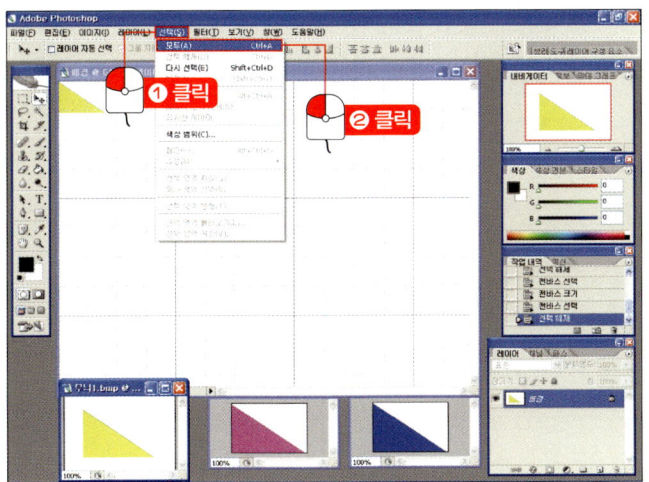

4 [편집] 메뉴의 [복사]를 클릭합니다.

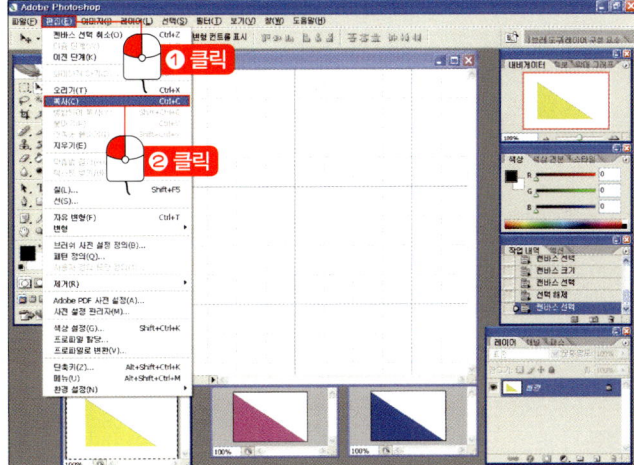

5 배경 창을 활성화하고 [편집] 메뉴의 [붙이기]를 클릭합니다.

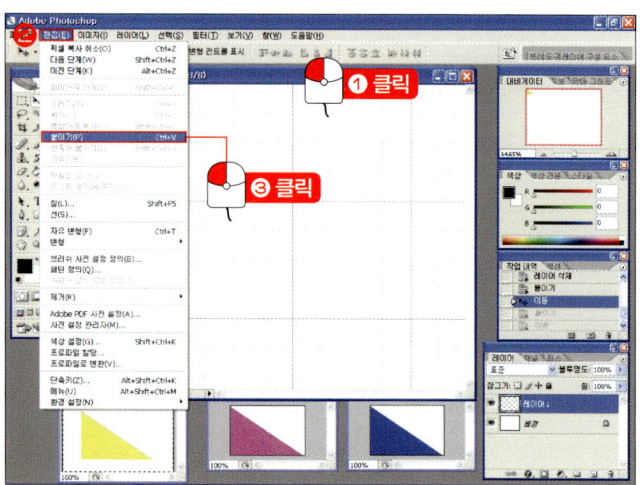

6 복사하여 붙인 이미지를 마우스로 드래그하여 앞서 붙인 이미지 옆으로 가져갑니다. 앞선 이미지의 일부가 가려집니다.

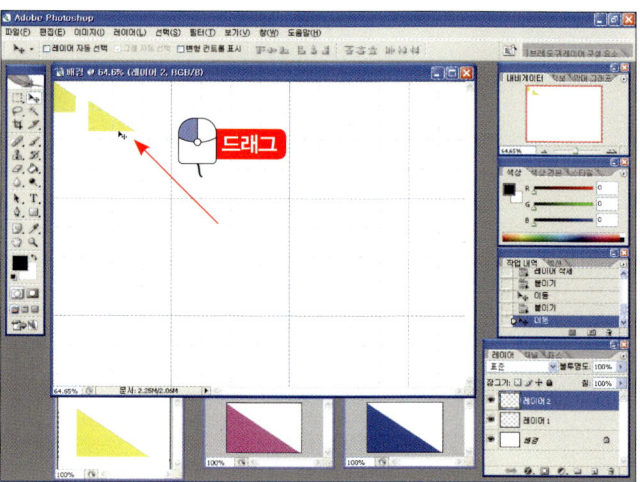

7 오른쪽 [작업 내역] 팔레트에서 마지막에 있는 이동과 붙이기 작업 내역을 마우스로 드래그하여 휴지통에 버립니다.

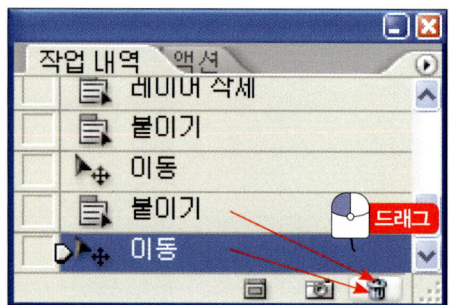

8 '무늬1.bmp' 창을 활성화하고 [작업 내역] 팔레트에서 작업 내역을 삭제하여 캔버스의 크기를 원 상태로 만듭니다. [작업 내역] 팔레트 위에 있는 [네비게이터] 팔레트에 변경된 내용이 보입니다.

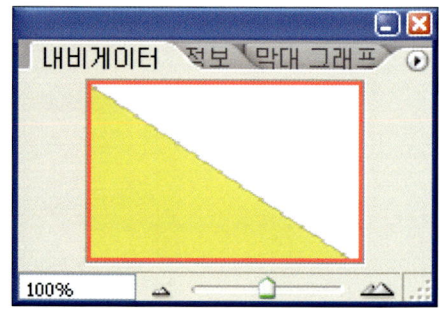

TiP 네비게이터는 현재 작업하는 창의 확대 및 축소 등과 관련하여 전체적인 모습을 확인할 수 있는 팔레트입니다.

캔버스 회전

1 '무늬1.bmp' 창을 활성화하고 [이미지] 메뉴의 [캔버스 회전-180도 회전]을 클릭합니다.

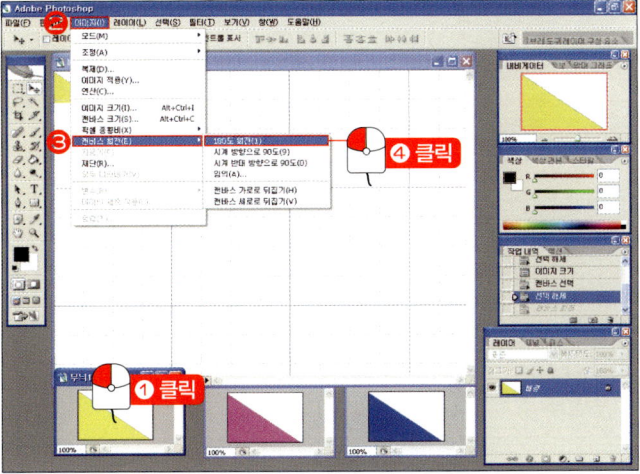

2 [선택] 메뉴의 [모두]를 클릭합니다.

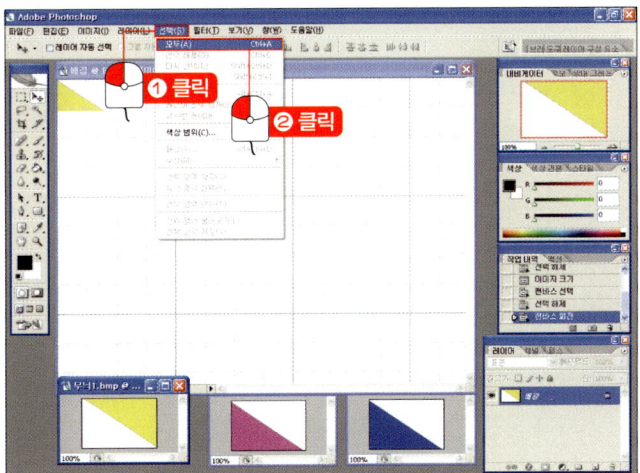

3 [편집] 메뉴의 [복사]를 클릭합니다.

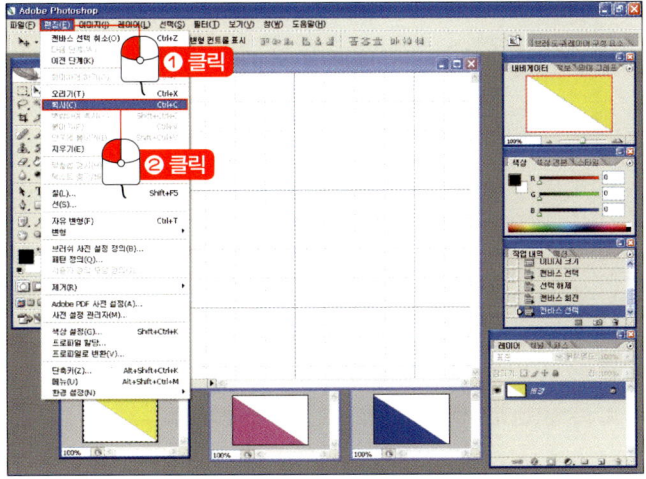

4 배경 창을 활성화하고 [편집] 메뉴의 [붙이기]를 클릭합니다.

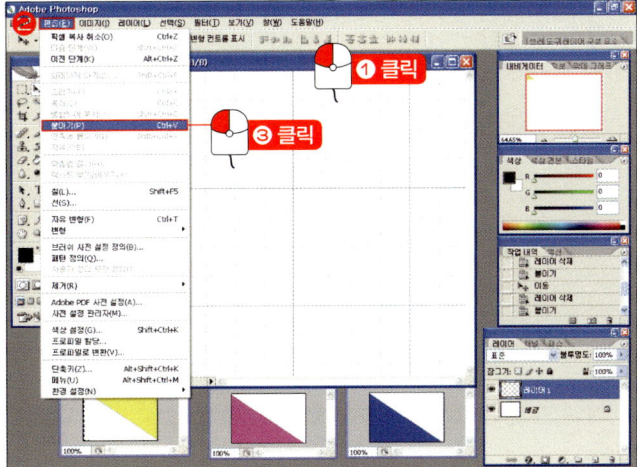

5 마우스로 드래그하여 앞서 복사하여 붙인 이미지 아래로 이동합니다.

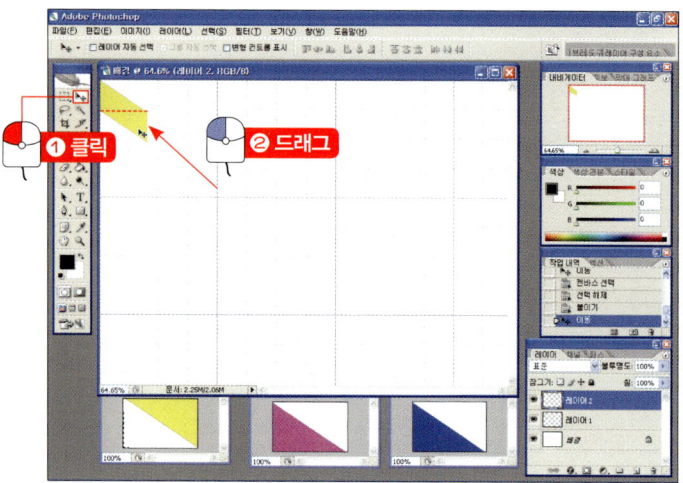

6 '무늬1.bmp', '무늬2.bmp', '무늬3.bmp' 캔버스를 회전하여 화면과 같이 배경 창에 무늬를 만들어 봅시다.

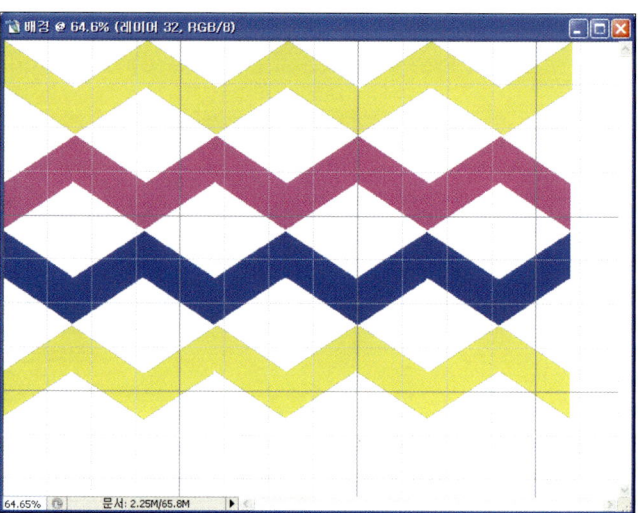

8 [도구 상자]의 자르기 도구 를 클릭하여 무늬 있는 부분만 잘라냅니다.

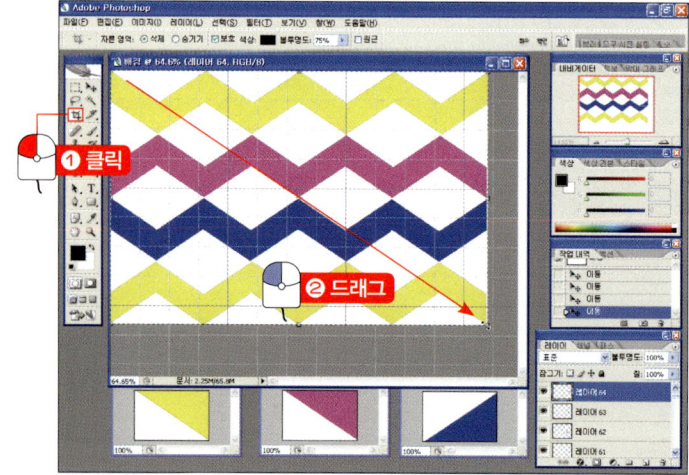

9 [레이어] 팔레트에서 〈Shift〉를 누르고 배경 레이어를 제외한 모든 레이어를 선택합니다. [레이어] 메뉴의 [레이어 병합]을 클릭합니다.

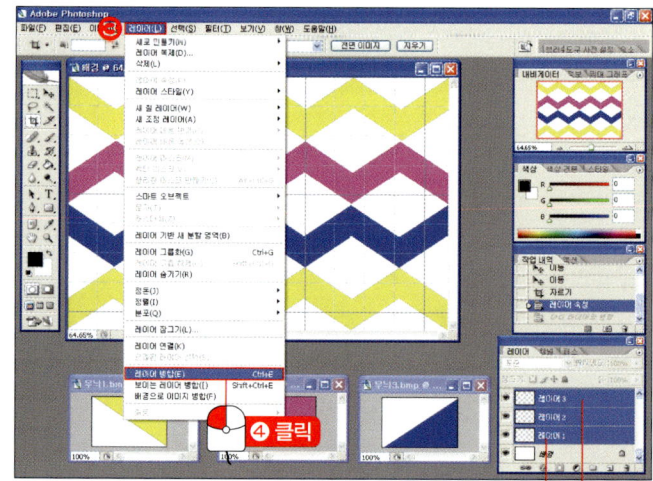

TIP [레이어]팔레트에서 〈Shift〉는 처음 선택과 나중 선택 사이 모두를 선택하고, 〈Ctrl〉은 선택한 레이어만 여러 개 선택합니다.

10 [편집] 메뉴의 [선]을 클릭합니다.

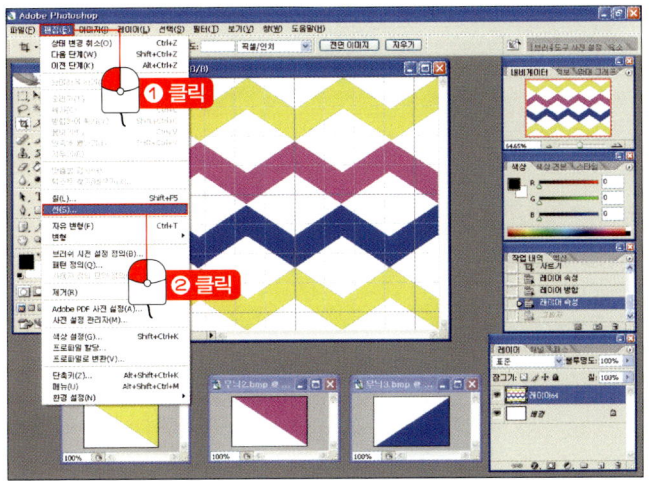

11 [선] 대화상자에서 옵션을 화면과 같이 설정하고 [확인] 버튼을 클릭합니다.

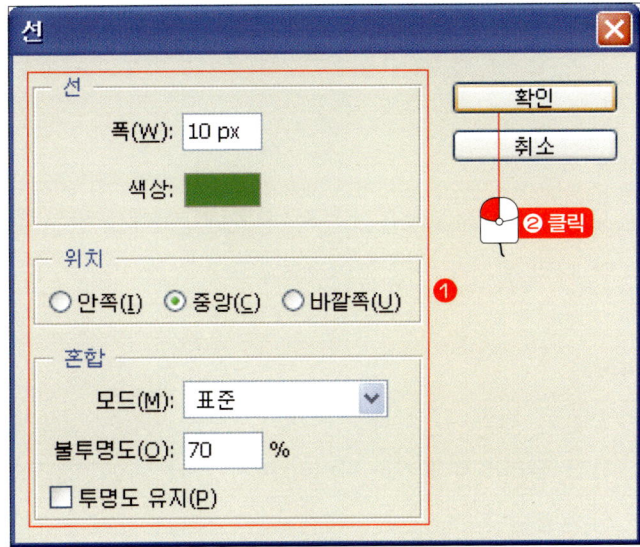

12 [보기] 메뉴의 [표시-격자]를 클릭하면 화면과 같이 완성된 이미지를 볼 수 있습니다.

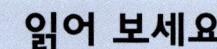

01 도형 움직이기

밀기

- 도형의 밀기란 도형을 오른쪽, 왼쪽, 위, 아래로 미는 것을 말합니다. 밀기를 했을 경우에 도형의 모양은 변하지 않습니다. 다만 위치가 바뀔 뿐이지요.

뒤집기

- 오른쪽, 왼쪽, 위, 아래로 원래의 도형을 뒤집는 것을 말합니다. 뒤집기를 하면 도형의 모양에 따라 모양이 달라지기도 하고, 달라지지 않기도 합니다. 예를 들어 정사각형은 아무리 뒤집기를 하여도 원래의 모양과 달라지는 현상이 일어나지 않습니다.

돌리기

- 오른쪽(시계 방향) 혹은 왼쪽(시계 반대 방향)으로 직각만큼(90°), 직각의 2배만큼180°, 직각의 3배만큼(270°), 직각의 네배만큼(360°) 돌리는 것을 말합니다. 도형의 모양에 따라 밀기, 뒤집기한 모양과 구별할 수 없기도 합니다.

02 맞춰 보세요

- 아래에 있는 2번 도형은 1번 도형을 어떻게 움직여서 만들 수 있을까요?

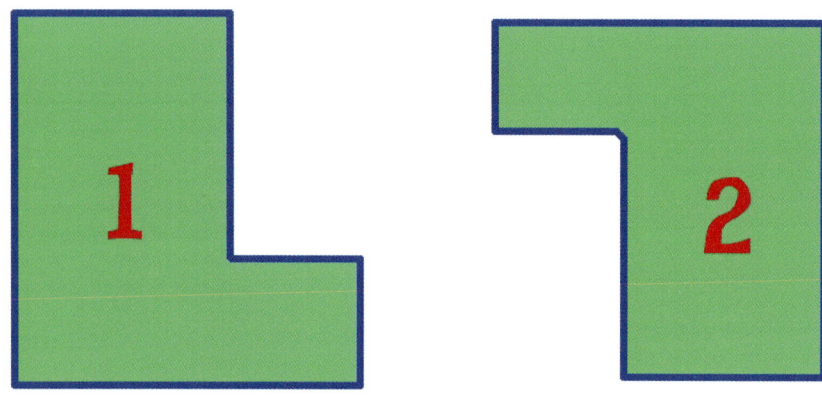

1. 한 번 움직여서
- 오른쪽으로 직각의 2배만큼 돌리기 → 왼쪽으로 직각의 2배만큼 돌리기

2. 두 번 움직여서
- 밀기 → 오른쪽으로 직각의 2배만큼 돌리기
- 오른쪽으로 직각만큼 돌리기 → 오른쪽으로 직각만큼 돌리기
- 위로 뒤집기 → 오른쪽으로 뒤집기 등

3. 세 번 움직여서
- 오른쪽으로 뒤집기 → 오른쪽으로 직각의 2배만큼 돌리기 → 오른쪽으로 뒤집기
- 왼쪽으로 뒤집기 → 왼쪽으로 직각의 2배만큼 돌리기 → 왼쪽으로 뒤집기 등

4. 네 번 움직여서
- 옮기기 → 오른쪽으로 뒤집기 → 오른쪽으로 직각의 2배만큼 돌리기 → 오른쪽으로 뒤집기 등

이밖에도 매우 많은 방법으로 1번 도형을 움직여서 2번 도형을 만들 수 있습니다. 이렇게 도형을 움직이다 보면 생각지도 못했던 예쁘고 규칙적인 무늬를 만들 수 있습니다.

스스로 평가해요

평가요소	쉬워요	할 만해요	어려워요
도형을 여러 방향으로 움직이는 방법을 알 수 있습니다.			
모양 조각을 움직여 규칙적인 무늬를 만들 수 있습니다.			
이미지와 캔버스의 크기를 변경하고 회전할 수 있습니다.			
네비게이터와 작업 내역 팔레트를 유용하게 활용할 수 있습니다.			

혼자 해결해요

:: 산의 그림자가 생략된 이미지가 있습니다. 산의 그림자가 물 위에 비치는 이미지로 만들어 봅시다.
[미술-조형 요소와 원리]

1 | C:\포토샵:Part02\호수s.bmp 열기
2 | [도구 상자]의 자동 선택 도구로 산 이미지 선택하고 복사
3 | [파일] 메뉴의 [새로 만들기] 클릭하고, 배경 내용 '투명'으로 설정
4 | [이미지] 메뉴의 [캔버스 회전-캔버스 세로로 뒤집기] 클릭
5 | [이미지] 메뉴의 [캔버스 회전-임의] 클릭하고 시계 방향으로 1도 회전
6 | [이미지] 메뉴의 [조정-명도/대비] 클릭하고 명도 '-30', 대비 '-30'으로 설정
7 | [선택] 메뉴의 [모두] 클릭하고 복사
8 | '바다s.bmp' 캔버스에 붙이기
9 | [레이어] 팔레트에서 불투명도 '30%'로 설정

Lesson 10

따뜻하게 차갑게

》 색상과 관련된 팔레트를 이용하여 색글자 무리 만들기

태양이 녹아내릴 듯 무더운 여름엔 바다나 계곡으로 피서를 가는 것만큼 행복한게 없습니다. 파란빛 바닷물이나 계곡물은 바라보기만 해도 시원하지요. 물빛처럼 파란 색들은 우리에게 시원한 느낌을 준답니다. 그런데 같은 파란색이라도 밝고 진한 정도에 따라 느낌이 조금씩 달라지기도 합니다.
색상과 관련된 팔레트를 이용하여 따뜻한 색과 차가운 색의 글자 무리를 만들어 봅시다.

이런 것을 공부해요

이런 것을 생각해요	교과서를 찾아봐요	이런 것을 활용해요
• 비슷한 색과 반대되는 색으로 색을 분류할 수 있습니다. • 명도와 채도의 변화에 따른 느낌을 말할 수 있습니다. • 우리의 생활과 색의 관계를 이해할 수 있습니다.	• 미술 3, 4학년 –자유롭게 색 나타내기 • 미술 5, 6학년 –선, 형, 색의 변화	• 색상 • 색상 견본 • 스타일 • 전경색 설정 • 배경색 설정

함께 해결해요

레이어 불투명도

1 [파일] 메뉴의 [새로 만들기]를 클릭합니다.

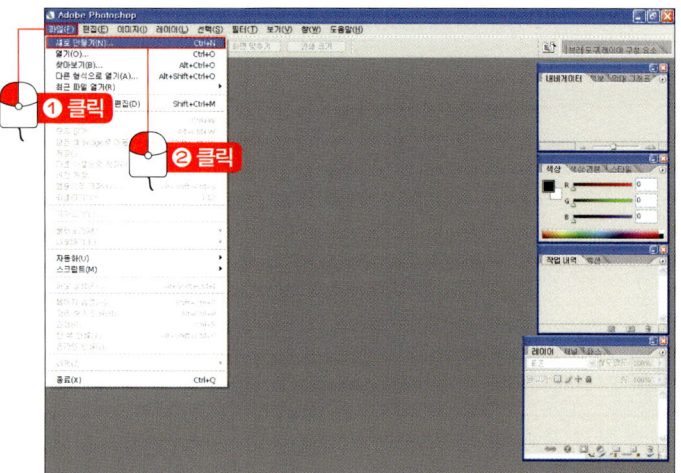

2 [새로 만들기] 대화상자에서 이름, 폭, 높이, 배경 내용을 화면과 같이 설정하고 [확인] 버튼을 클릭합니다.

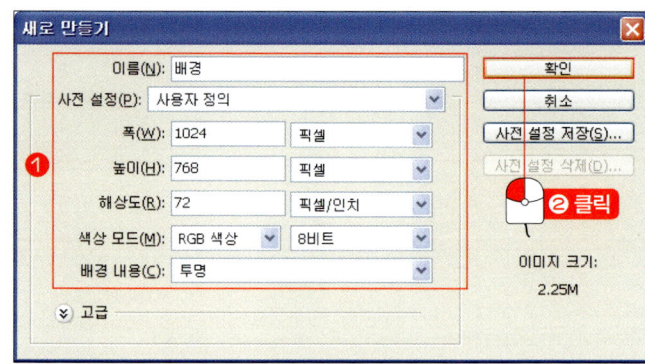

3 C:\포토샵\Part02\여름과 겨울.bmp를 엽니다.

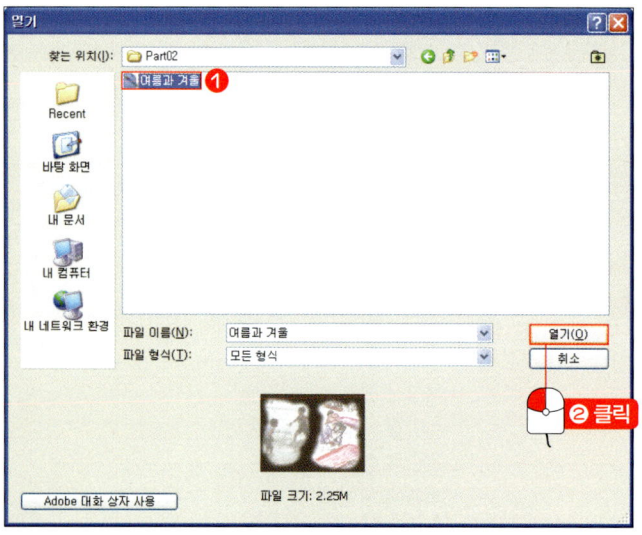

4 [선택] 메뉴의 [모두]를 클릭합니다.

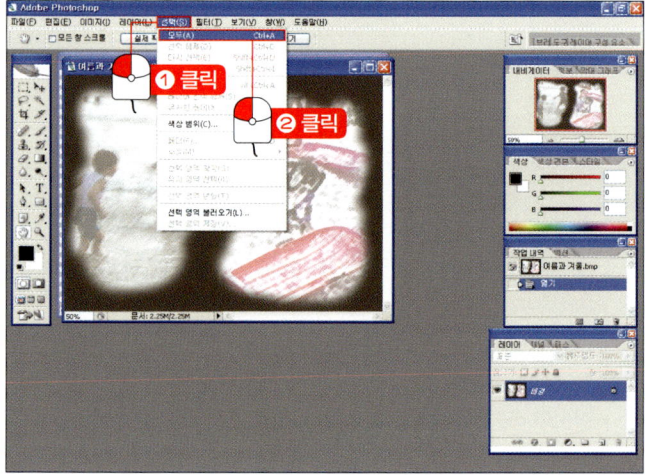

5 [편집] 메뉴의 [복사]를 클릭합니다.

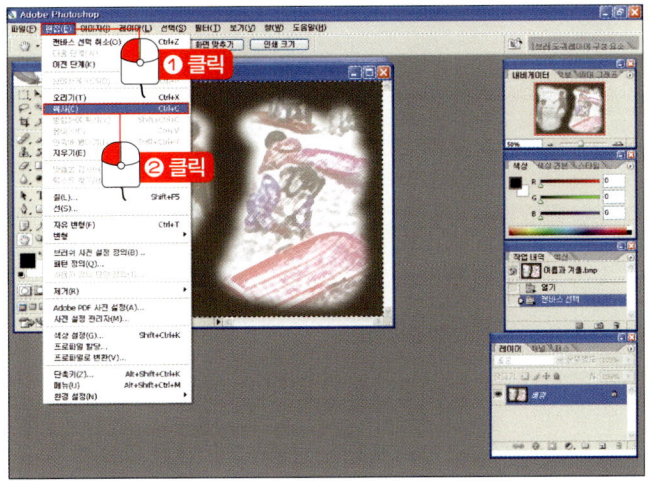

6 배경 창을 활성화하고 [편집] 메뉴의 [붙이기]를 클릭합니다.

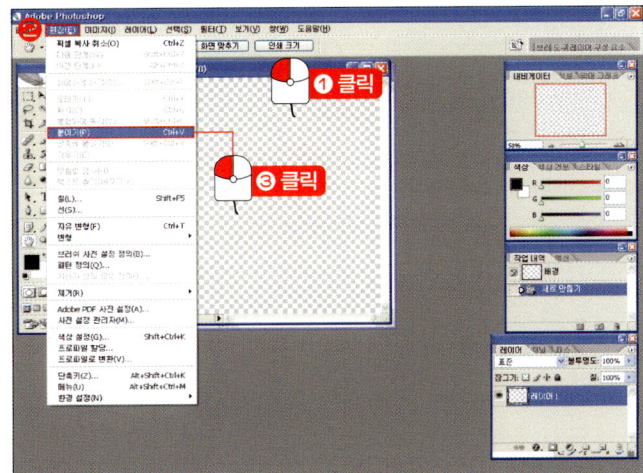

7 '여름과 겨울.bmp' 창의 닫기 ⊠ 를 클릭합니다.

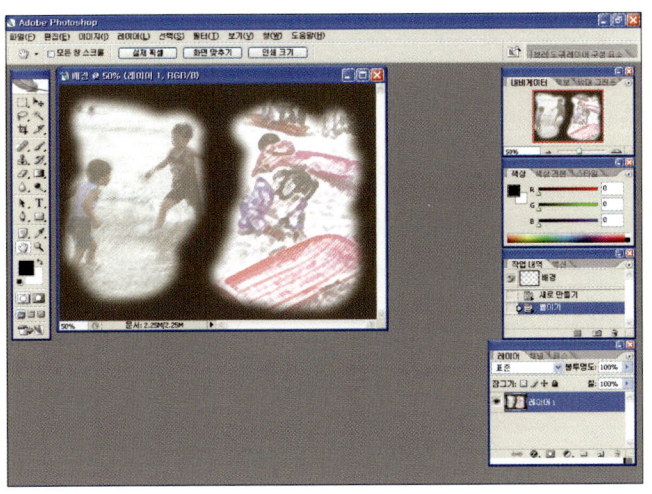

8 [레이어] 팔레트의 '레이어 1'의 이름을 '배경'으로 수정합니다.

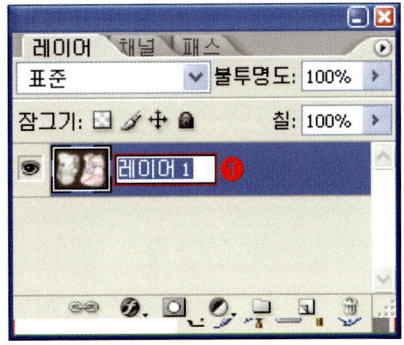

9 레이어의 이름이 바뀌면 [레이어] 팔레트 오른쪽에 있는 [불투명도]를 '80%'로 조정합니다.

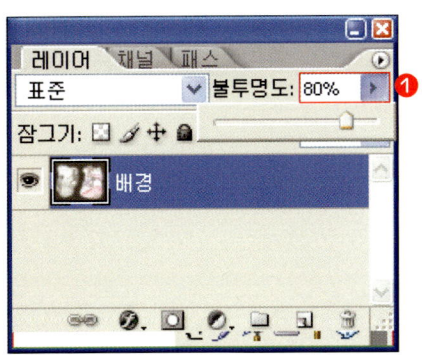

TIP [불투명도]를 조정할 때 직접 수를 입력하는 경우에는 '%'를 입력하지 않아도 됩니다.

10 앞선 이미지보다 투명해진 것을 확인할 수 있습니다.

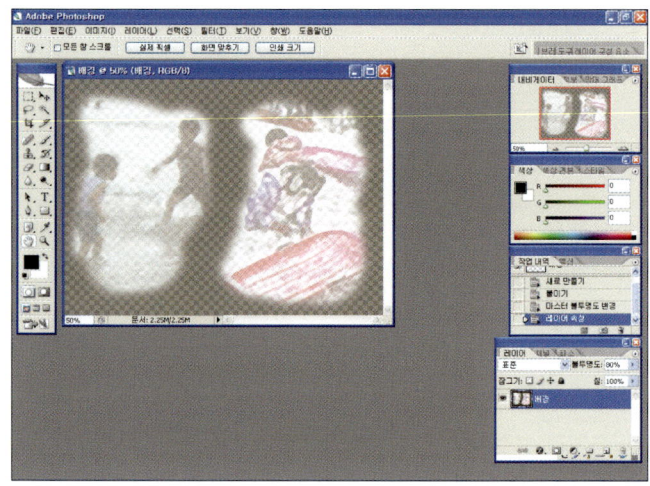

색상

1 [네비게이터] 팔레트에서 65%로 이미지를 확대합니다. 작업창의 테두리를 마우스로 드래그하여 이미지의 크기에 맞게 창을 늘입니다.

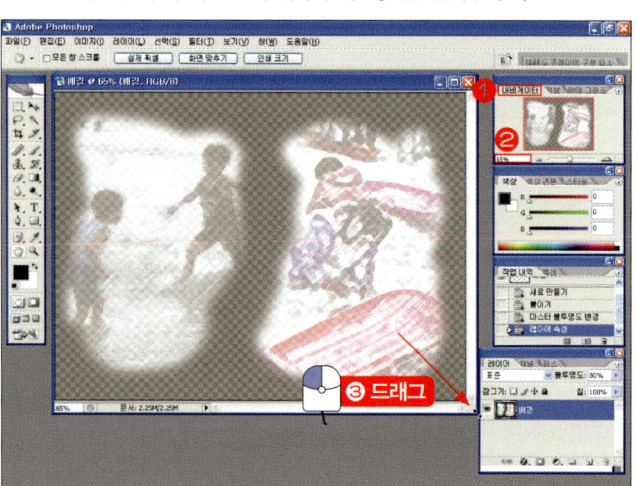

2 [도구 상자]의 세로 문자 도구 T 를 클릭합니다.

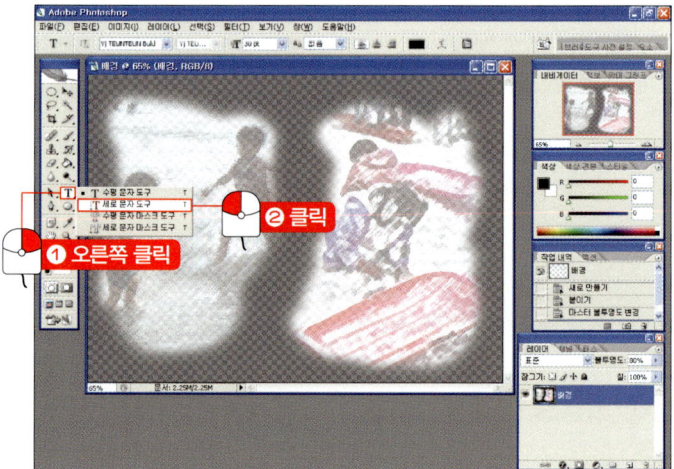

3 '여름은'이란 텍스트를 입력합니다.

4 [색상] 팔레트에서 B영역의 슬라이드를 오른쪽 끝으로 옮기거나 숫자 '255'를 입력하고 〈Enter〉를 누릅니다.

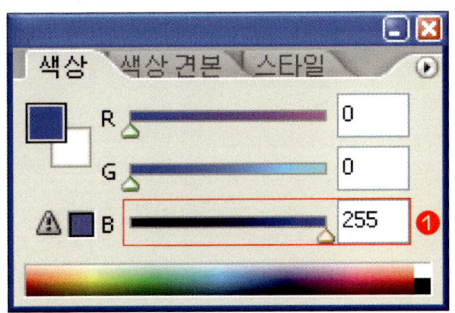

5 [옵션 막대]에서 글꼴 'Headline R', 글꼴 크기 '60pt'로 설정합니다.

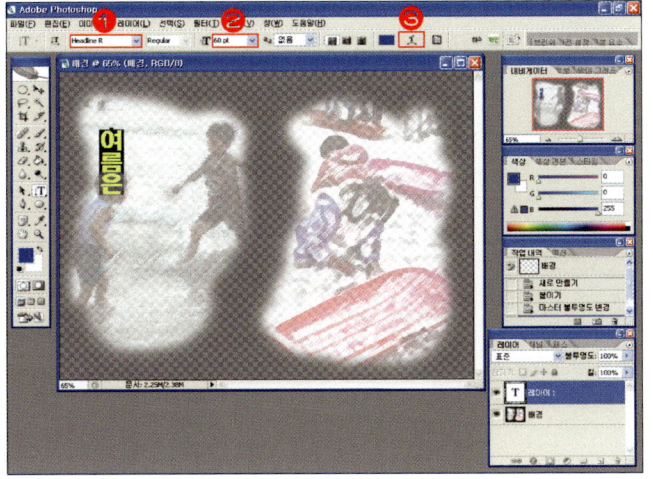

6 [옵션 막대]의 텍스트 변형 만들기를 클릭합니다. [텍스트 변형] 대화상자에서 화면과 같이 설정하고 [확인] 버튼을 클릭합니다.

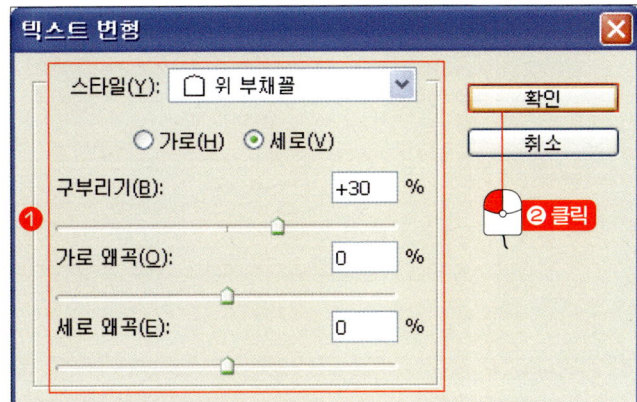

7 [옵션 막대]의 확인 을 클릭합니다.

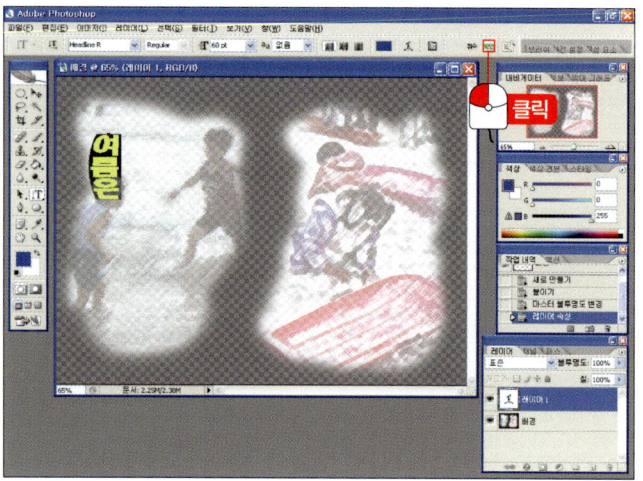

8 [레이어] 메뉴의 [레이어 스타일-그림자]를 클릭합니다.

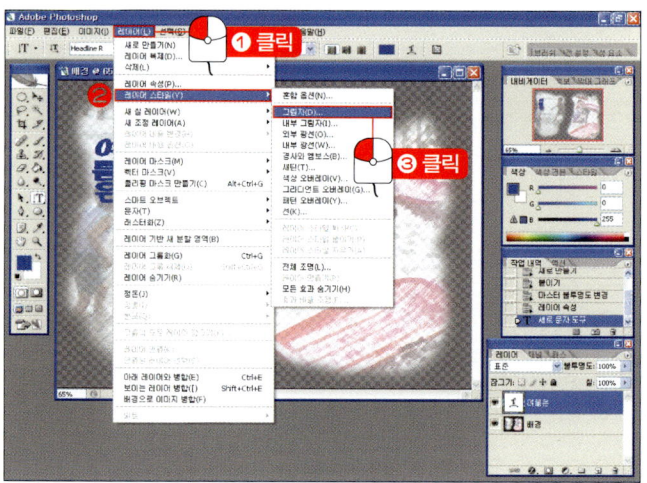

9 [품질]의 윤곽선을 '반원'으로 선택하고 [확인] 버튼을 클릭합니다.

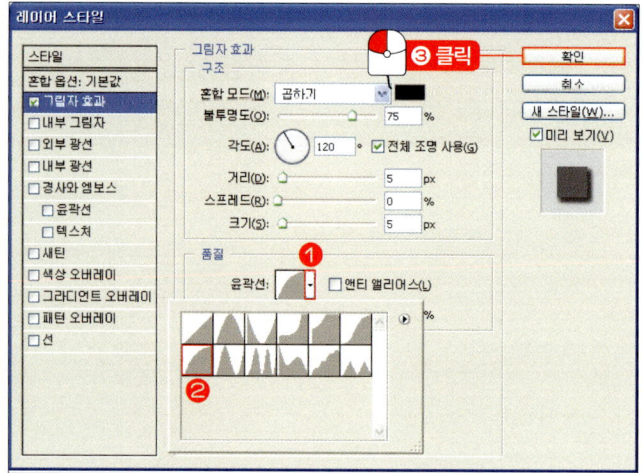

10 [색상] 팔레트를 이용하여 여름에 어울리는 파란 색으로 텍스트의 색을 설정했습니다.

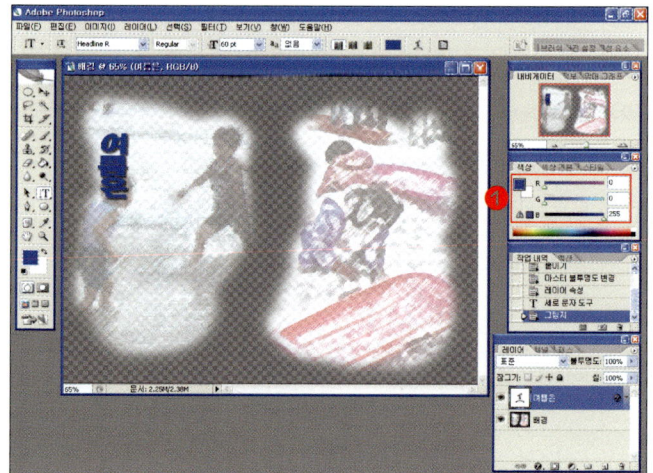

색상 견본

1 '겨울은'이라는 텍스트를 입력합니다.

2 텍스트를 블록 설정하고 [색상 견본] 팔레트에서 빨강을 선택합니다.

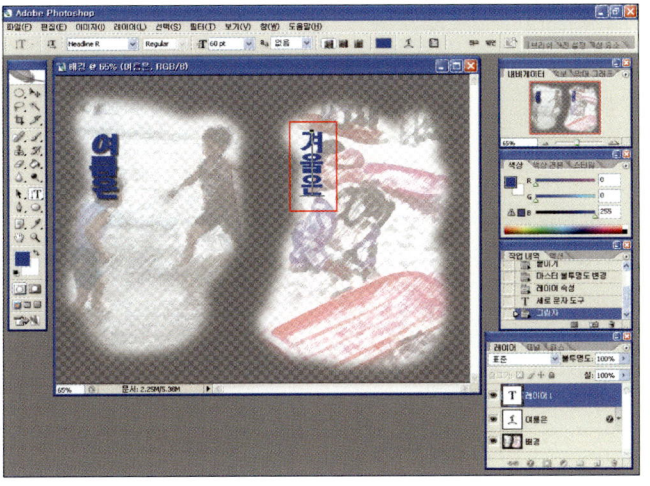

3 [옵션 막대]의 텍스트 변형 만들기 를 클릭합니다. [텍스트 변형] 대화상자에서 화면과 같이 설정하고 [확인] 버튼을 클릭합니다.

4 [옵션 막대] 오른쪽 끝에 있는 확인 을 클릭합니다.

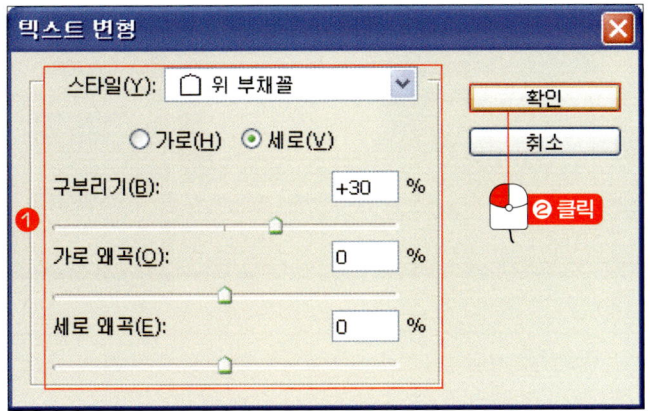

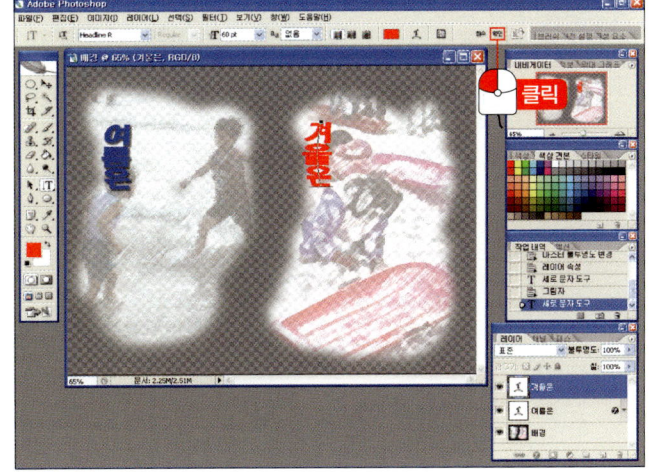

TiP [텍스트 변형] 대화상자에서 구부리기 설정 값을 다른 값으로 하여 그 차이를 확인할 수 있습니다.

5 [레이어] 메뉴의 [레이어 스타일-경사와 엠보스]를 클릭합니다.

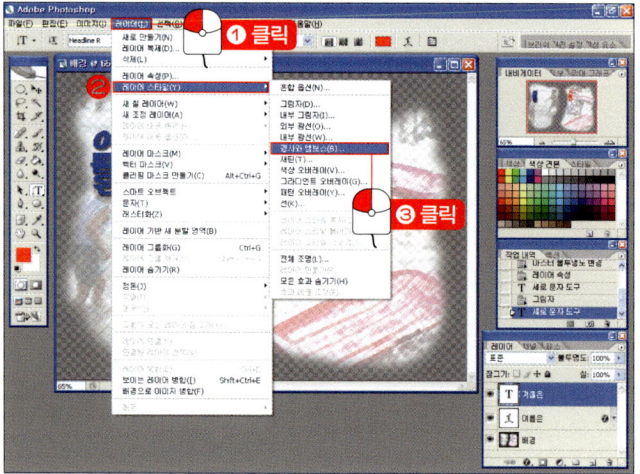

6 [구조]에서 스타일 '외부 경사', 크기 '10'으로 설정하고 [확인] 버튼을 클릭합니다.

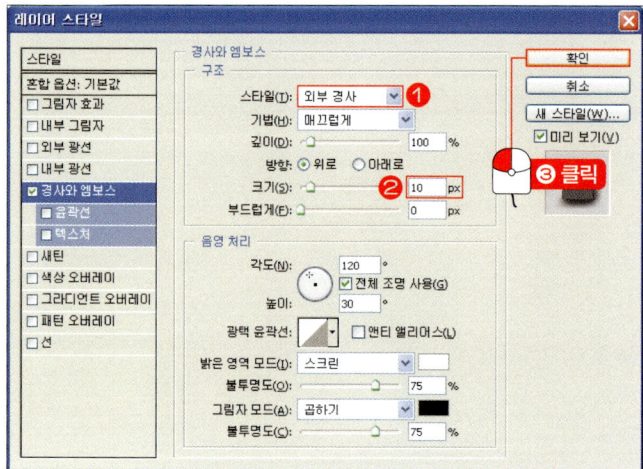

7 [색상 견본] 팔레트를 이용하여 겨울에 어울리는 빨간 색으로 텍스트의 색을 설정했습니다.

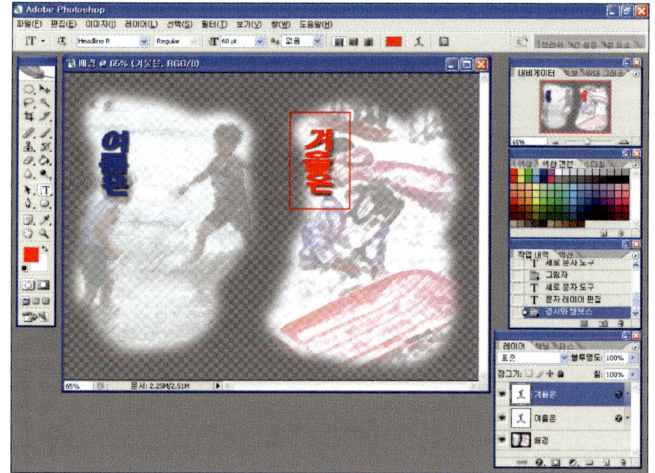

스타일

1 '시원하게'라는 텍스트를 입력합니다.

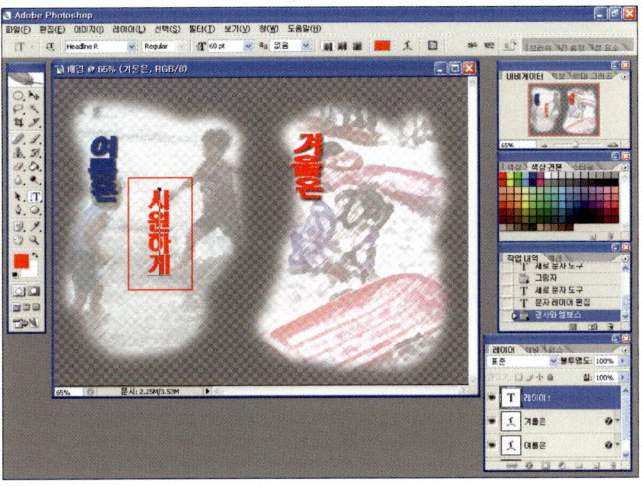

2 블록 설정하여 글꼴 '휴면옛체', 글꼴 크기 '72pt'로 설정하고 [옵션 막대]의 확인 확인 을 클릭합니다.

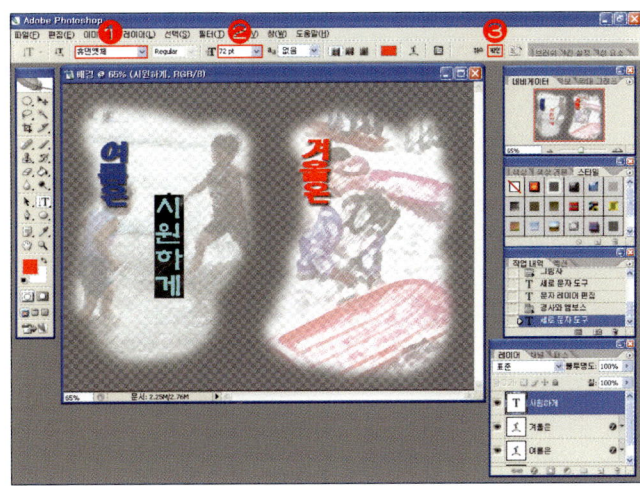

3 [스타일] 팔레트에서 '크롬 새틴(텍스트)'를 선택합니다.

4 '따뜻하게'라는 텍스트를 입력하고 [옵션 막대]의 확인 확인 을 클릭합니다.

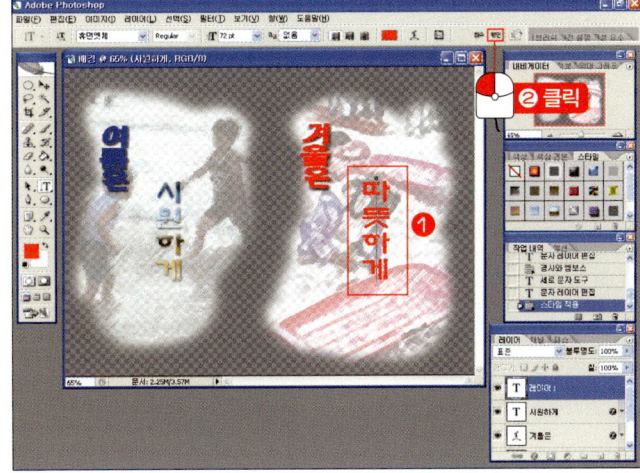

5 [스타일] 팔레트에서 '색상 대상(단추)'를 선택합니다.

6 [스타일]이 적용되어 나타납니다.

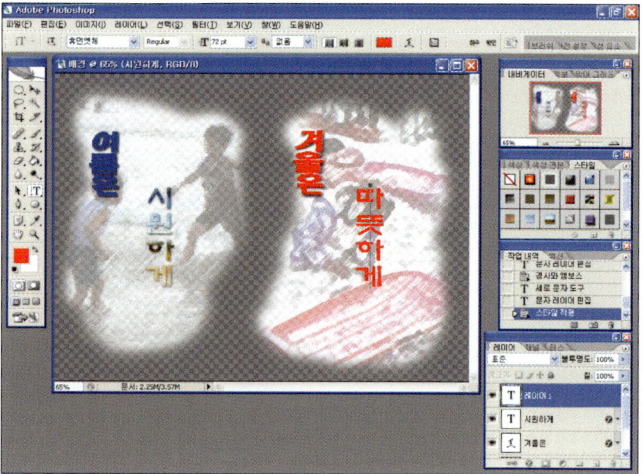

읽어 보세요

01 색상환

색의 성질이 비슷하다고 느껴지는 색을 옆으로 배치하여 둥글게 늘어놓은 것을 색상환이라고 합니다. 학교에서는 교과부에서 제정한 20색상환을 기준으로 하여 색을 분류합니다.

02 비슷한 색과 반대색

비슷한 색
- 색상환에서 어떤 색의 왼쪽과 오른쪽에 있는 색을 말합니다. 예를 들자면 청록과 비슷한 색은 바다색과 초록이 될 것이며, 귤색과 비슷한 색은 주황과 노랑이 될 것입니다.

반대색
- 색상환의 중심을 거쳐 반대쪽에 있는 색을 말합니다. 예를 들어 남색의 반대색은 노랑이며, 자주의 반대색은 녹색이 되는 것입니다.

03 차가운 색과 따뜻한 색

색상환을 보면서 따뜻한 느낌을 주는 색과 차가운 느낌을 주는 색으로 분류해 보세요. 분류하기 어려우면 한여름의 바닷빛과 추운 겨울날의 난로불빛을 떠올려 보세요. 너도 나도 더운 여름엔 바다로 피서를 떠납니다. 그리고 눈보라가 몰아치는 겨울엔 옹기종기 난로가에 모여 추위를 이겨냅니다. 파란 빛 바다는 생각만 해도 시원하고, 빨간 빛 난로불은 보기만 해도 따뜻함이 서려옵니다. 파랑과 비슷한 색들은 차가운 느낌을 주고, 빨강과 비슷한 색들은 따뜻한 느낌을 줍니다.

04 명도와 채도

명도
- 색의 밝고 어두운 정도를 말합니다. 빨강 물감에 흰색 물감을 섞어 분홍 물감을 만들었다고 합시다. 그럼 어떤 색의 명도가 더 높은 것일까요? 분홍이 빨강보다 더 밝기 때문에 빨강에 비해서 분홍의 명도가 더 높다고 할 수 있습니다.

채도
- 색의 맑고 탁한 정도, 그러니까 색의 선명한 정도를 말합니다. 빨강과 분홍 중 어떤 색이 더 선명한 것일까요? 물론 빨강입니다. 빨강의 속성이 분홍보다 더 강하기 때문에 빨강이 분홍보다 더 높은 채도를 가지고 있다고 할 수 있습니다.

05 무채색과 유채색

무채색
- 흰색, 회색, 검은색과 같이 명도만 있을 뿐 채도가 없는 색을 말합니다.

유채색
- 명도와 채도를 모두 가지고 있는 색으로, 무채색이 아닌 모든 색을 말합니다. 노랑, 파랑, 빨강, 연두, 보라 등의 색들을 말합니다.

스스로 평가해요

평가요소	쉬워요	할 만해요	어려워요
• 일정한 기준에 따라 색을 분류할 수 있습니다.			
• 우리 생활과 색의 관계를 바르게 이해합니다.			
• 색상 관련 팔레트를 유용하게 활용할 수 있습니다.			
• 배경색과 전경색을 원하는 대로 설정할 수 있습니다.			

 ## 혼자 해결해요

:: **[브러쉬 도구]를 이용하여 나만의 멋진 사인(서명)을 그리고, 각 글자마다 스타일을 다르게 적용해 봅시다.** [미술-선, 형, 색의 변화]

1 | [도구 상자]에서 배경색 '옅은 회색'으로 설정
2 | [편집] 메뉴의 [새로 만들기]
   ① 폭 '1024'
   ② 높이 '768'
   ③ 배경 내용 '배경색'
3 | [도구 상자]의 [브러쉬 도구]
   ① 브러쉬의 크기 및 종류 ' ' 선택
4 | 글자 하나마다 새 레이어를 추가하여 [브러쉬 도구]로 그리기
6 | 스타일 적용

PART
03

내 힘으로
완소 작품을 만들어 봐요

Lesson 11 베토벤 아저씨!

》복구 브러쉬 도구를 이용하여 이미지 손질하기

세계 음악의 역사에서 악성으로 추앙받는 음악가가 누구인지 알고 있습니까? 4살 때부터 음악적 재능을 인정받아 음악 신동으로 불리던 음악 천재가 누구인지 알고 있습니까? 악성으로 추앙받는 음악가는 너무나 잘 알고 있듯 베토벤입니다. 그리고 음악 천재로 인정받는 음악가는 모차르트고요. 이런 훌륭한 음악가들이 있었기에 지금 우리는 아름다운 음악을 감상할 수 있는 것입니다.

베토벤 아저씨가 꾀죄죄한 모습으로 노려보는 이미지가 있습니다. 복구 브러쉬와 같은 재손질 도구를 이용하여 손상된 이미지를 손질해 봅시다. 그리고 베토벤을 설명하는 글을 입력해 봅시다.

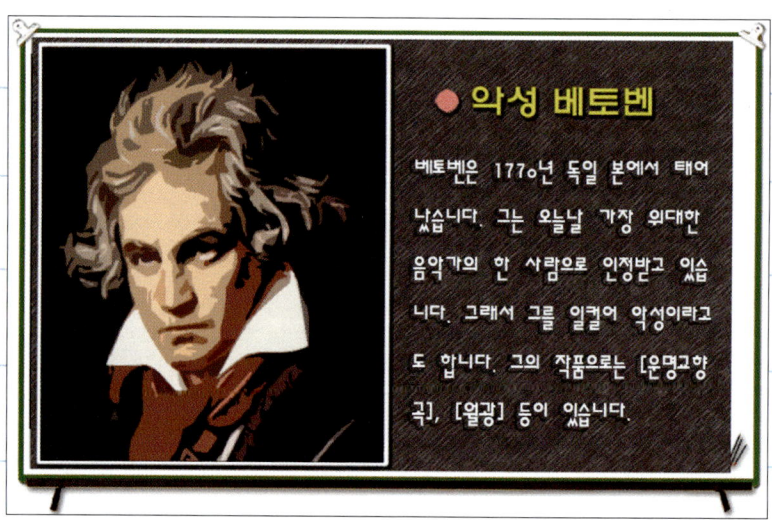

이런 것을 공부해요

이런 것을 생각해요	교과서를 찾아봐요	이런 것을 활용해요
• 여러 음악가의 생애를 알 수 있습니다. • 고전 음악가들이 세계 음악에 끼친 영향을 파악할 수 있습니다. • 고전 음악을 즐겨 듣는 태도를 기릅니다.	• 음악 4학년 - 다른 나라 동요 부르기 • 음악 5학년 - 악곡의 특징적인 요소 파악하며 감상하기 • 음악 6학년 - 악곡의 특징 - 악곡의 종류	• 스팟 복구 브러쉬 도구 • 복구 브러쉬 도구 • 패치 도구 • 적목 현상 도구 • 스포이드 도구

함께 해결해요

스팟 복구 브러쉬 도구

1 C:\포토샵\Part03\베토벤.bmp를 열고 [도구 상자]의 손 도구 를 더블 클릭합니다.

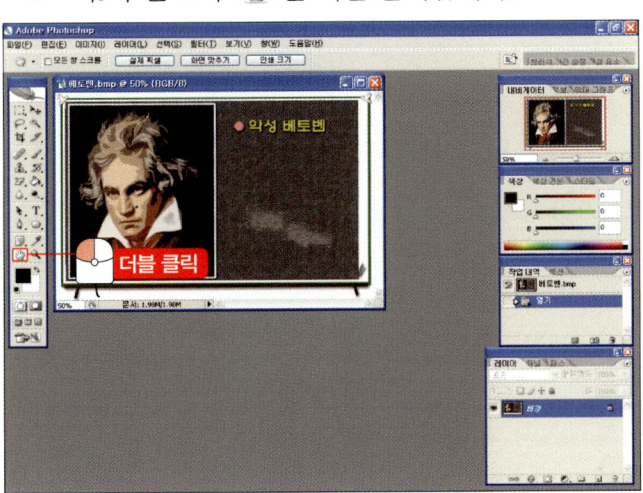

2 돋보기 도구 를 클릭합니다.

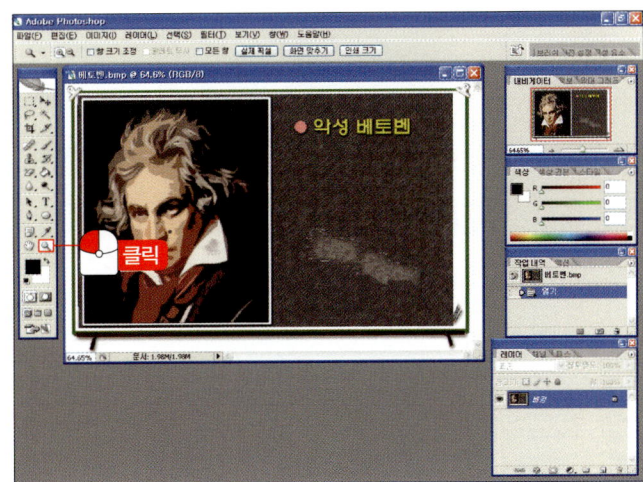

3 베토벤 오른쪽 뺨의 점이 있는 부분을 확대합니다. 4번 클릭합니다.

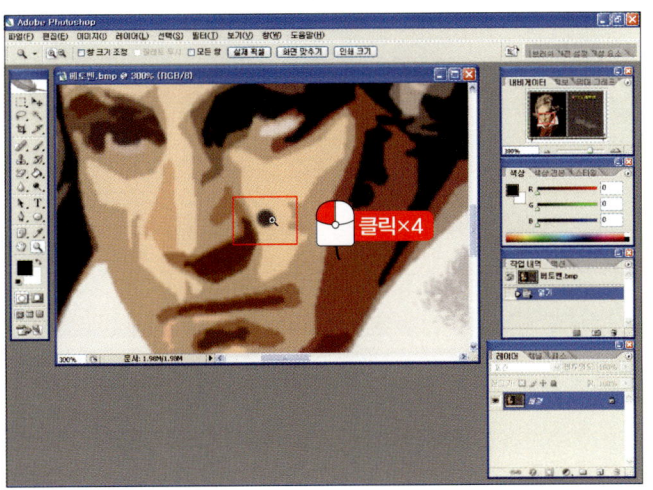

4 [도구 상자]의 스팟 복구 브러쉬 도구 를 클릭합니다.

TiP 악성이란 성자라 일컬을 정도로 뛰어난 음악가를 말합니다.

5 [옵션 막대]에서 브러쉬 '10px', 모드 '대체', 유형 '근접일치'로 설정합니다.

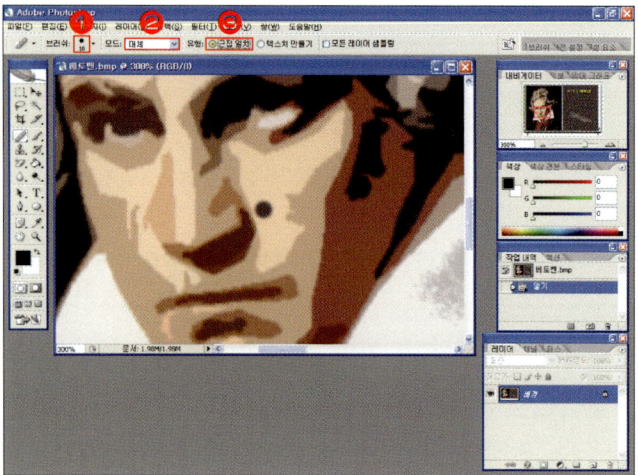

6 점 부분을 마우스로 클릭합니다.

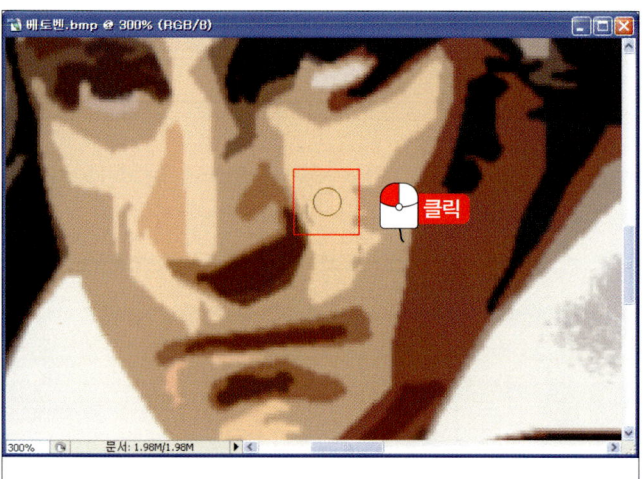

7 [도구 상자]의 복구 브러쉬 도구 를 클릭합니다.

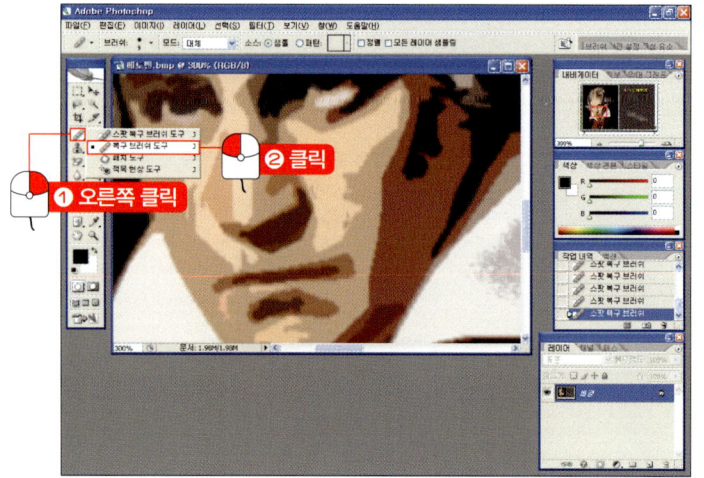

8 [옵션 막대]에서 브러쉬 '10px', 모드 '대체', 소스 '샘플'로 설정합니다.

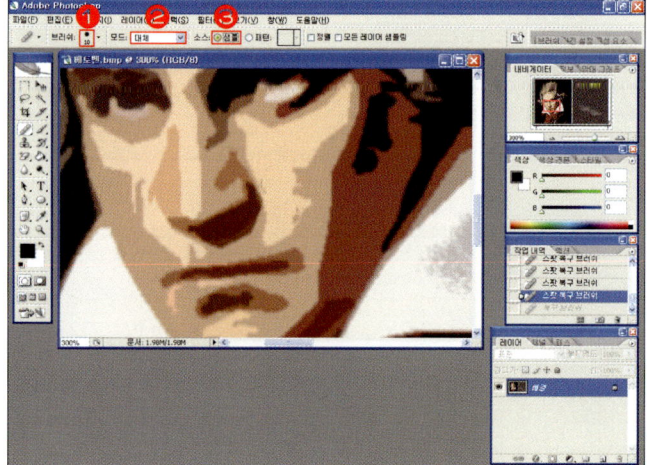

9 〈Alt〉를 누르고 옅은 노란색 ■ 의 뺨 부분을 한 번 클릭합니다. 그리고 앞서 스팟 복구 브러쉬 도구 ✏ 를 이용하여 깨끗이 처리하지 못한 부분을 클릭하여 깨끗이 만듭니다.

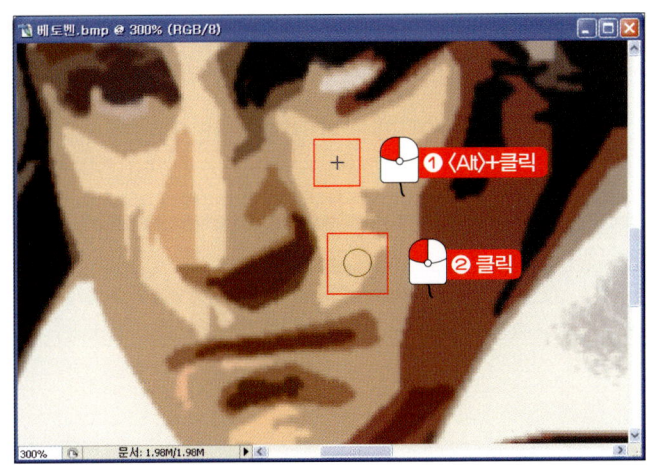

복구 브러쉬 도구

1 [네비게이터] 팔레트의 빨간 색 테두리를 마우스로 드래그하여 이미지의 옷깃 부분으로 이동합니다.

2 옷깃의 더러워진 부분을 한 번 클릭합니다. 그런데 뺨 부분의 색이 나타납니다. 대체할 부분을 재설정하지 않아서 생기는 현상입니다.

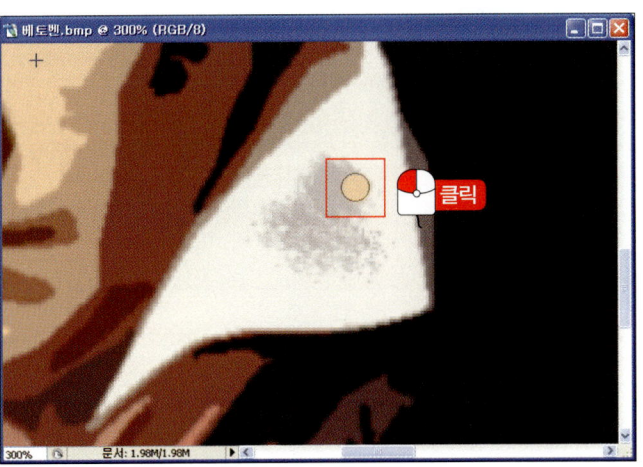

3 [편집] 메뉴의 [이전 단계]를 클릭합니다.

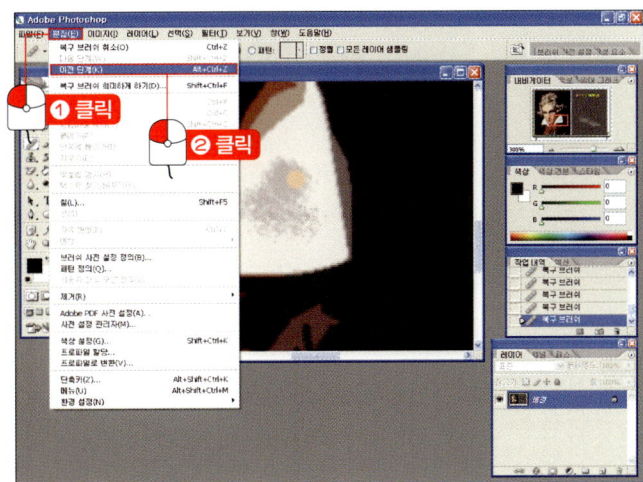

4 〈Alt〉를 누르고 옷깃의 깨끗한 부분을 클릭하여 대체할 부분을 재설정합니다. 그리고 더러운 부분을 클릭하여 깨끗이 만듭니다. 일부를 남겨두세요.

5 [도구 상자]의 스포이드 도구 를 클릭합니다.

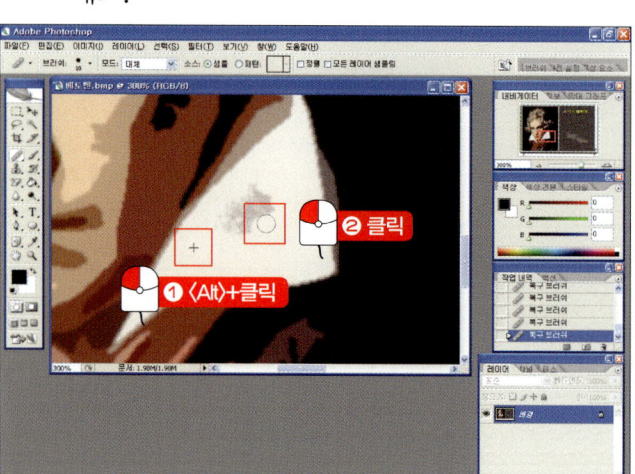

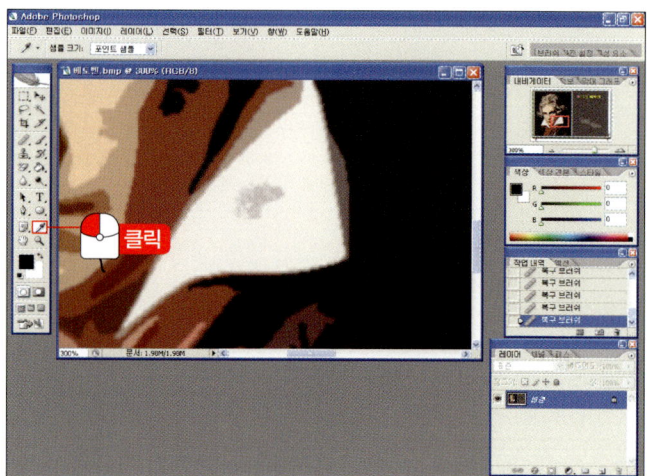

6 옷깃의 깨끗한 부분을 클릭합니다. [도구 상자]의 전경색/배경색 을 보면 전경색의 색상이 바뀐 것을 확인할 수 있습니다.

7 [도구 상자]의 사각형 윤곽 선택 도구 를 클릭합니다.

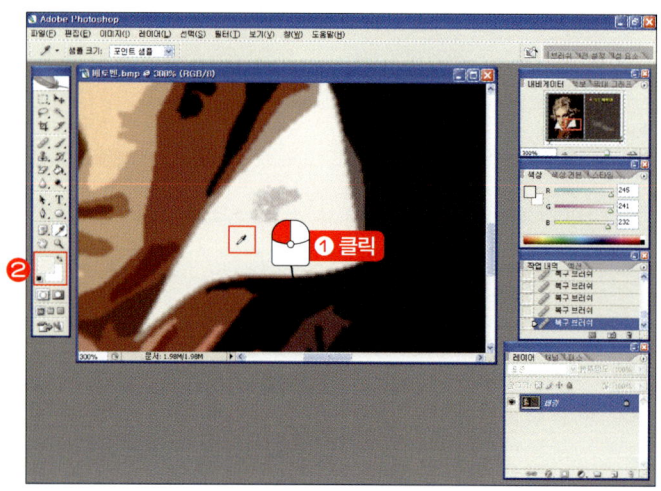

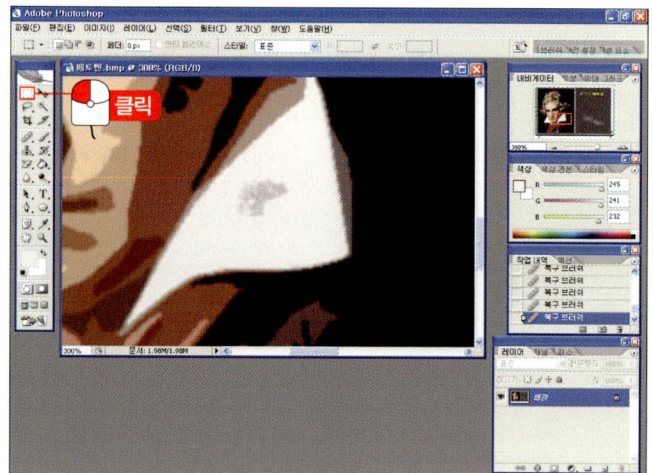

8 마우스로 드래그하여 옷깃의 나머지 더러운 부분을 선택합니다.

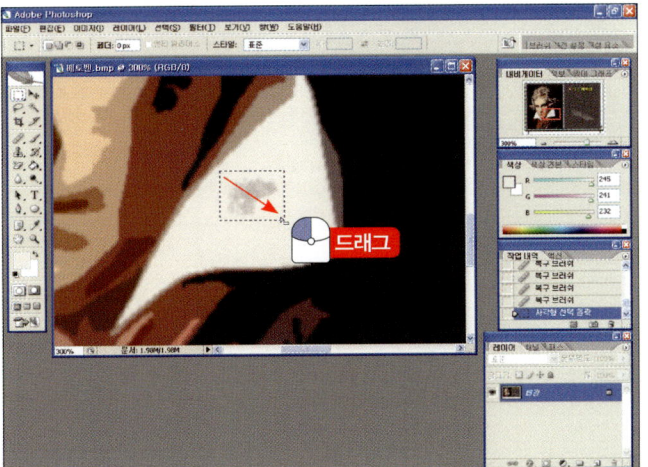

9 [편집] 메뉴의 [칠]을 클릭합니다.

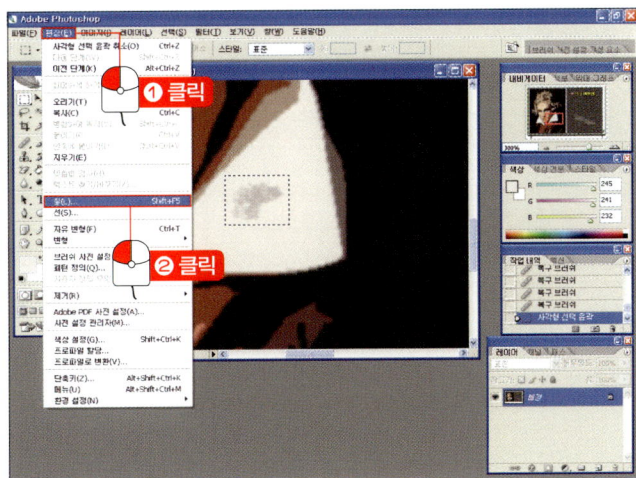

10 [칠] 대화상자에서 화면과 같이 설정하고 [확인] 버튼을 클릭합니다.

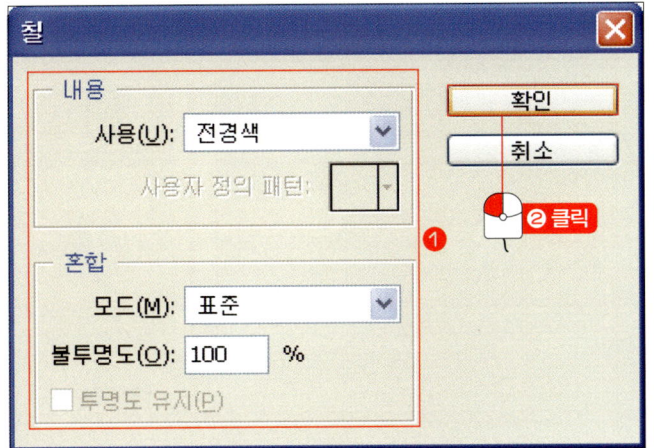

11 옷깃의 더러운 부분이 깨끗해졌습니다.

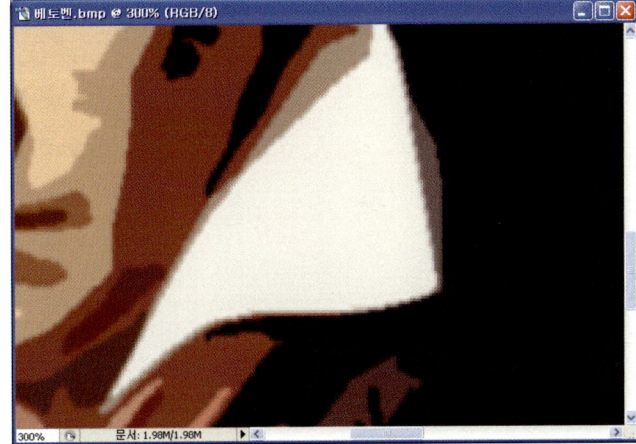

패치 도구

1 [네비게이터] 팔레트의 확대율에 '100'을 입력하고 〈Enter〉를 누릅니다. 빨간 테두리가 커집니다.

2 빨간 테두리를 마우스로 드래그하여 텍스트를 입력할 곳의 손상된 부분으로 이동합니다.

3 [도구 상자]의 패치 도구 를 클릭합니다.

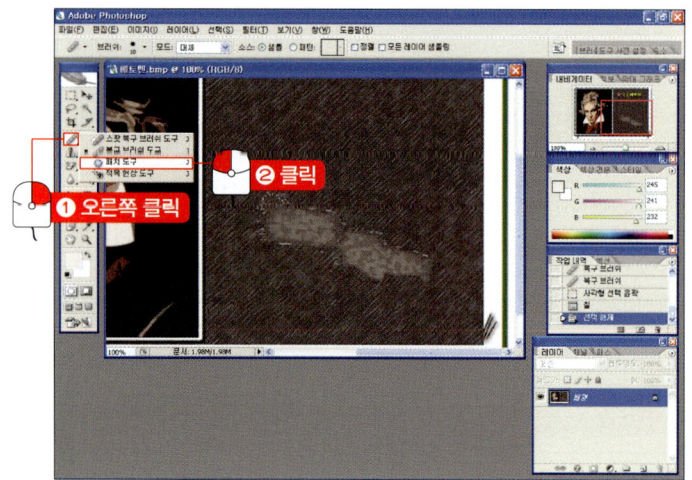

4 [옵션 막대]에서 패치 '대상'에 체크 표시하고, 마우스로 드래그하여 손상된 곳을 대체할 부분을 선택합니다.

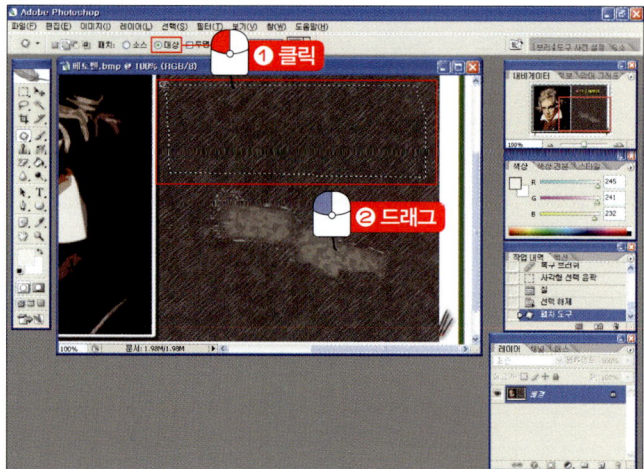

5 선택한 부분을 마우스로 드래그하여 손상된 부분으로 이동합니다.

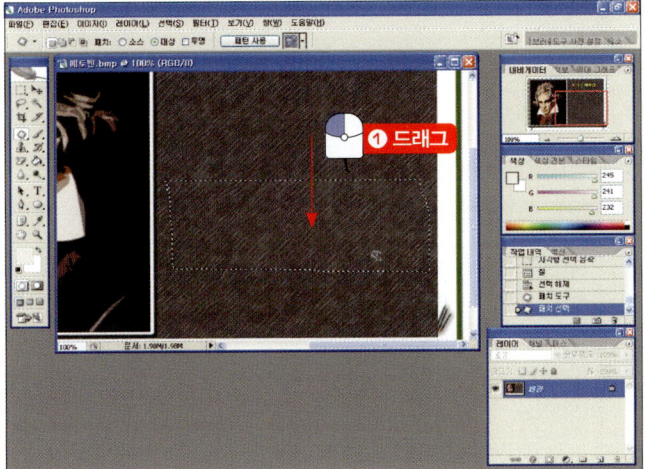

6 [도구 상자]의 손 도구 를 더블 클릭합니다.

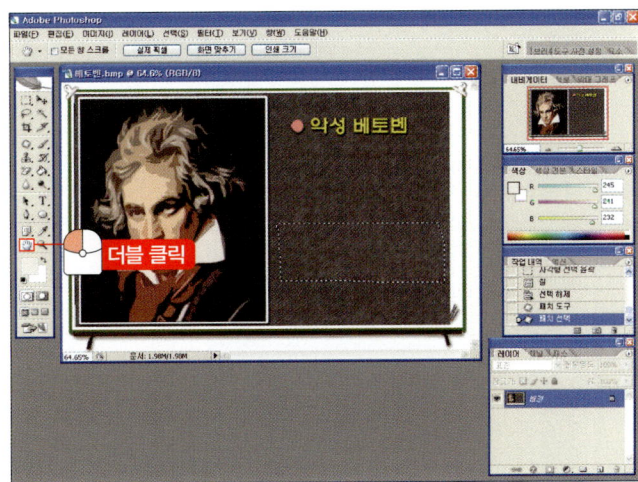

7 [선택] 메뉴의 [선택 해제]를 클릭합니다.

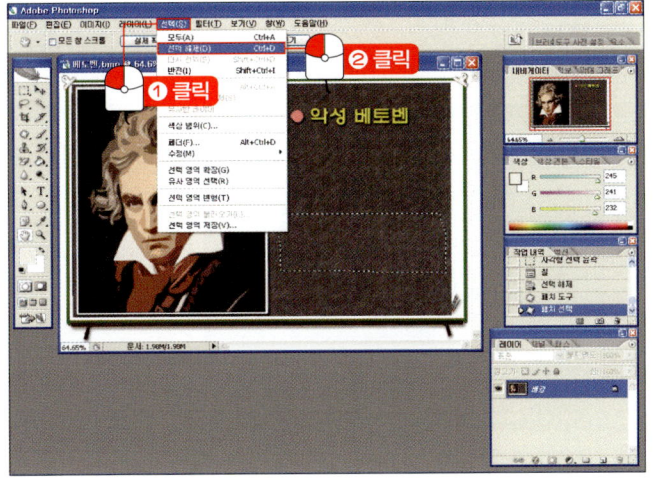

8 이미지의 손상된 부분을 모두 손질하였습니다.

텍스트 입력

1 [도구 상자]의 수평 문자 도구 T 를 클릭합니다.

2 [옵션 막대]에서 글꼴 '휴먼 중간 샘체', 글꼴 크기 '9pt'로 설정하고, 텍스트 입력할 곳을 한 번 클릭합니다.

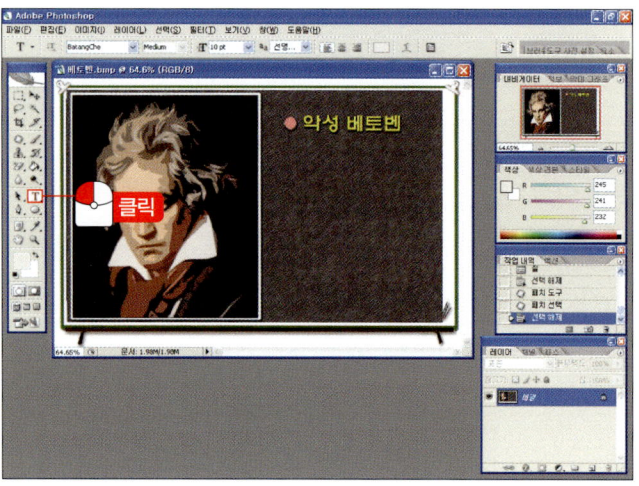
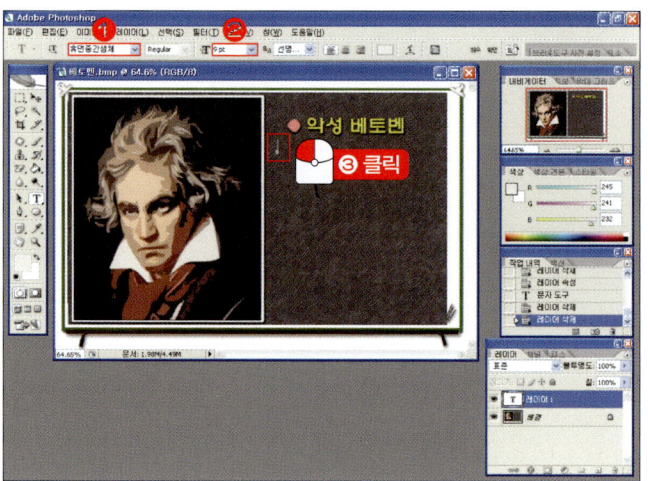

3 화면과 같이 베토벤과 관련된 내용을 입력합니다.

4 [옵션 막대]의 확인 을 클릭합니다.

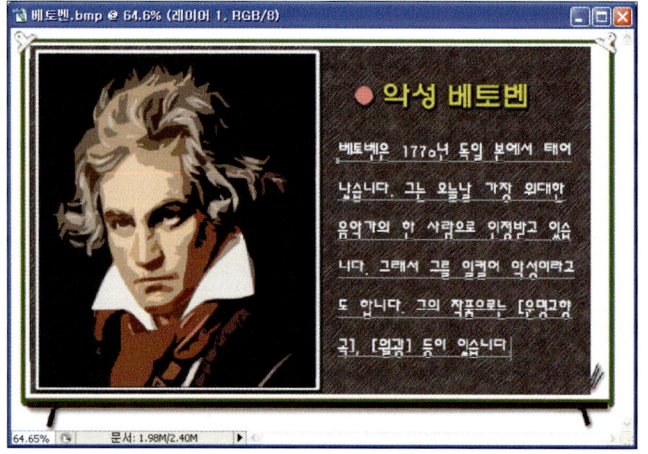

5 [레이어] 메뉴의 [레이어 스타일-그림자]를 클릭합니다.

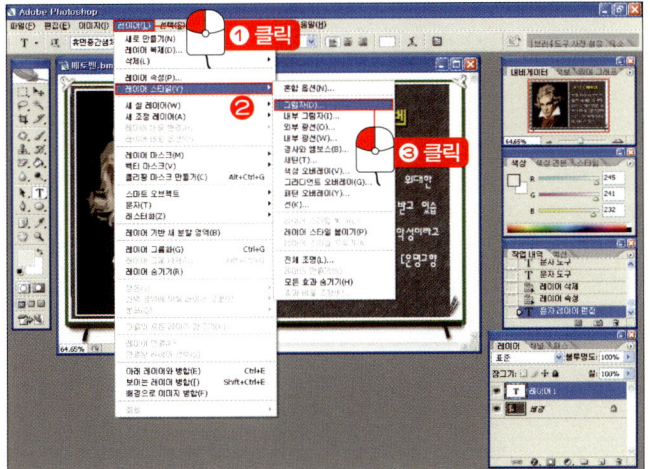

6 [레이어 스타일] 대화상자에서 화면과 같이 설정하고 [확인] 버튼을 클릭합니다.

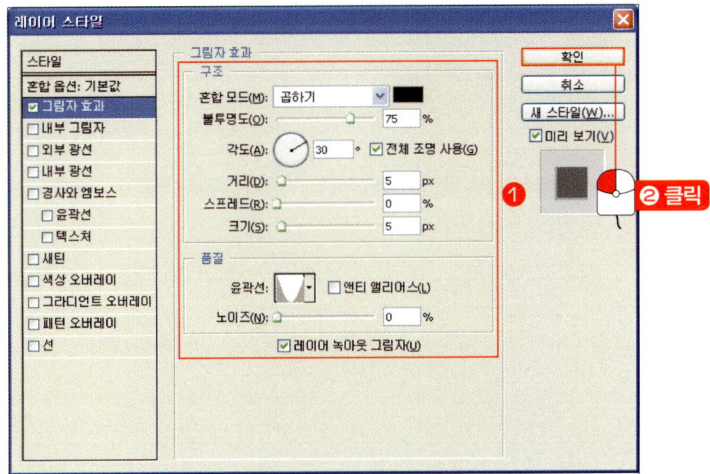

7 텍스트에 그림자 효과가 적용됩니다.

TiP [레이어 스타일] 대화상자에서 거리, 스프레드, 크기 등을 다른 값으로 하여 그 차이를 확인해 보세요.

읽어 보세요

교과서 속의 음악가

01 요한 제바스티안 바흐 – 음악의 아버지

1685년 바흐는 독일 아이제나흐의 음악 명문 집안에서 태어났습니다. 바흐의 집안은 16세기 중반부터 18세기까지 약 250년 동안 50여명의 음악가를 배출하여 유전학적으로도 연구 대상이 될 만큼 음악적으로 유명한 집안입니다. 바흐의 아버지는 거리에서 음악을 연주하는 악사였습니다. 그러기에 바흐는 어려서부터 음악밖에는 모르고 자랐습니다. 바흐는 일생 동안 교회의 연주자나 합창장으로 활동하면서 음악의 본질에 충실하고자 했습니다. 바흐가 음악의 아버지로 불리는 까닭은 서양음악의 발전에 커다란 역할을 했기 때문입니다. 「G선상의 아리아」, 「브란덴브르크 협주곡」, 「두 대의 바이올린을 위한 협주곡」 등의 많은 곡을 작곡하였습니다.

02 게오로그 프리드리히 헨델 – 음악의 어머니

헨델은 1685년 독일에서 태어나 1759년 영국에서 세상을 떠났습니다. 그는 바흐와 더불어 바로크 시대의 가장 뛰어난 음악가로 인정받고 있습니다. 아홉살 때부터 작곡의 기초와 오르간을 공부하였고, 그 후 아버지의 희망에 따라 할레 대학에서 법률을 공부하였으나 18세 때 함부르크의 오페라극장에 일자리를 얻은 다음부터 음악가가 되기로 결심하였습니다. 그는 1741년에 종교음악의 명작으로 손꼽히는 「메시아」를 작곡하였습니다. 1726년에 영국에 귀화하여 내내 영국에서 활동했던 그는 세상을 뜨기까지 「알미라」, 「리날도」, 「요한수난곡」, 「하프시코드모음곡」 등 많은 곡을 작곡하였습니다.

03 볼프강 아마데우스 모차르트 – 음악의 신동

모차르트는 1756년 오스트리아의 찰스부르크에서 태어나 1791년 오스트리아의 비인에서 35세의 젊은 나이로 세상을 떠난 작곡가입니다. 음악 역사상 가장 커다란 영향을 끼친 작곡가가 바로 모차르트입니다. 선배인 하이든은 물론 베토벤에게도 영향을 주었습니다. 그는 오늘날과 같은 음악 형식의 기틀을 닦았다는 평가를 받고 있습니다. 어릴 적부터 음악에 재능을 보여 음악 신동이란 찬사를 받기도 했습니다. 모차르트는 짧은 생애를 사는 동안 600여 곡이라는 믿어지지 않을 만큼 많은 곡을 작곡했습니다. 「피가로의 결혼」, 「돈 조반니」, 「마적」 등이 그의 작품입니다.

04 프란츠 요제프 하이든 – 교향곡의 아버지

하이든은 1732년 오스트리아의 가난한 마을에서 태어나 1809년 77세로 세상을 떠나기까지 고전 음악의 기초를 닦은 훌륭한 음악가입니다. 교향곡 혹은 협주곡과 같은 오늘날의 여러 음악 양식을 처음으로 만들어 음악 역사에 매우 큰 업적을 남겼습니다. 하이든은 부친이 손수레 수리공이었기 때문에 음악과는 거리가 먼 환경에서 자랐습니다. 또한 매우 가난하여 거의 혼자 힘으로 음악을 공부했습니다. 그러다 결국 세계적으로 인정받는 훌륭한 음악가가 되어 다른 나라에 초청되기까지 하였습니다. 「사계」, 「놀람 교향곡」, 「천지창조」 등 귀에 익은 음악들이 바로 하이든이 작곡한 곡들입니다.

05 표트르 일리치 차이코프스키 – 러시아 음악의 선구자

차이코프스키는 1840년 러시아의 보트킨스크에서 태어나 1893년 11월 6일 러시아의 페테르부르그에서 세상을 떠났습니다. 차이코프스키는 어릴 적 어머니로부터 피아노를 배우고 지방의 민요를 익혔습니다. 그러다 법률학교에 입학하여 법을 공부했으나, 음악에 대한 애착과 정열을 이기지 못해 22살 때 음악원에 들어가면서 음악가의 길을 가게 됩니다. 차이코프스키가 활동하던 당시의 러시아에는 민족주의 열풍이 거셌는데, 그는 답답한 민족주의에서 벗어나 세계인 모두가 공감할 수 있는 음악을 만들고자 애썼습니다. 53세로 세상을 떠나기까지 「호두까기 인형」, 「잠자는 숲속의 미녀」, 「백조의 호수」 등 많은 곡을 남겼습니다.

스스로 평가해요

평가요소	쉬워요	할 만해요	어려워요
• 여러 음악가들의 생애를 알 수 있습니다.			
• 고전 음악을 즐겨 듣고 싶은 마음이 생깁니다.			
• 스팟 복구 브러쉬 도구, 복구 브러쉬 도구, 패치 도구의 기능상 차를 이해합니다.			
• 적목 현상 도구의 쓰임을 알 수 있습니다.			

 **혼자 해결해요**

:: 똑같은 이미지가 둘 있습니다. 이미지의 날짜를 없애고, 구름을 더 만들어 봅시다. [재량활동]

1 | C:\포토샵\Part03\하늘s.bmp 열기
2 | [도구 상자]의 패치 도구 클릭
3 | 도로 부분을 드래그하여 선택
4 | 날짜 있는 부분으로 이동하여 날짜 없애기
5 | 구름 부분을 드래그하여 선택
6 | 하늘의 빈 곳으로 드래그하여 구름 만들기

Lesson 12

주의 깊게 보세요

» 브러쉬 도구를 활용하여 표지판 만들기

올림픽이나 월드컵 등에 출전하는 한국 선수들은 전부 왼쪽 가슴에 태극마크를 달고 있습니다. 태극 마크가 우리나라를 상징하기 때문이죠. 이렇게 나라뿐 아니라 상품, 기업, 학교, 기관 등을 상징하는 마크가 매우 많습니다. 마크는 아니지만 행사안내판, 교통표지판, 포스터 등도 내용을 상징적으로 나타내는 것으로 우리 주변에서 많이 볼 수 있습니다.

브러쉬 도구를 활용하여 표지판을 만들어 봅시다.

이런 것을 공부해요

이런 것을 생각해요	교과서를 찾아봐요	이런 것을 활용해요
• 마크와 표지판의 필요성을 알고 그 활용 방법을 이해합니다. • 아름답고 목적과 기능에 맞는 창의적인 마크와 표지판을 만들 수 있습니다.	• 미술 3, 4, 5, 6학년 –주제 표현	• 브러쉬 도구 • 브러쉬 사전 설정 • 연필 도구

함께 해결해요

글 입력

1 C:\포토샵\Part03\표지판.psd를 열고 수평 문자 도구 T를 클릭합니다.

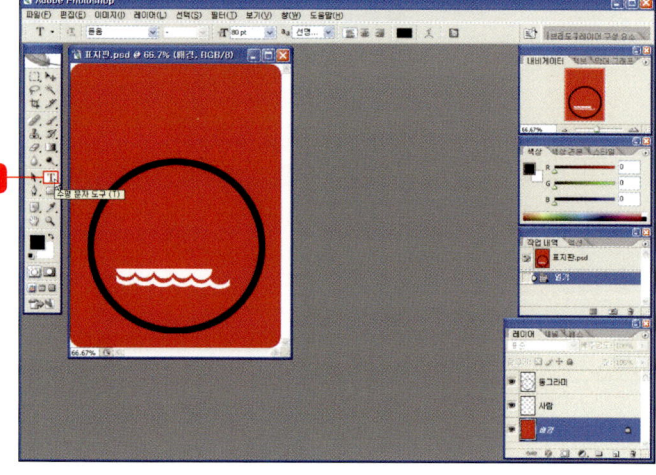

2 [옵션 막대]에서 화면과 같이 설정합니다.

❶ ❷ ❸

3 [도구 상자]의 를 클릭하여 전경색과 배경색을 바꿉니다.

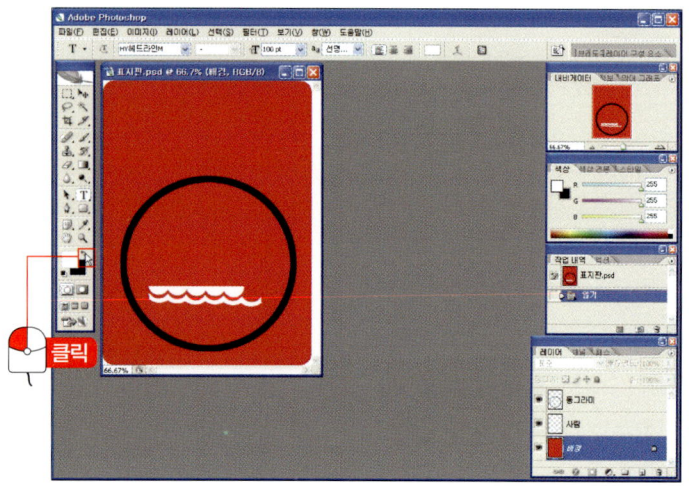

4 '위험'을 입력한 후 [옵션 막대]의 확인 을 클릭합니다.

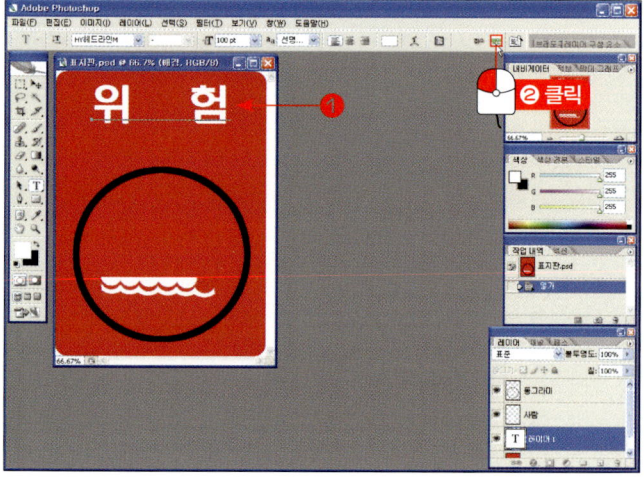

5 [레이어] 팔레트에서 '배경' 레이어를 선택하고, [옵션 막대]에서 화면과 같이 설정합니다.

6 'DANGER'를 입력하고 [옵션 막대]의 확인을 클릭합니다.

브러쉬 도구

1 [도구 상자]의 브러쉬 도구를 클릭합니다.

2 [옵션 막대]의 브러쉬 사전 설정 피커의 ▼을 클릭합니다.

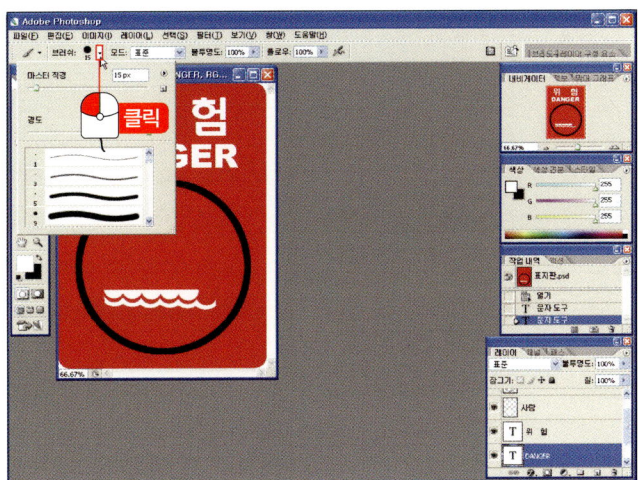

내 힘으로 완소 작품을 만들어 봐요 | **PART 03** **149**

3 마스터 직경은 '25', 경도는 '100'으로 설정합니다.

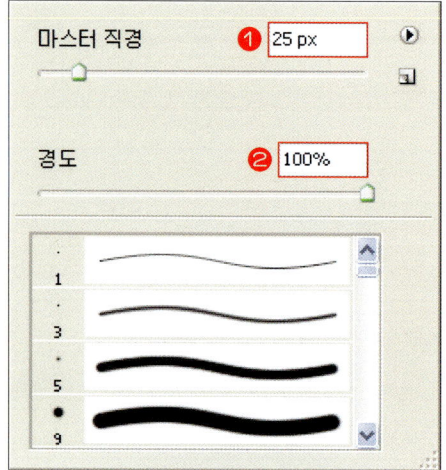

4 [옵션 막대를 클릭하거나 활성창을 클릭합니다.

5 [레이어] 팔레트에서 '사람' 레이어를 선택합니다.

6 화면과 같은 위치를 클릭합니다.

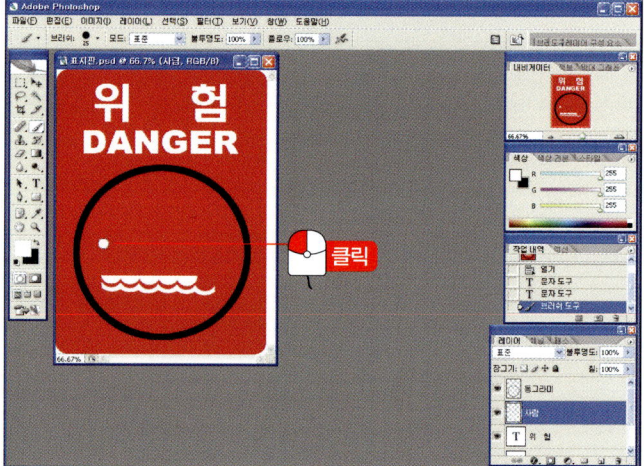

7 〈Shift〉를 누르고 화면과 같이 클릭합니다.

8 같은 방법으로 물결 오른쪽 끝 부분을 클릭합니다.

9 같은 방법으로 화면과 같이 직선을 그립니다.

10 화면과 같이 마우스를 드래그하여 전경색을 채웁니다.

TIP 7, 8, 9를 따라하는 동안 〈Shift〉는 계속 누르고 있어야 합니다.

브러쉬 크기 변경

1 [옵션 막대]의 브러쉬 사전 설정 피커의 ▼을 클릭합니다.

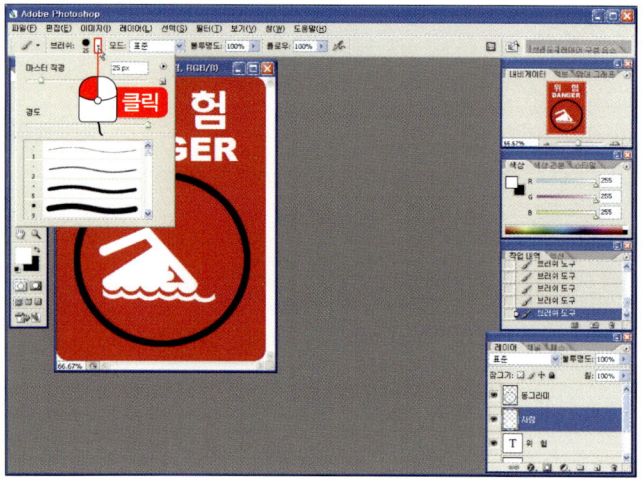

2 마스터 직경은 '80', 경도는 '100'으로 설정합니다.

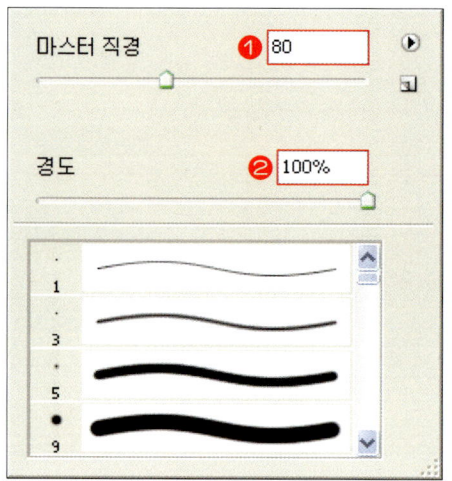

3 머리가 놓일 위치를 클릭합니다.

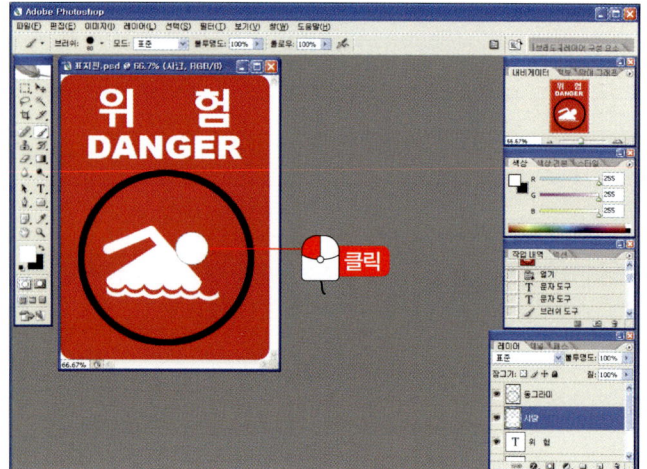

4 브러쉬 사전설정 피커의 ▼을 클릭하여 마스터 직경을 '17'로 설정합니다.

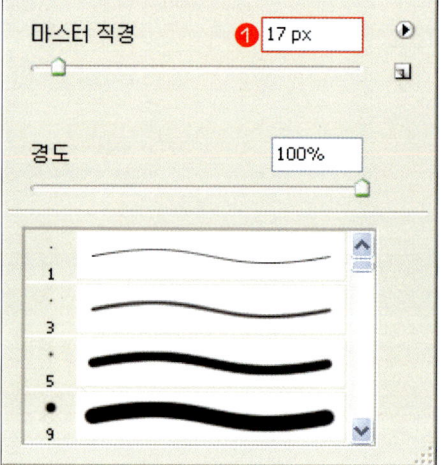

5 [도구 상자]의 ■ 를 클릭하여 전경색을 기본색으로 변경합니다.

6 [레이어] 팔레트에서 '동그라미' 레이어를 선택하고, 브러쉬 도구 ✏ 를 이용하여 화면과 같이 직선을 그립니다.

레이어 스타일

1 [레이어] 팔레트에서 '위험' 레이어를 선택합니다.

2 [레이어]메뉴의 [레이어 스타일-혼합 옵션]을 클릭합니다.

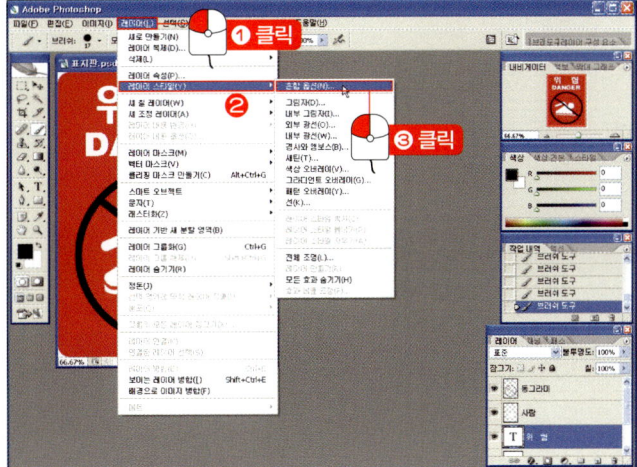

3 [레이어 스타일] 대화상자에서 '그림자 효과', '경사와 엠보스'를 체크 표시합니다.

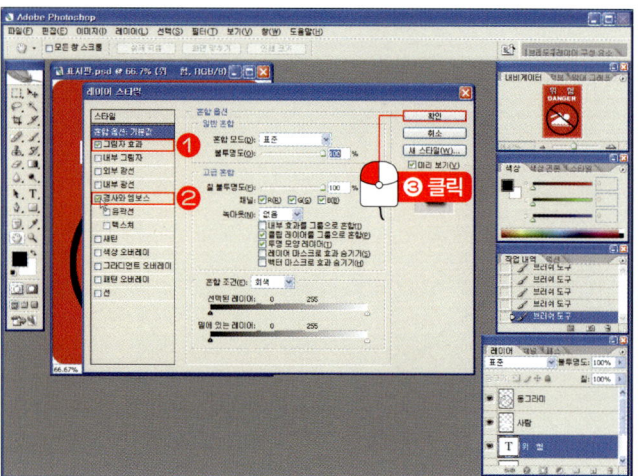

4 [확인] 버튼을 클릭합니다.

5 [레이어] 메뉴의 [레이어 스타일-레이어 스타일 복사]를 클릭합니다.

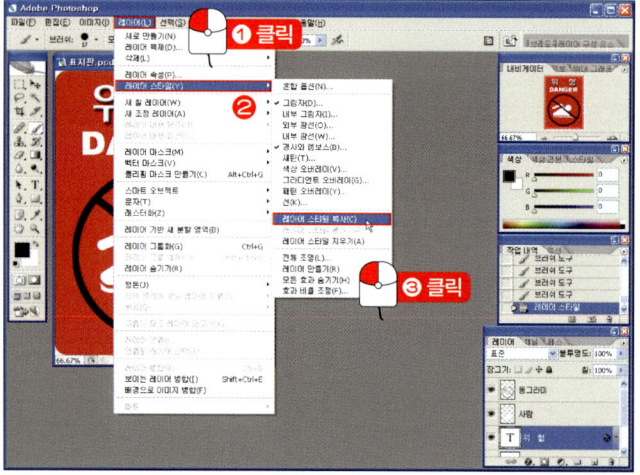

6 [레이어] 팔레트에서 'DANGER' 레이어를 선택합니다.

7 [레이어] 메뉴의 [레이어 스타일-레이어 스타일 붙이기]를 클릭합니다.

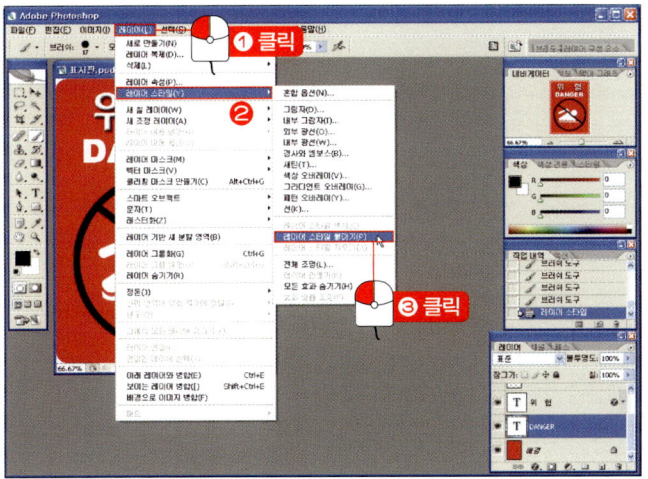

8 같은 방법으로 '동그라미' 레이어에 [레이어 스타일 붙이기]합니다.

9 [레이어] 팔레트에서 '사람' 레이어를 선택합니다.

10 [레이어] 메뉴의 [레이어 스타일-내부 그림자]를 클릭합니다.

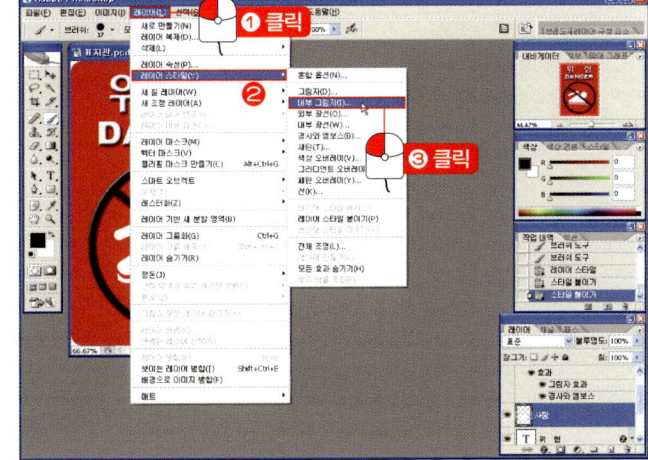

TIP [레이어] 팔레트에서 오른쪽 마우스 클릭을 이용하여 [레이어 스타일 붙이기]를 할 수도 있습니다.

11 [레이어 스타일] 대화상자가 나타나면 [확인] 버튼을 클릭합니다.

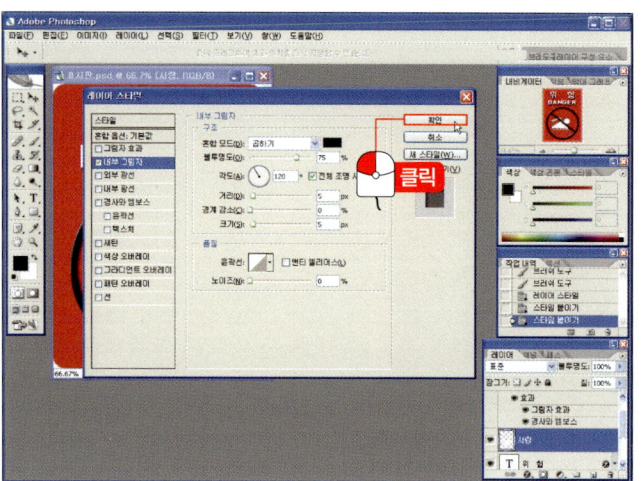

12 '표지판.bmp'로 저장합니다.

읽어 보세요

01 마크란?

회사나 단체(학교), 행사, 운동 또는 상품, 내용 표시 등을 상징성이 있게 간단히 표현한 것입니다. 말과 글을 모르더라도 그 내용을 쉽고 빠르게 전달할 수 있는 디자인으로 일종의 시각 언어입니다.

02 마크의 기능

① **안내의 기능** : 박람회, 올림픽, 체육 대회, 음악회, 전람회 등의 표지 기타
② **명령의 기능** : 도로 표지(지시 및 금지 사항), 금연, 출입 금지 등의 표지 기타

03 마크 디자인의 조건

① **상징성** : 전달하려는 내용이 상징적으로 표현되어야 합니다.
② **간결성** : 형태와 색채가 간략해야 합니다.
③ **독창성** : 새롭고, 독특해야 합니다.
④ **주목성** : 사람들의 시선을 끌 수 있어야 합니다.

04 마크 디자인의 종류

∷ 자연물이나 인공물을 도안화한 것

우체국 마크

환경 마크

:: 여러 가지 문자를 도안화한 것

품질표시 마크

에너지 절약 마크

:: 기하형이나 추상형으로 구성한 것

서울올림픽 마크

대한민국 전자정부 마크

05 표지판이란?

어떤 사실을 알리기 위하여 일정 표시를 해 놓은 판을 말합니다. ○○금지 표지판, 안내 표지판, 도로교통 표지판, 공사 표지판 등 우리 주변엔 많은 종류의 표지판이 있습니다.

06 표지판 디자인 조건

① 정보전달이 목적이므로 정확하게 표현해야 합니다.
② 사람의 시선을 끌 수 있어야 할 뿐만 아니라 한눈에 내용이 들어올 수 있도록 표현해야 합니다.
③ 주변 환경과 어울리도록 그림, 문자, 기호 등을 단순하고 아름답게 디자인 합니다.

스스로 평가해요

평가요소	쉬워요	할 만해요	어려워요
• 마크와 표지판의 필요성을 알고 그 활용 방법을 이해합니다.			
• 아름답고 목적과 기능에 맞는 창의적인 마크와 표지판을 만들 수 있습니다.			
• 브러쉬의 크기와 경도를 변경하여 사용할 수 있습니다.			
• 브러쉬도구(연필도구)를 이용하여 곧은 선을 그릴 수 있습니다.			

혼자 해결해요

:: 백지도에 행정구역에 따라 브러쉬 도구의 사전 설정 중 경도값을 조절하여 색칠해 봅시다. [사회−행정구역]

1| C:\포토샵\Part03\백지도s.bmp 열기
2| 바다와 각 도 레이어 만들기
3| 브러쉬 도구의 사전 설정 중 경도값을 조절하여 각 레이어마다 칠하기
4| 브러쉬 도구를 이용하여 붉은 직선 그리기
5| 수평 문자 도구를 이용하여 행정구역명 입력하기

Lesson 13

꽃을 피워요

» 복제 도장 도구를 이용하여 꽃봉오리 그리기

삭막한 도시에 나무나 꽃, 잔디와 같은 생명들은 아름다움을 선사하는 매우 중요한 존재들입니다. 그러나 도시에서 이러한 생명들은 저 혼자 아름답게 자라는 경우가 드뭅니다. 물도 주고 때로는 잘 자랄 수 있도록 옮겨주는 등 사람의 관심과 사랑이 있어야 합니다.

화초에 대하여 알아보고, 꽃이 부족한 화단이나 먼지 날리는 공터 사진을 복제 도장 도구를 이용하여 활기 넘치는 곳으로 만들어 봅시다.

이런 것을 공부해요

이런 것을 생각해요	교과서를 찾아봐요	이런 것을 활용해요
• 화초의 종류를 알고 분류 방법을 설명할 수 있습니다. • 꽃 가꾸는 방법을 알고 그릇이나 화단에 가꿀 수 있습니다.	• 실과 5학년 −식물과 함께하는 생활	• 복제 도장 도구 • 패턴 도장 도구

함께 해결해요

복제 도장 도구

1 C:\포토샵\Part03\화단.bmp를 열고 복제 도장 도구 를 클릭합니다.

2 〈Alt〉를 누르고 복사할 꽃을 클릭합니다.

3 브러쉬 사전 설정 피커의 ▼ 을 클릭합니다.

4 마스터 직경은 '50', 경도는 '0'으로 설정합니다.

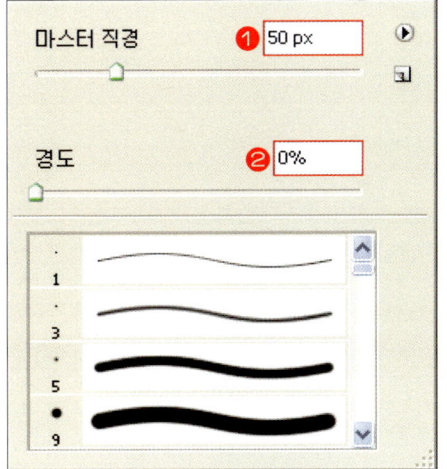

 **TiP** 복제 도장 도구를 클릭하고 〈Alt〉를 누르면 마우스 포인터가 ⊕ 로 바뀌어 복제 지점을 설정할 수 있습니다.

5 [레이어] 메뉴의 [새로 만들기-레이어]를 클릭합니다.

6 [새 레이어] 대화상자에서 이름을 '큰분홍꽃'으로 입력하고 [확인] 버튼을 클릭합니다.

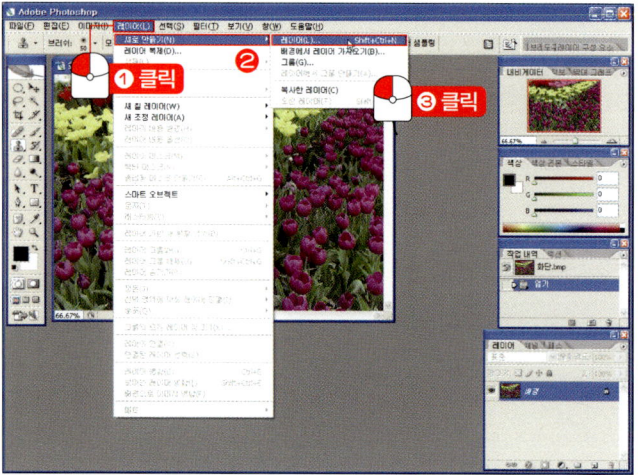
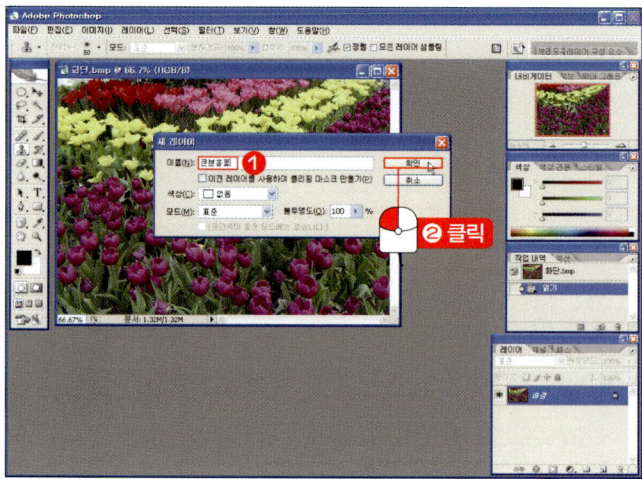

7 꽃이 없는 곳에 꽃을 복제 합니다.

8 [옵션 막대] 정렬의 체크 표시를 해제합니다.

9 같은 방법으로 빈 공간에 꽃을 복제합니다.

꽃 채우기

1 이름을 '중분홍꽃'으로 하여 새 레이어를 만듭니다.

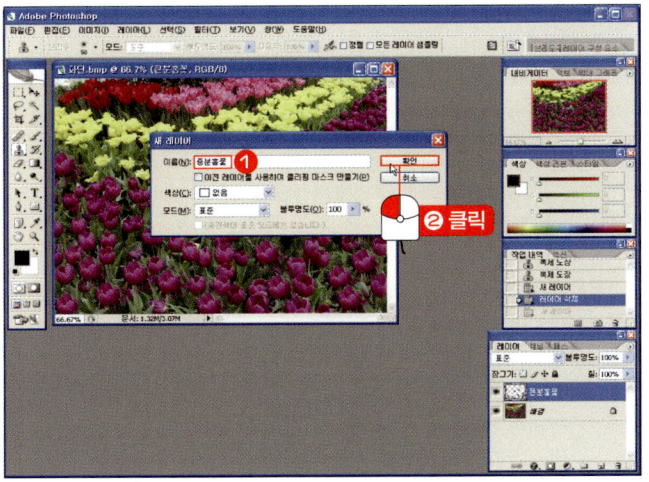

2 [레이어] 팔레트에서 '배경' 레이어를 선택합니다.

TiP 이미지를 복제 할 때 새 레이어에 복제하면 나중에 수정하기도 편리하고 복원하기도 쉽습니다.

3 중간 크기의 꽃을 〈Alt〉를 누르고 클릭합니다.

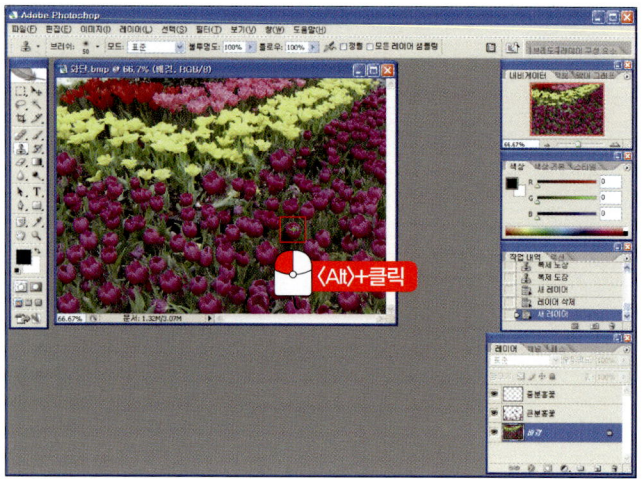

4 [레이어] 팔레트에서 '중분홍꽃' 레이어를 선택합니다.

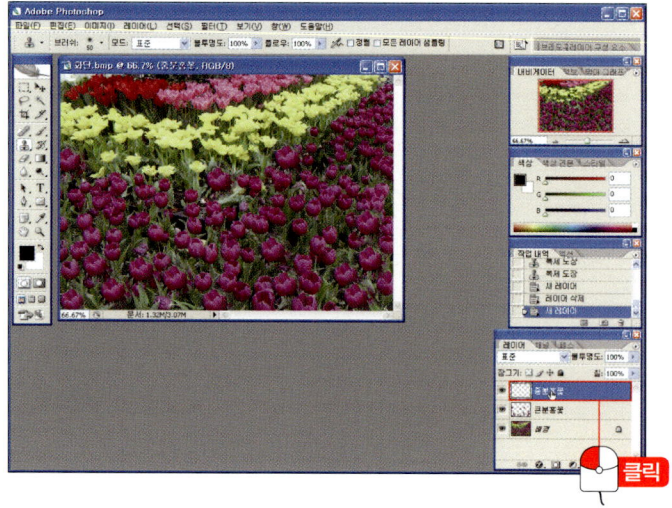

5 빈 공간에 꽃을 복제합니다.

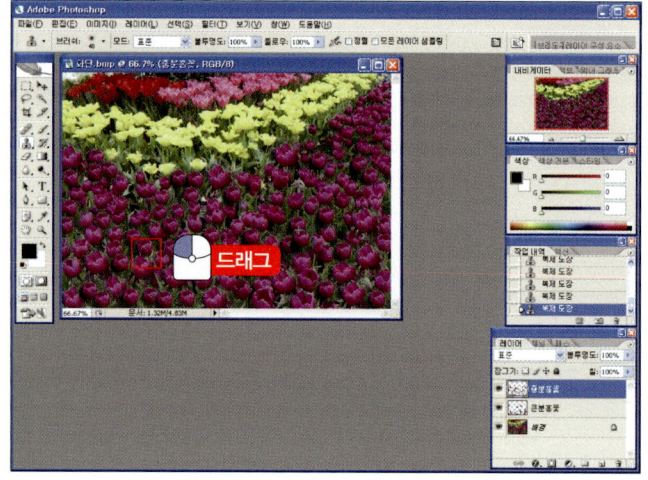

6 이름을 '소분홍꽃'으로 새 레이어를 만듭니다.

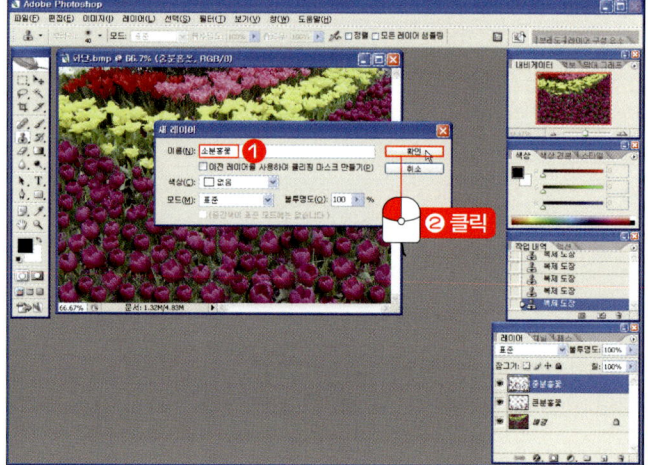

7 '배경' 레이어에서 작은 분홍 꽃을 〈Alt〉를 누르고 클릭합니다.

8 [레이어] 팔레트에서 '소분홍꽃' 레이어를 선택하고 적당한 곳에 꽃을 복제 합니다.

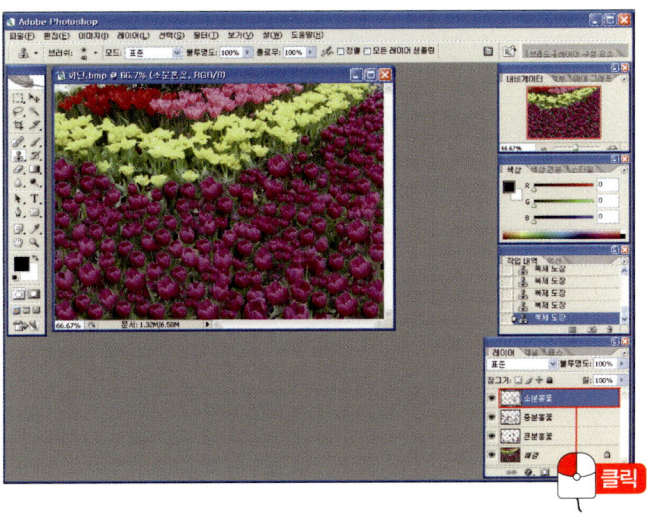

9 같은 방법으로 '노란꽃' 레이어를 만들어 꽃을 복제합니다.

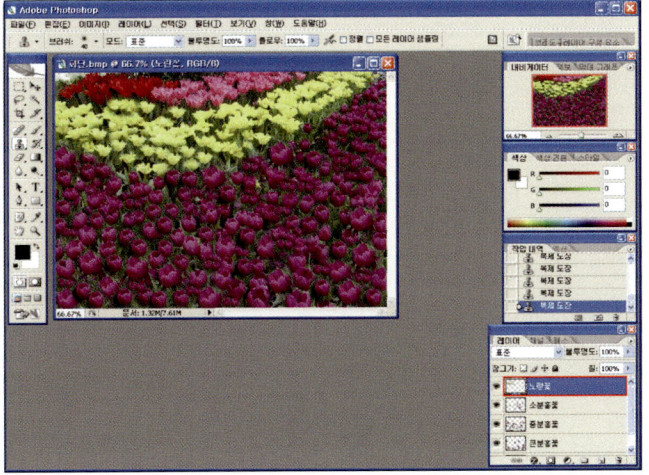

10 '화단편집.bmp'로 저장합니다.

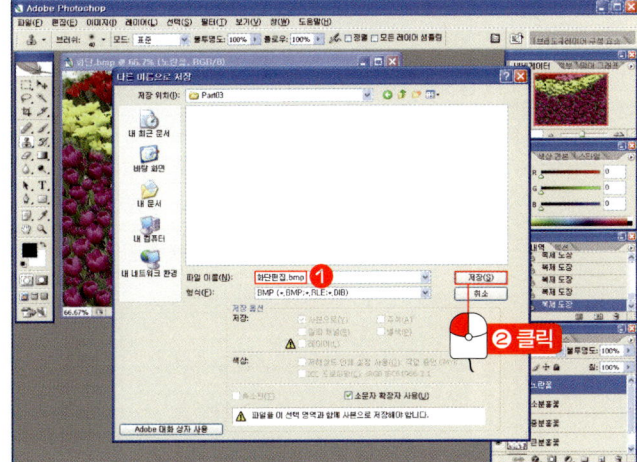

패턴 도장 도구

1 앞서 저장한 '화단편집.bmp'를 열어 자르기 도구 로 자르기 합니다.

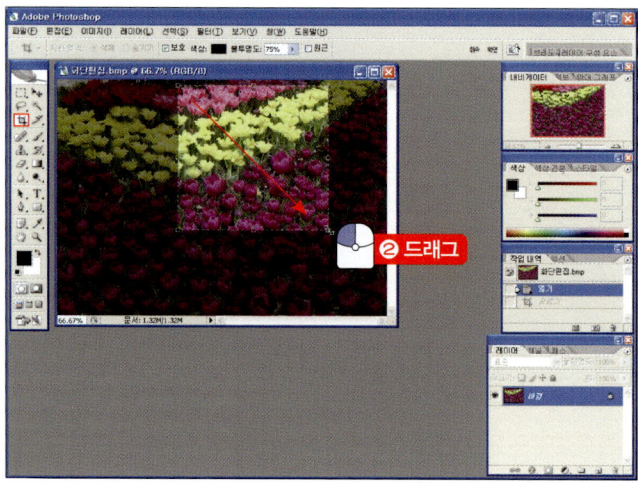

2 [편집] 메뉴의 [패턴 정의]를 클릭합니다.

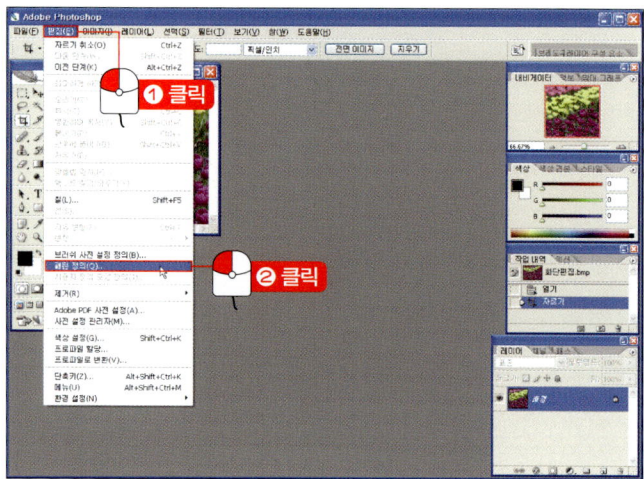

3 [패턴 이름] 대화상자에서 이름을 '꽃'으로 입력하고 [확인] 버튼을 클릭합니다.

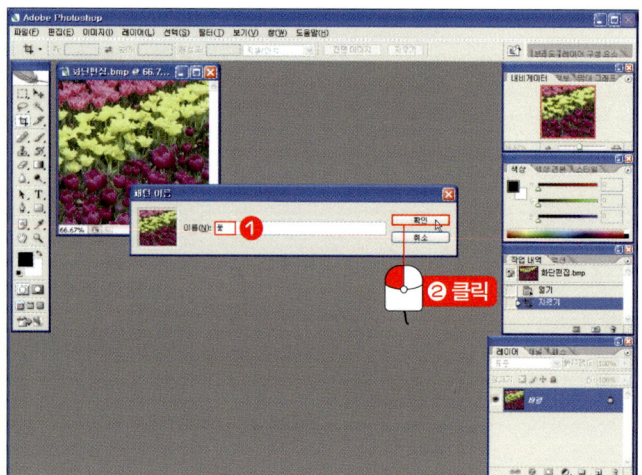

4 [파일] 메뉴의 [새로 만들기]를 클릭합니다.

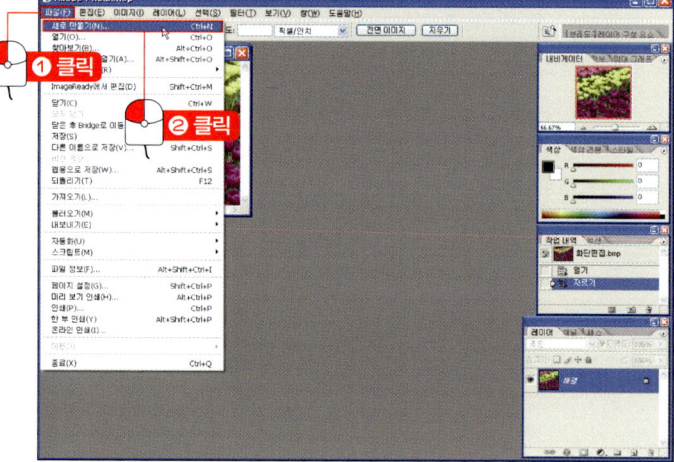

5 [새로 만들기] 대화상자의 사전 설정을 'A4'로 선택하고 [확인] 버튼을 클릭합니다.

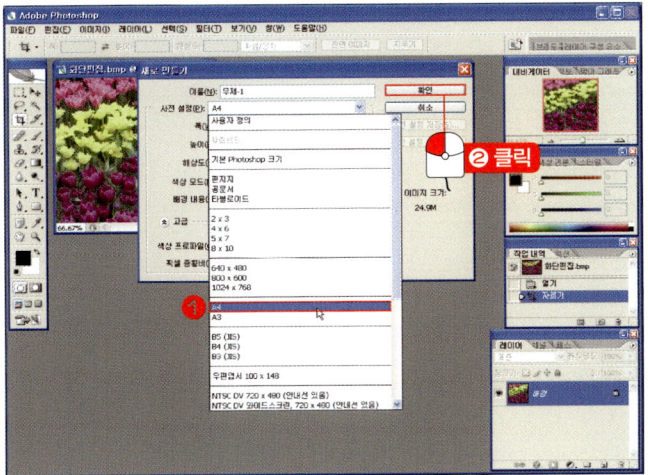

6 [도구 상자]에서 패턴 도장 도구를 클릭합니다.

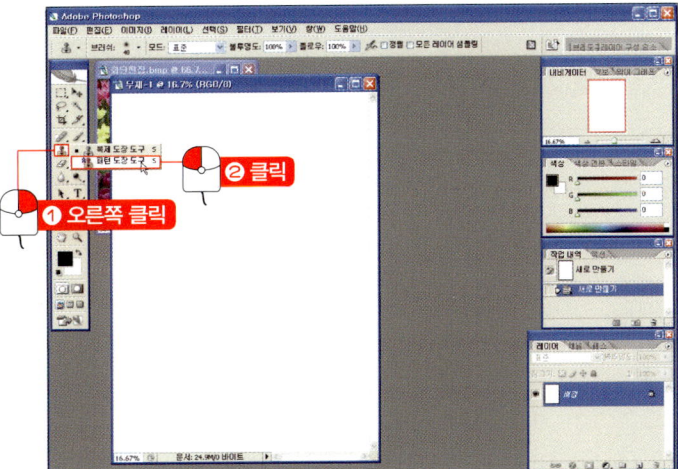

7 [옵션 막대]에서 마스터 직경은 '500', 경도는 '0'으로 설정합니다.

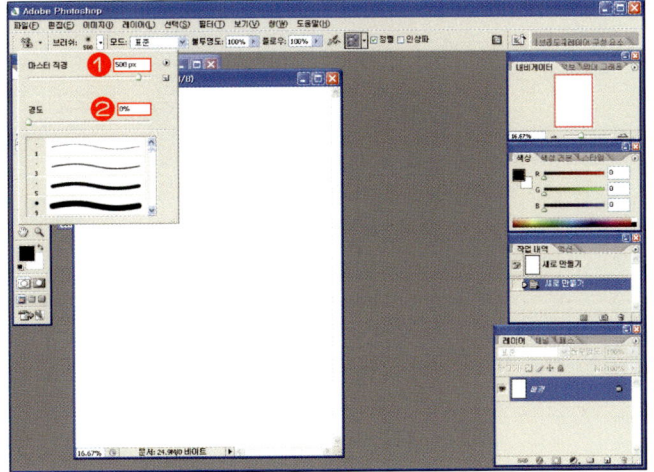

8 [옵션 막대]에서 패턴 피커를 클릭합니다.

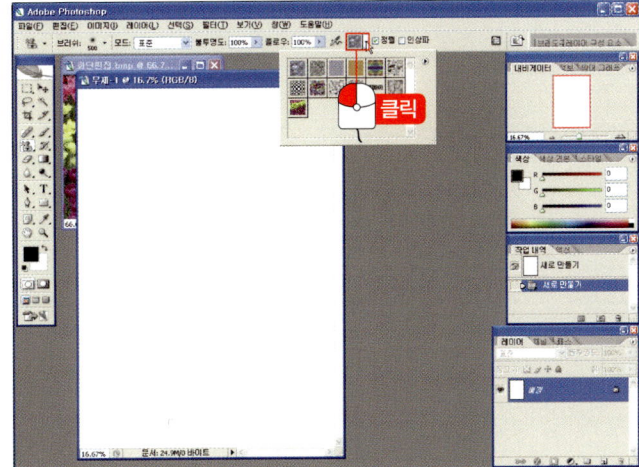

9 꽃 을 선택합니다.

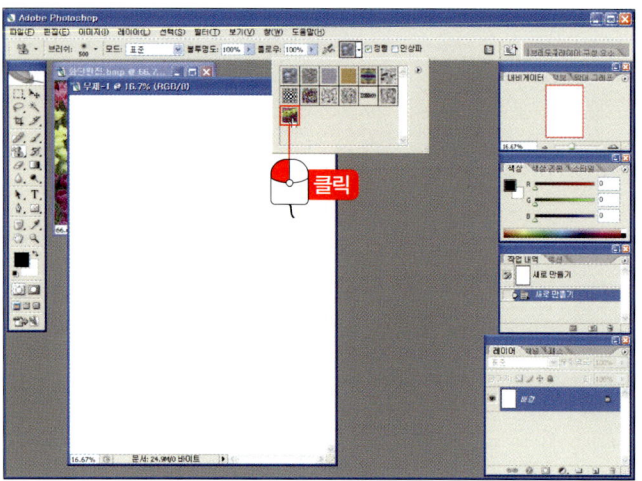

10 세로로 드래그 합니다.

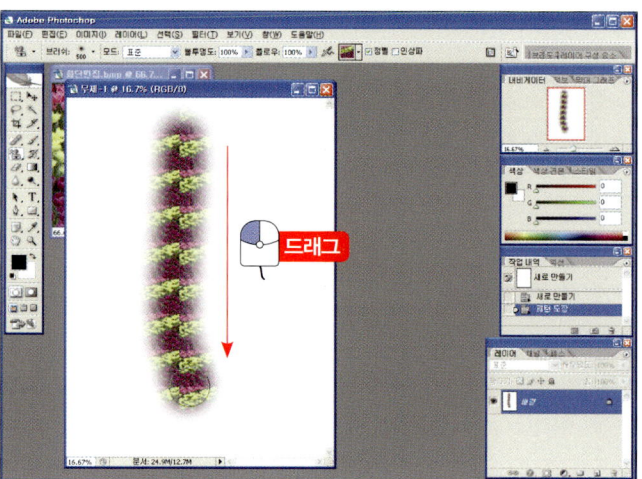

11 전체를 드래그하여 '꽃포장지.bmp'로 저장합니다.

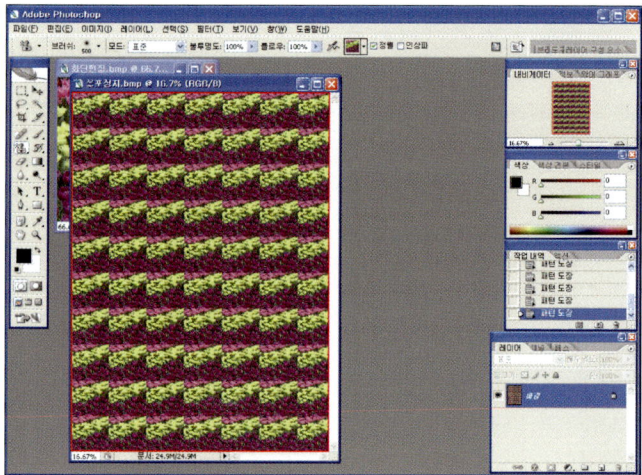

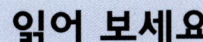 읽어 보세요

01 화초의 분류

한두해살이 화초
- 봄에 씨를 뿌려 여름이나 가을에 꽃을 피우고 열매를 맺거나, 가을에 씨를 뿌려 이듬해 봄에 꽃을 피우고 열매를 맺는 것으로, 일생이 1~2년에 걸쳐 끝나는 화초를 말합니다. 예 피튜니아, 채송화, 코스모스, 분꽃, 해바라기, 봉선화 등

여러해살이 화초
- 해마다 잎과 줄기는 말라죽더라도 뿌리는 그대로 월동을 한 후, 이른 봄에 새싹이 나와 성장하며 꽃 피고 열매 맺는 과정을 되풀이 하는 화초를 말합니다. 예 국화, 도라지, 참나리, 붓꽃, 옥잠화, 꽃잔디, 베고니아, 제라늄 등

알뿌리 화초
- 몸의 일부에 다량의 수분과 양분을 저장하고 그 양분의 힘으로 이듬해에 다시 싹이 트고 자라는 화초입니다. 야생 상태로 겨울을 나지 못하므로 가을에 수확하여 10~15℃ 되는 곳에 저장했다가 봄에 다시 심어야 하는 특성이 있습니다. 예 달리아, 튤립, 백합, 수선화, 칸나 등

관엽 식물
- 잎의 아름다운 색깔이나 모양을 감상하기 위한 화초를 말하며, 열대나 아열대 지방의 자생 화초인 경우가 많습니다.
  예 인도고무나무, 스킨답서스, 산세비에리아, 소철 등

꽃나무
- 꽃을 감상하기 위한 나무로, 개나리, 진달래, 철쭉, 무궁화, 등나무, 라일락, 배롱나무, 수국, 매화, 동백, 꽃아카시아, 목련 등 많은 종류가 있습니다.

02 화초의 번식 방법 분류

유성번식
- 씨앗 번식이라고 하며, 식물이 꽃을 핀 후에 발생하는 씨앗을 이용해서 번식하는 방법을 말합니다.

무성번식

- 영양 번식이라고도 하는 데 휘묻이, 꺾꽂이, 접붙이기, 포기나누기 등과 같이 식물체 일부를 잘라 번식하거나 다른 식물에 접붙여서 번식하는 방법을 말합니다. 이 방법은 주로 여러해살이 화초와 알뿌리 꽃 등에 많이 이용되고 있습니다.

03 화초를 모종으로 심을 때 주의 사항

① 두해살이 화초는 모종으로 심는 것이 좋습니다.
② 모종심기는 부등변 삼각형(세변의 길이가 다른 삼각형)의 모서리에 심는 것이 좋습니다.
③ 잔뿌리가 많고 잎이 싱싱한 모종을 선택합니다.
④ 모종을 심을 때에는 성장과 성장 후의 모습을 고려해야 합니다.
⑤ 모종을 심을 때에는 용기나 위치, 햇빛, 수분 등의 요소를 충분히 고려해야 합니다.

04 알뿌리를 심을 때 고려할 사항

① 알뿌리 특성(휴면과 저장)을 고려해야 합니다.
② 알뿌리 나누는 방법을 알아야 합니다.
③ 알뿌리 크기와 꽃 피는 비율과의 관계를 알아야 합니다.
④ 알뿌리는 그 해 심어서 개화하는 꽃을 선택합니다.

스스로 평가해요

평가요소	쉬워요	할 만해요	어려워요
• 화초의 종류를 알고 분류 방법을 설명할 수 있습니다.			
• 꽃 가꾸는 방법을 알고 그릇이나 화단에 가꿀 수 있습니다.			
• 복제도장 도구를 사용하여 그림을 복사할 수 있습니다.			
• 패턴 도장 도구를 사용하여 반복된 그림을 그릴수 있습니다.			

 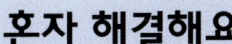

: : **잔디가 드물게 자란 운동장 이미지를 복제 도장 도구를 이용하여 잔디가 무성한 운동장 이미지로 만들어 봅시다.** [미술-꾸미기]

1 | C:\포토샵\Part03\스탠드s.bmp 열기
2 | 복제 도장 도구를 이용하여 복제할 영역 설정
3 | 새 레이어에 복제하기

Lesson 14

빛을 내 마음대로

» 필터와 지우개 도구로 인물이 강조되는 이미지 만들기

보인다는 것은 사물에 반사되어 나오는 빛이 눈 속의 망막에 도착했음을 말합니다. 이런 빛은 곧게 나아가는 성질이 있는데, 여러 가지 물질을 통과하면서 꺾여 나아가기도 합니다. 이러한 꺾임 때문에 물이 얕아 보이거나, 할머니께서 돋보기로 신문을 보고, 눈이 나쁜 학생들이 안경을 사용해서 사물을 잘 볼 수 있는 것입니다. 눈이 나쁘면 초점이 맞지 않아 망막에 상이 잘 맺히지 않기 때문에 사물이 뿌옇게 보이게 되는데, 안경은 렌즈를 통해 초점이 잘 맞도록 도와줍니다. 초점을 활용하여 사람은 선명하고 배경은 뿌옇게 사진을 찍기도 합니다.

일반 카메라로 찍은 사진을 필터와 지우개 도구를 이용하여 주인공이 선명한 이미지로 만들어 봅시다.

이런 것을 공부해요

이런 것을 생각해요	교과서를 찾아봐요	이런 것을 활용해요
• 렌즈의 종류에 따라 빛이 렌즈를 통과하여 나아가는 모습을 설명할 수 있습니다. • 초점에 대해 말할 수 있습니다.	• 과학 3학년 －빛의 직진 • 과학 6학년 －빛	• 지우개 도구 • 배경 지우개 도구 • 자동 지우개 도구 • 흐림 효과 도구 • 렌즈 흐림 효과 • 렌즈 플레어

함께 해결해요

 렌즈 흐림 효과

1 C:\포토샵\Part03\행복.bmp를 열고 손 도구 를 더블 클릭합니다.

2 [레이어] 메뉴의 [레이어 복제]를 클릭합니다.

3 [레이어 복제] 대화상자에서 이름을 '먼배경'으로 설정하고 [확인] 버튼을 클릭합니다.

4 같은 방법으로 '배경' 레이어를 세 번 복제하여 이름을 각각 '중간배경', '가까운배경', '주인공'으로 합니다.

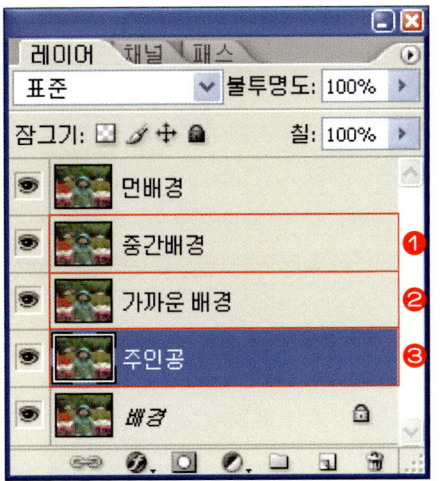

5 [레이어] 팔레트에서 '먼배경' 레이어를 선택하고 [필터] 메뉴의 [흐림 효과-렌즈 흐림 효과]를 클릭합니다.

6 [렌즈 흐림 효과] 대화상자에서 반경을 '40'으로 설정하고 [확인] 버튼을 클릭합니다.

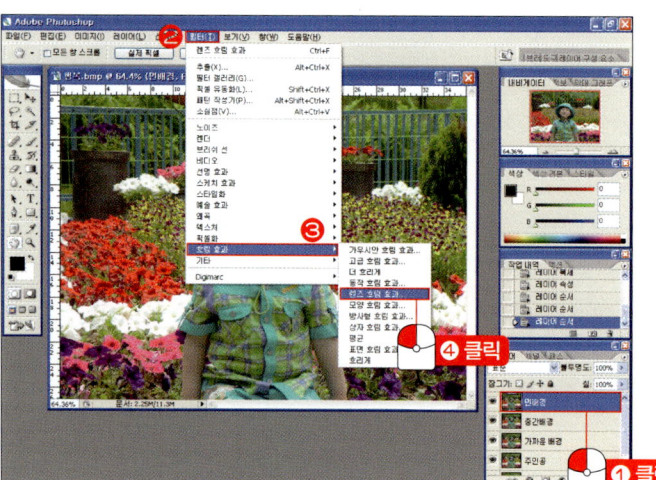

7 [레이어] 팔레트에서 '중간배경' 레이어를 선택하고 [필터] 메뉴의 [흐림 효과-렌즈 흐림 효과]를 클릭합니다.

8 [렌즈 흐림 효과] 대화상자에서 반경을 '20'으로 설정하고 [확인] 버튼을 클릭합니다.

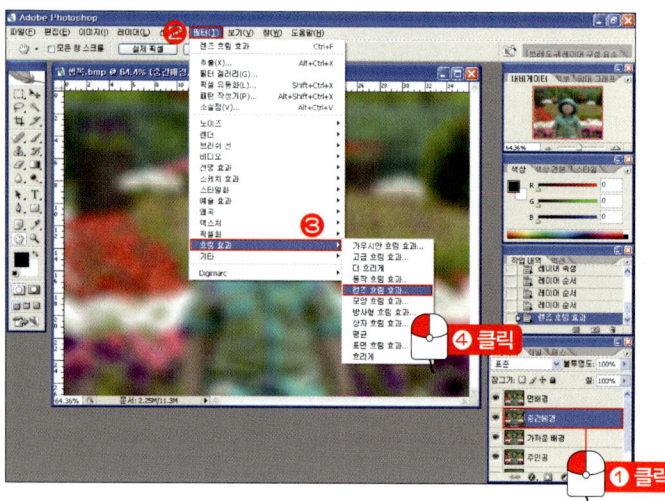

9 [레이어] 팔레트에서 '가까운배경' 레이어를 선택하고 [필터] 메뉴의 [흐림 효과-렌즈 흐림 효과]를 클릭합니다.

10 [렌즈 흐림 효과] 대화상자에서 반경을 '10'으로 설정하고 [확인] 버튼을 클릭합니다.

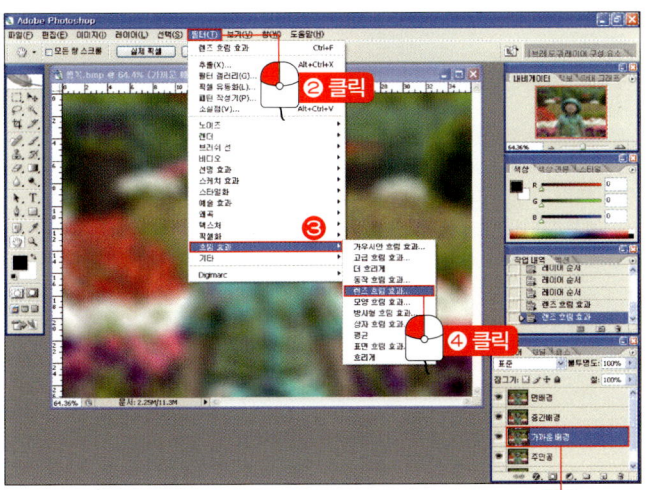

지우기

1 [도구 상자]에서 지우개 도구를 클릭합니다.

2 [옵션 막대]에서 마스터 직경은 '100', 경도는 '0'으로 설정합니다.

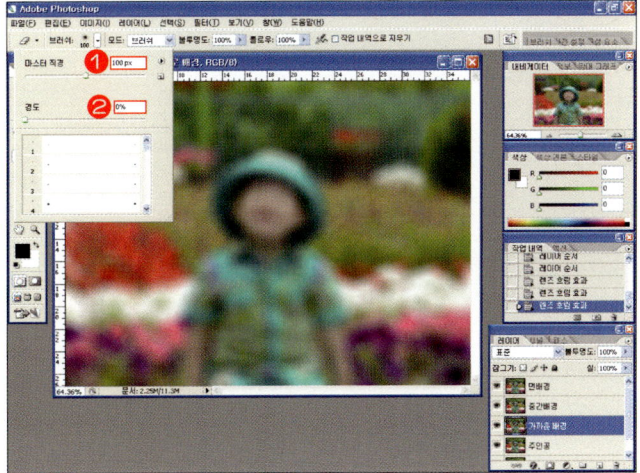

내 힘으로 완소 작품을 만들어 봐요 | PART 03 **175**

3 [레이어] 팔레트에서 '먼배경' 레이어를 제외한 모든 레이어의 👁 을 클릭합니다.

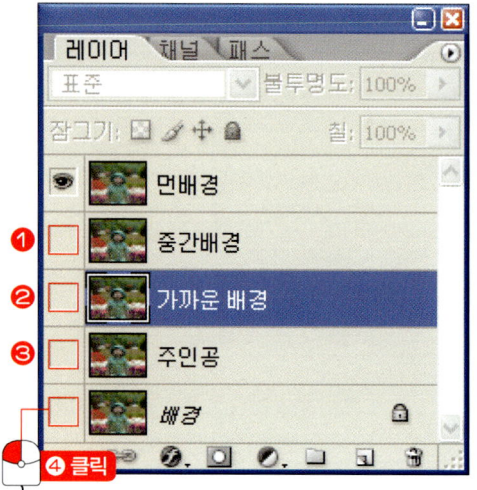

4 '먼배경' 레이어를 선택합니다.

5 화면과 같이 지웁니다.

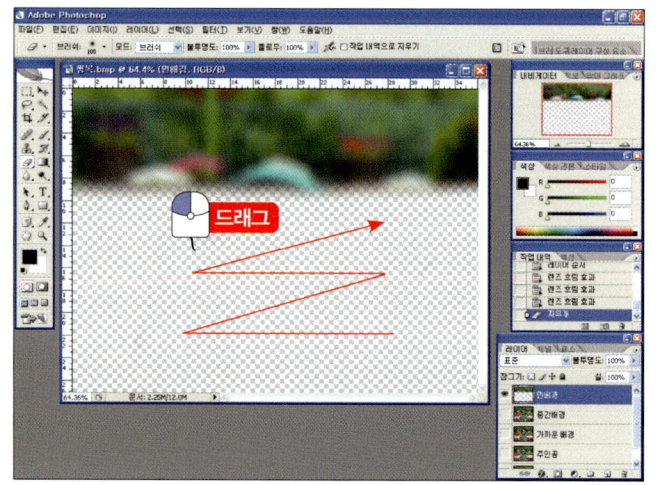

6 [레이어] 팔레트에서 '중간배경' 레이어를 선택하고 ▢ 을 클릭합니다.

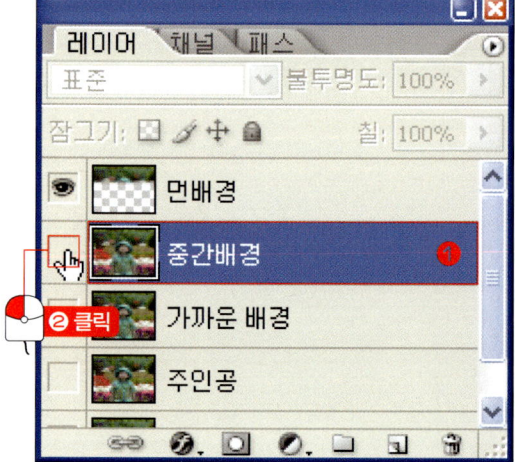

7 화면과 같이 지웁니다.

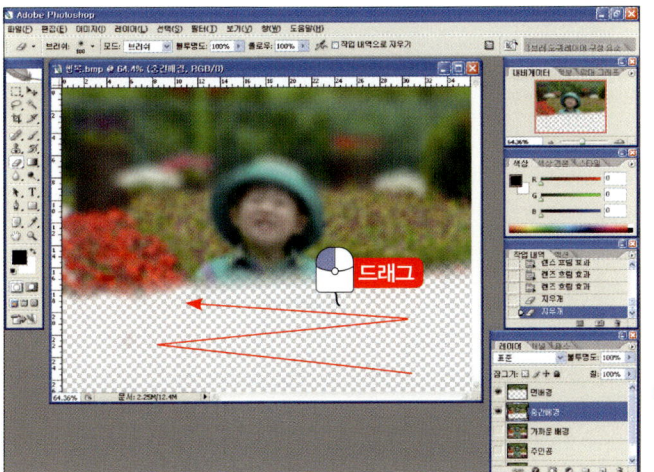

8 [레이어] 팔레트에서 '가까운배경' 레이어를 선택하고 ☐ 을 클릭합니다.

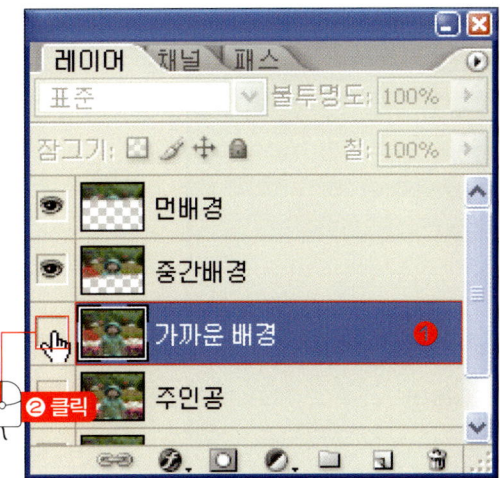

9 화면과 같이 아래 부분을 지웁니다.

10 [레이어] 팔레트 '주인공' 레이어의 ☐ 을 클릭하고, 레이어를 드래그하여 제일 위로 옮깁니다.

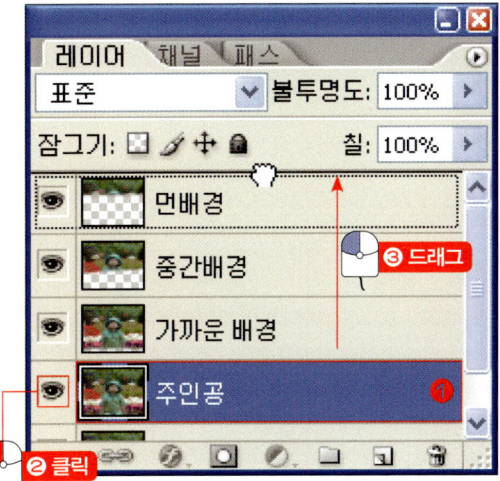

11 [레이어] 팔레트에서 '주인공' 레이어를 제외한 모든 레이어의 👁 을 클릭합니다.

12 [옵션 막대]에서 마스터 직경은 '100', 경도는 '100'으로 설정합니다.

13 브러쉬의 마스터 직경 값을 바꿔가며 화면과 같이 배경을 지웁니다.

TiP 내비게이터를 이용하여 화면을 확대하고, 브러쉬의 마스터 직경 값을 작게 하면 대상을 정교하게 지울 수 있습니다.

꾸미기

1 [도구 상자]의 흐림 효과 도구 💧 를 클릭합니다.

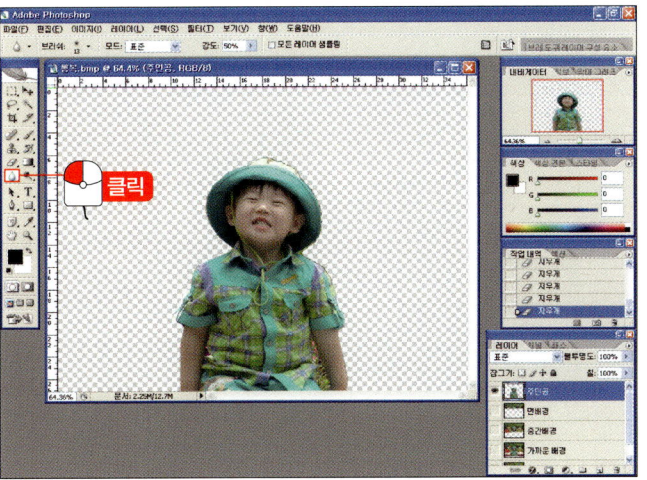

2 [옵션 막대]에서 마스터 직경은 '30', 경도는 '100'으로 설정합니다.

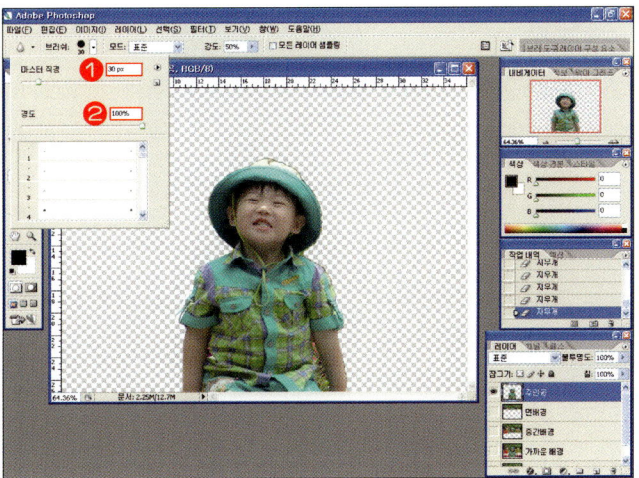

3 화면과 같이 이미지 가장자리를 문질러 줍니다.

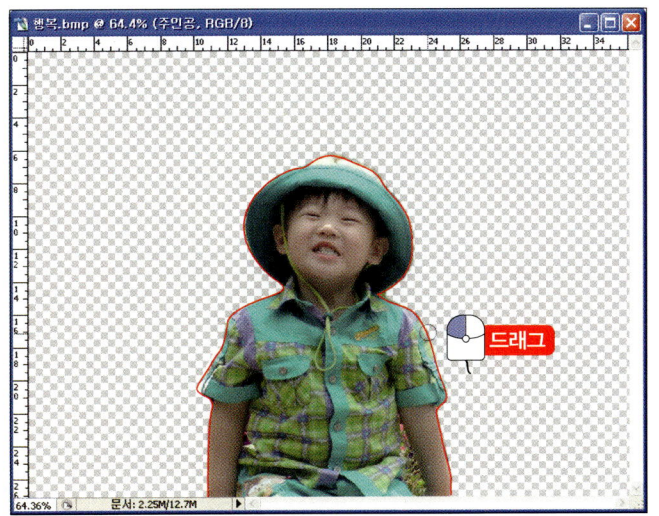

4 [레이어] 팔레트의 👁 을 클릭하여 모든 레이어가 보이도록 합니다.

TIP 두 가지 이미지를 합성할 때 이미지의 가장자리를 흐림 효과 도구로 문질러 주면 자연스럽게 두 이미지가 합성됩니다.

5 [레이어] 메뉴의 [배경으로 이미지 병합]을 클릭합니다.

6 [필터] 메뉴의 [렌더-렌즈 플레어]를 클릭합니다.

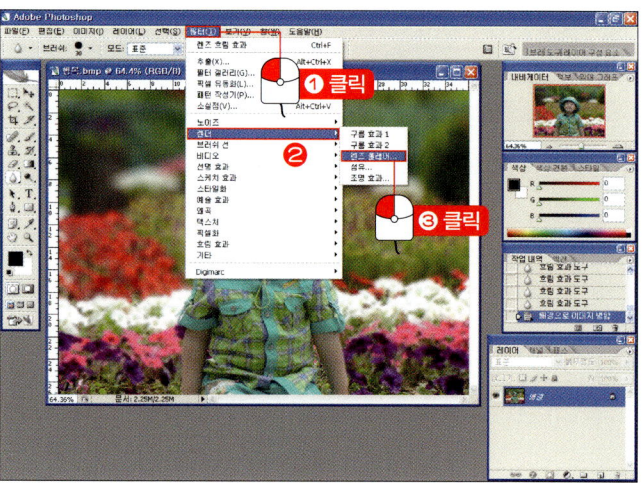

7 [렌즈 플레어] 대화상자에서 렌즈 유형은 '50-300mm 확대/축소', 광원위치는 화면과 같이 설정하고 [확인] 버튼을 클릭합니다.

8 [도구 상자]의 그라디언트 도구 ▣ 를 클릭합니다.

9 [옵션 막대]의 그라디언트 피커를 열어 두 번째인 '전경을 투명하게'를 선택합니다.

10 [도구 상자]의 아이콘을 클릭하여 전경색과 배경색을 변경합니다.

11 [레이어] 메뉴의 [새로 만들기-레이어]를 클릭합니다. [새 레이어] 대화상자에서 이름을 '그라디언트'로 입력하고 [확인] 버튼을 클릭합니다.

12 화면과 같이 드래그 합니다.

문자 도구

1 [도구상자]의 세로 문자 도구 T 를 클릭합니다.

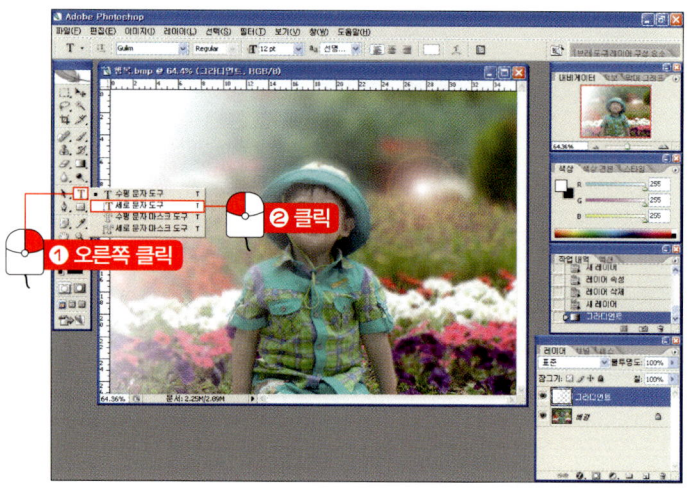

2 [옵션 막대]에서 화면과 같이 설정하고 '행복'을 입력합니다.

3 [레이어] 메뉴의 [레이어 스타일-혼합 옵션]을 클릭합니다.

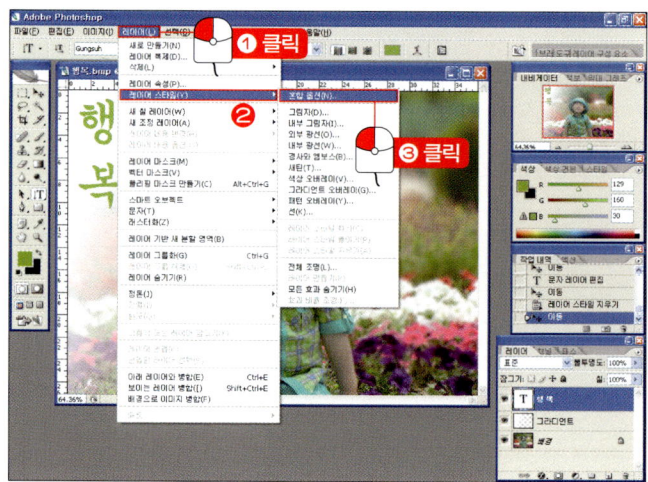

4 [레이어 스타일] 대화상자에서 '그림자 효과', '외부 광선', '경사와 엠보스'를 체크 표시하고 [확인] 버튼을 클릭합니다.

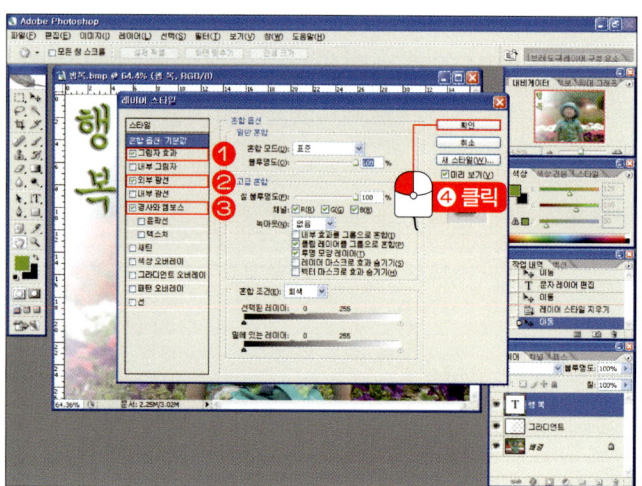

5 [도구 상자]의 이동 도구 를 이용하여 화면과 같이 문자를 이동합니다.

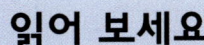 **읽어 보세요**

01 렌즈를 통과하는 빛이 나아가는 모습

:: 볼록 렌즈   :: 오목 렌즈

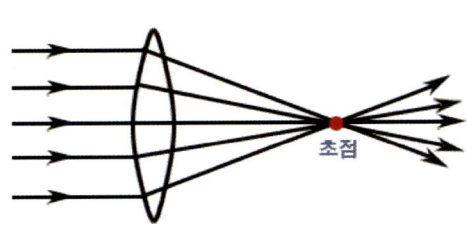 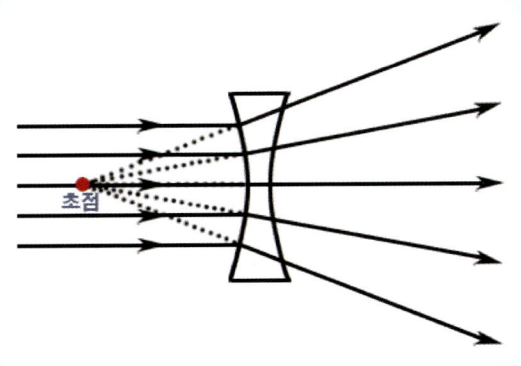

02 렌즈의 초점

렌즈의 초점은 평행 광선이 모이는 점을 말합니다. 멀리 있는 물체에서 나온 빛은 초점에 모여 상을 만듭니다. 돋보기로 종이를 태울 때 종이에 생긴 밝은 점은 실제 태양의 상입니다. 종이에 생긴 밝은 점이 가장 작을 때, 종이와 렌즈 사이의 거리를 렌즈의 초점 거리라고 합니다. 멀리 있는 물체의 상을 명확하게 맞추는 일을 '초점을 맞춘다.'고 합니다.

03 렌즈의 활용

볼록 렌즈
- 돋보기 안경, 실물 화상기, 망원경, 현미경, 돋보기, 투영기, 사진기, 쌍안경

오목 렌즈
- 근시용 안경, 현미경의 반사경, 망원경, 사진기

스스로 평가해요

평가요소	쉬워요	할 만해요	어려워요
• 렌즈의 종류에 따라 빛이 렌즈를 통과하여 나아가는 모습을 설명할 수 있습니다.			
• 초점에 대해 말할 수 있습니다.			
• 지우개 도구 브러쉬 크기를 바꿔가며 이미지를 지울 수 있습니다.			
• 렌즈 흐림 효과, 렌즈 플레어 필터를 사용할 수 있습니다.			

혼자 해결해요

:: **친구와 함께 하늘을 나는 사진을 지우개 도구로 만들어 봅시다.** [미술-상상하여 나타내기]

1 | C:\포토샵\Part03\도로.bmp, 형과나.bmp, 늪.bmp 열기
2 | 늪.bmp 창을 복사하여 도로.bmp 창에 붙이기
3 | '레이어 1'(늪.bmp)의 윗부분 지우개 도구(경도 '0')로 지운 후 적당한 위치로 이동
4 | 형과 나.bmp 창에서 어린이 각각 복사하여 도로.bmp 창에 붙이기
5 | 어린이 배경 지우기(경도 '100')
6 | 흐림 효과 도구로 가장자리 문지르기 후 [파일] 메뉴의 [자유 변형]
7 | [필터] 메뉴의 [렌더-렌즈 플레어] 클릭

　　① 명도 '130'

　　② 렌즈 유형 '50-300mm 확대/축소'

Lesson 15

엄마, 아빠 사랑해요

» 자유 변형을 이용하여 가족사진 전시회장 꾸미기

기쁜 일을 가족과 함께 할 때 빠지지 않는 것이 있습니다. 바로 카메라입니다. 카메라로 찍은 사진에는 소중한 추억이 담겨 있습니다. 지난 사진을 볼 때마다 당시의 기억이 새록새록 떠오르지요. 그래서 기억하고 싶은 기쁜 일이 있을 때 우리는 카메라를 들고 연신 사진을 찍는 것입니다.

자유 변형, 왜곡 등을 통해 가족사진 전시회장을 꾸며 봅시다.

이런 것을 공부해요

이런 것을 생각해요	교과서를 찾아봐요	이런 것을 활용해요
• 친척의 의미를 알고 촌수에 맞는 호칭을 말할 수 있습니다. • 가정의 여러 형태에 대하여 설명할 수 있습니다. • 가정의 소중함을 알 수 있습니다.	• 도덕 3학년 - 가족 사랑과 예절 • 사회 4학년 - 사회 변화와 우리생활 • 실과 5학년 - 나의 성장과 가족	• 자유 변형 • 왜곡 • 선택 영역 변형

함께 해결해요

선택영역 변형

1 C:\포토샵\Part03\전시회장.bmp를 엽니다.

2 C:\포토샵\Part03\아빠나.bmp를 엽니다.

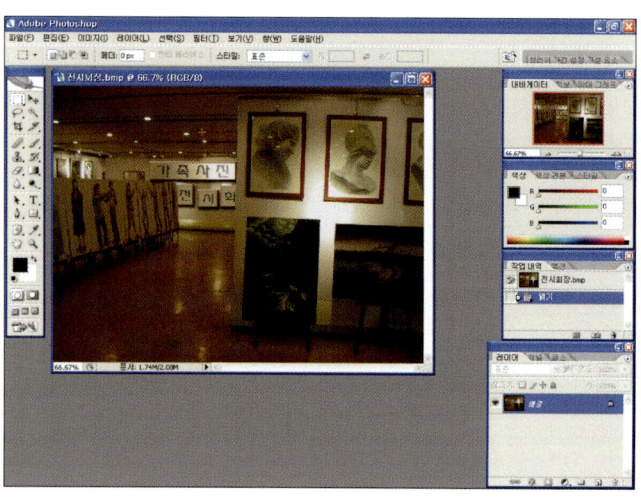

3 '전시회장.bmp' 창에서 사각형 선택 윤곽 도구로 아버지 얼굴이 들어갈 액자를 선택합니다.

4 선택 영역을 '아빠와나.bmp' 창으로 드래그합니다.

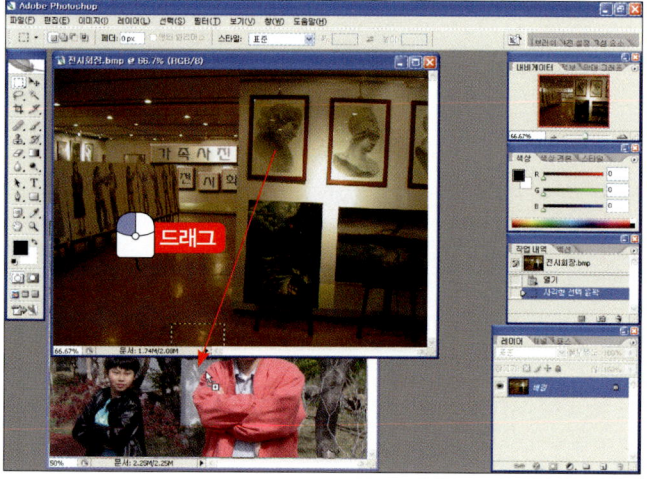

TiP 아빠 사진을 먼저 선택한 후 복사하여 붙이면 액자에 붙이기 할 때 가로와 세로의 비율이 맞지 않아 뚱뚱해 보이거나 홀쭉해 보일 수 있습니다.

5 선택 영역이 '아빠와나.bmp' 창으로 이동합니다.

6 [선택] 메뉴의 [선택 영역 변형]을 클릭합니다.

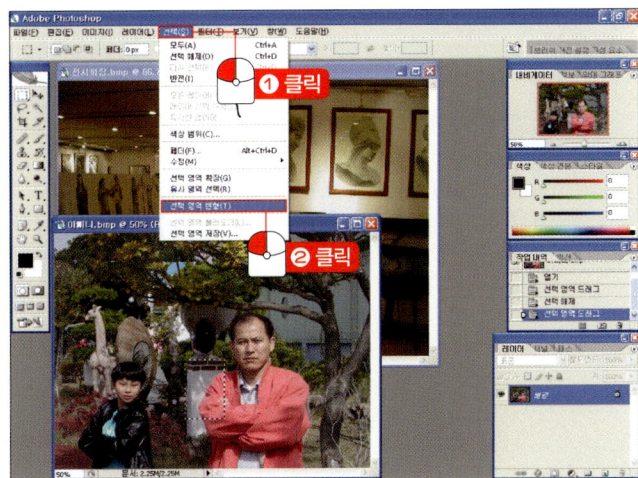

7 선택 영역을 적당한 위치로 이동하고, 〈Shift〉를 누르고 크기를 조절합니다.

8 [옵션 막대]의 확인 을 클릭하거나 〈Enter〉를 누릅니다.

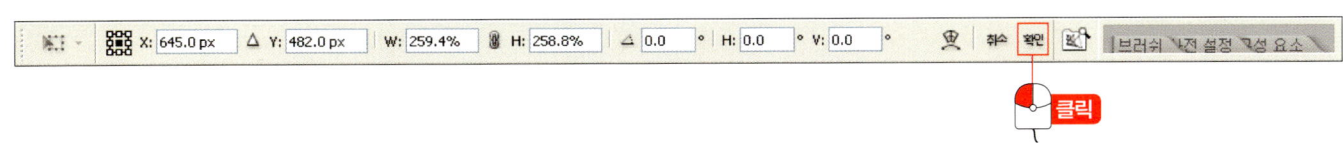

자유변형

1 [편집] 메뉴의 [복사]를 클릭합니다.

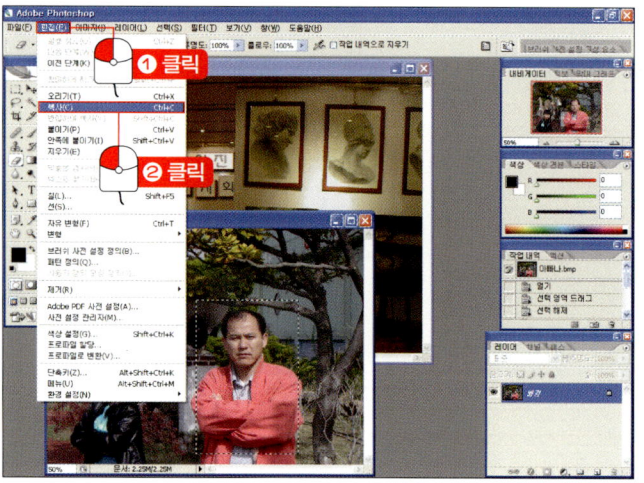

2 '전시회장.bmp' 창을 활성화하고 [편집] 메뉴의 [붙이기]를 클릭합니다.

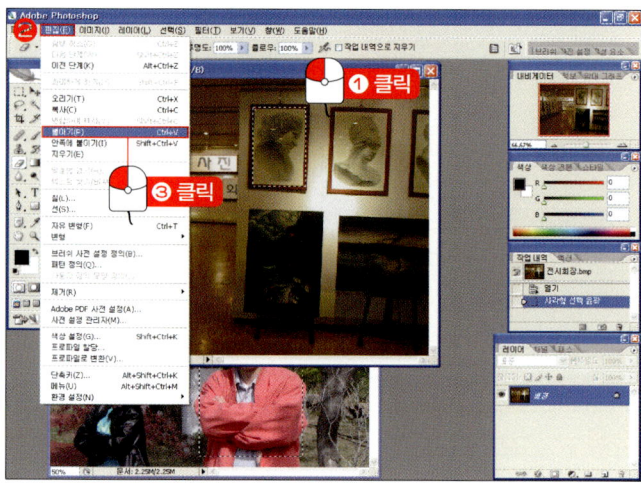

3 [편집] 메뉴의 [자유 변형]을 클릭합니다.

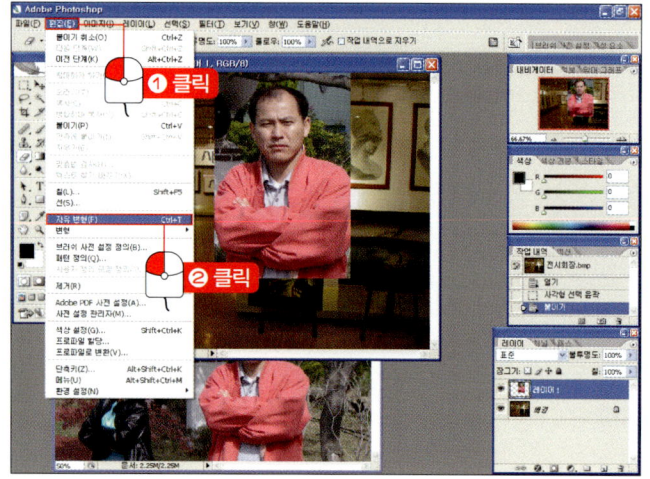

4 이미지를 액자의 왼쪽 위 모서리에 맞추어 이동합니다.

5 〈Shift〉를 누르고 크기를 조절합니다.

6 이미지를 회전시켜 액자에 맞추고 〈Enter〉를 누릅니다.

7 같은 방법으로 나와 어머니 사진을 붙이기하고, 레이어 이름을 각각 '아버지', '나', '어머니'로 설정합니다.

간단한 액자

1 C:\포토샵\Part03\동생.bmp를 엽니다.

2 '전시회장.bmp' 창에서 사각 선택 도구 를 이용하여 화면과 같이 선택 영역을 설정합니다.

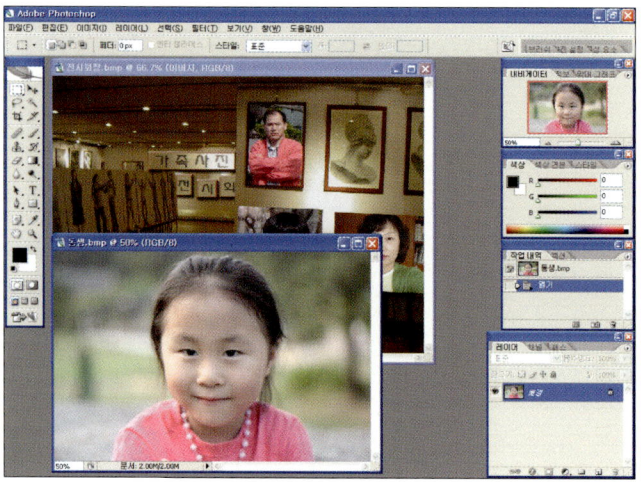

3 선택 영역을 '동생.jpg'로 이동합니다.

4 [선택 영역 변형]으로 선택 영역의 크기와 위치를 변경하고 〈Ctrl+C〉를 누릅니다.

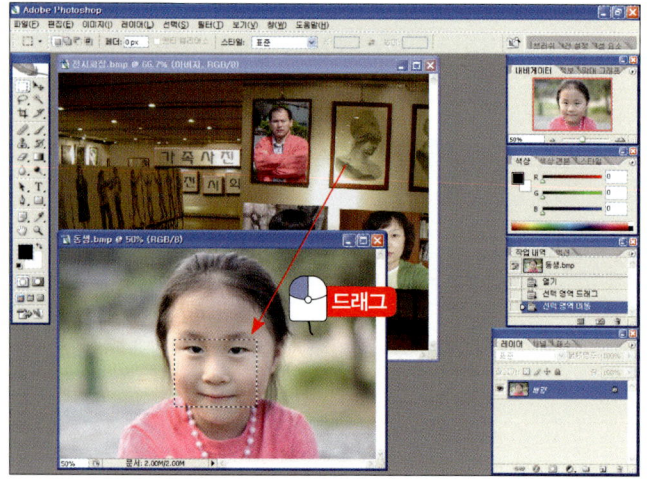

5 '전시회장.bmp' 창을 클릭하고 〈Ctrl+V〉를 누릅니다.

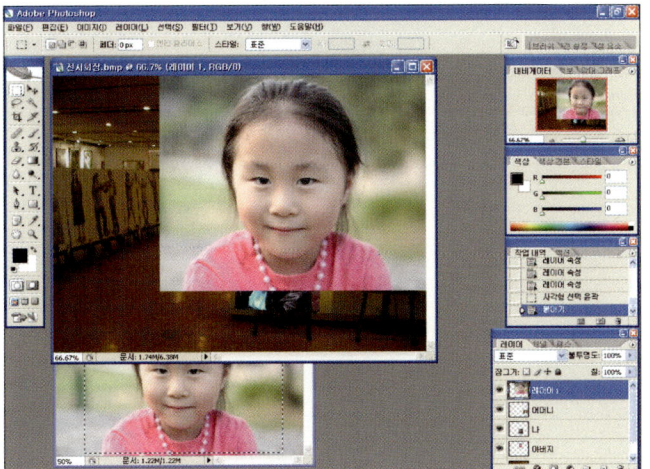

6 [자유 변형]으로 크기와 위치를 화면과 같이 변경하고 〈Enter〉를 누릅니다.

7 편집 메뉴의 선을 클릭합니다.

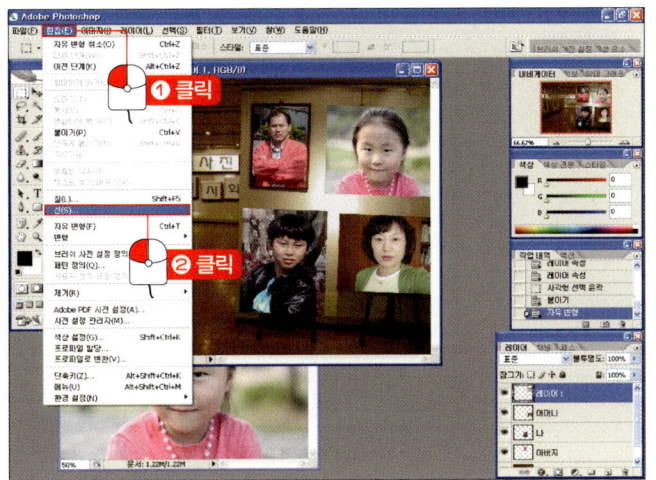

8 [선] 대화상자에서 폭을 '10'으로 설정하고 색상을 클릭합니다.

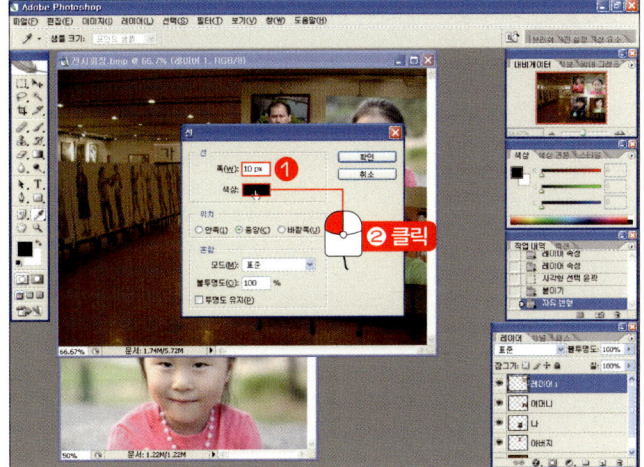

9 액자의 한 부분을 선택하고 [색상 피커] 대화상자의 [확인] 버튼과 [선] 대화 상자의 [확인] 버튼을 차례로 클릭합니다.

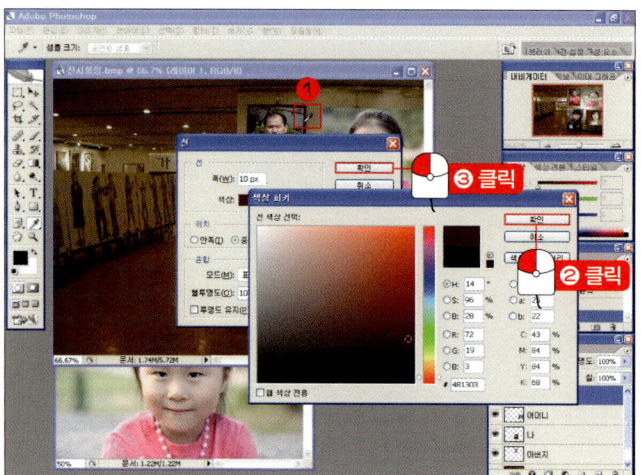

10 [레이어] 메뉴의 [레이어 스타일-혼합 옵션]을 클릭합니다.

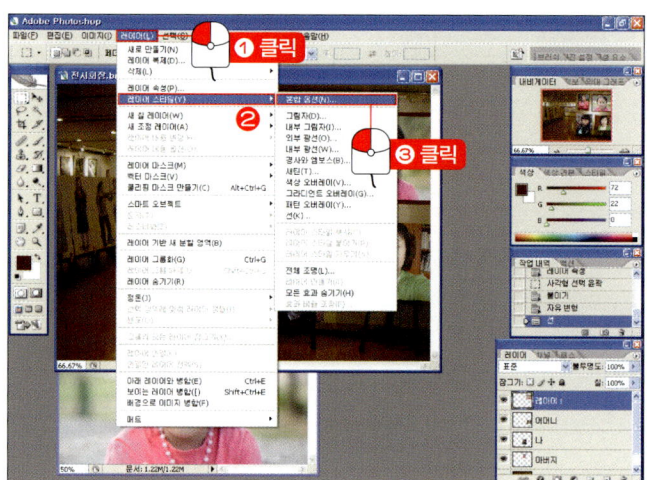

11 [레이어 스타일] 대화상자에서 '그림자 효과', '경사와 엠보스'를 체크 표시하고 [확인] 버튼을 클릭합니다.

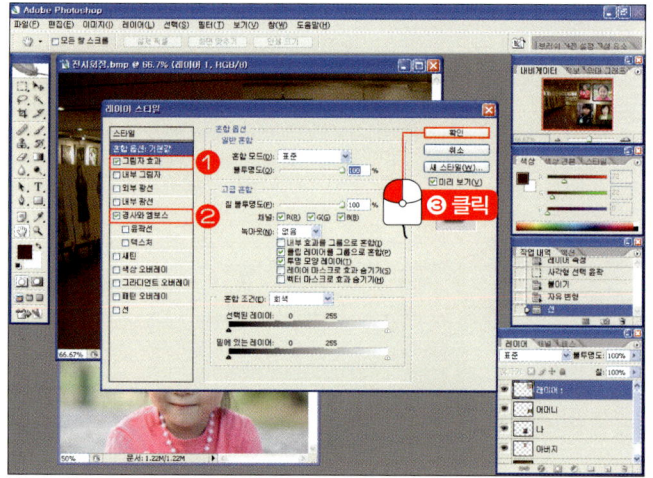

왜곡

1 C:\포토샵\Part03\가족사진.bmp를 엽니다.

2 [레이어] 팔레트에서 '배경' 레이어를 '전시회장.bmp' 창으로 드래그합니다.

3 [자유 변형]으로 크기와 위치를 화면과 같이 변경합니다.

4 [편집] 메뉴의 [변형-왜곡]을 클릭합니다.

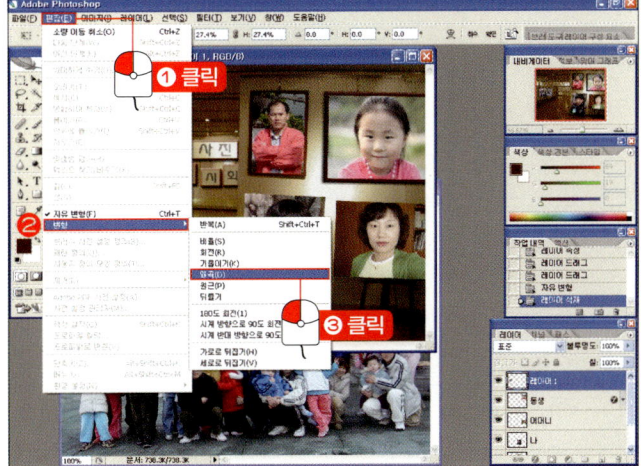

5 왼쪽 위 모서리의 조절점을 화면과 같이 드래그 합니다.

6 같은 방법으로 다른 모서리들도 화면과 같이 드래그합니다.

7 다른 가족사진을 불러와 같은 방법으로 사진을 넣습니다.

TIP 왜곡을 이용하여 조절점을 이용할 때 자신이 원하는 위치로 잘 이동이 안 될 경우에는 〈Ctrl〉을 누르고 드래그하면 자신이 원하는 위치로 이동할 수 있습니다.

 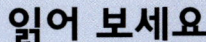

읽어 보세요

01 촌수

촌수란 친족 간의 멀고 가까움을 나타내는 숫자 체계를 말합니다. 세계 어느 곳에서도 우리와 같이 친족을 촌수로 따지고, 그것을 친족 호칭으로도 사용하는 경우는 발견하기 어렵습니다. 우리의 촌수는 어느 친척이 나와 어떤 거리에 있는지를 명확하게 알려준다는 점에서 다른 어느 문화에서도 찾아볼 수 없는 우리 고유의 제도입니다. 이 촌수 제도는 12세기 고려시대부터 시작된 것으로 추정됩니다.

02 계촌법

촌수는 기본적으로 부모와 자식 사이의 관계를 한 마디(1촌)로 간주하여 계산합니다. 즉, 나와 부모사이는 한 마디로 1촌 관계입니다. 형제·자매와 나의 촌수는 같은 부모의 자식이기 때문에, 나와 부모간의 1촌과 부모와 나의 형제·자매까지의 1촌을 합하여 2촌 관계에 있는 것이 됩니다. 이런 식으로 아버지의 형제들은 나와 아버지 1촌, 아버지와 할아버지 1촌, 할아버지와 아버지의 형제들 1촌을 더하여 3촌 관계에 있는 셈입니다.

03 촌수 관계표

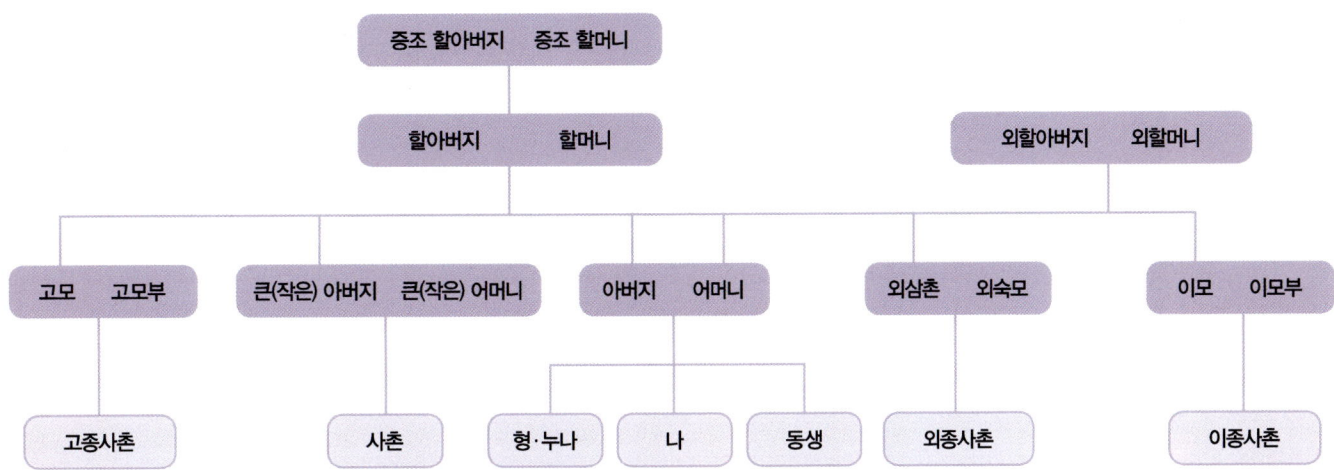

04 가족과 관련된 용어

가족
- 부모와 자식, 부부 등의 관계로 맺어져 생활을 같이 하는 집단을 말합니다. 또, 밖에 나와 있어도 가족 구성원으로서 의식적인 연대가 있으면 가족에 포함됩니다.

가정
- 부부, 자식, 부모 등 가족이 공동 생활하는 조직체를 말합니다. 또 가족이 공동생활을 하고 있는 장소라는 뜻도 포함하고 있습니다. 가족은 구성원인 '사람'이 중심이 되는 반면, 가정은 '구성원인 사람들이 만들어 내는 체제'가 중심이 됩니다.

가구
- 주거를 같이 하는 가족을 중심으로 한 집단을 뜻하지만, 혈연관계가 아닌 사람도 함께 생활하면 가구에 포함됩니다. 대체로 통계 용어로 쓰이는 말입니다.

가문
- 동거하는 가족의 범위를 넘어서 혈연관계에 따른 계보를 중심으로 한 집합체를 말합니다.

스스로 평가해요

평가요소	쉬워요	할 만해요	어려워요
• 친척의 의미를 알고 촌수에 맞는 호칭을 말할 수 있습니다.			
• 가정의 여러 형태에 대하여 설명할 수 있습니다.			
• 선택 영역을 변형할 수 있습니다.			
• 변형 및 자유 변형을 이용하여 이미지의 크기 및 위치를 변경할 수 있습니다.			

 **혼자 해결해요**

∷ **한옥집 사진을 복구 브러쉬와 왜곡을 이용하여 다른 느낌의 이미지로 만들어 봅시다.** [미술-꾸미기]

1│ C:\포토샵\Part03\한옥s.bmp 열기
2│ 도장 도구로 벽 복사
3│ 복구 브러쉬로 벽 수정
4│ 천장(우주.bmp)과 바닥(지구.bmp) 복사하여 붙이기와 왜곡
5│ PDP 붙이기와 자유 변형

PART 04

선생님도 깜놀!
포토샵 달인이 되었어요

야구의 세계

» 복구 브러쉬 도구를 이용하여 이미지 손질하기

지난 2008년 8월에 있었던 베이징 올림픽 야구 결승전을 기억합니까? 류현진 아저씨를 비롯한 이승엽, 이대호 아저씨 등이 전 세계 야구 대표팀들과 겨뤄 당당히 금메달을 목에 걸었습니다. 최강팀이라 불리던 쿠바와 일본을 이기고 9전 전승이라는 놀라운 성과를 올렸습니다. 우리나라 야구 대표팀이 베이징 올림픽에서 보여줬던 감동의 드라마는 쉽게 잊히지 않을 것입니다.

페인트 통과 그라디언트 도구를 이용하여 아름다운 야구장을 만들어 봅시다.

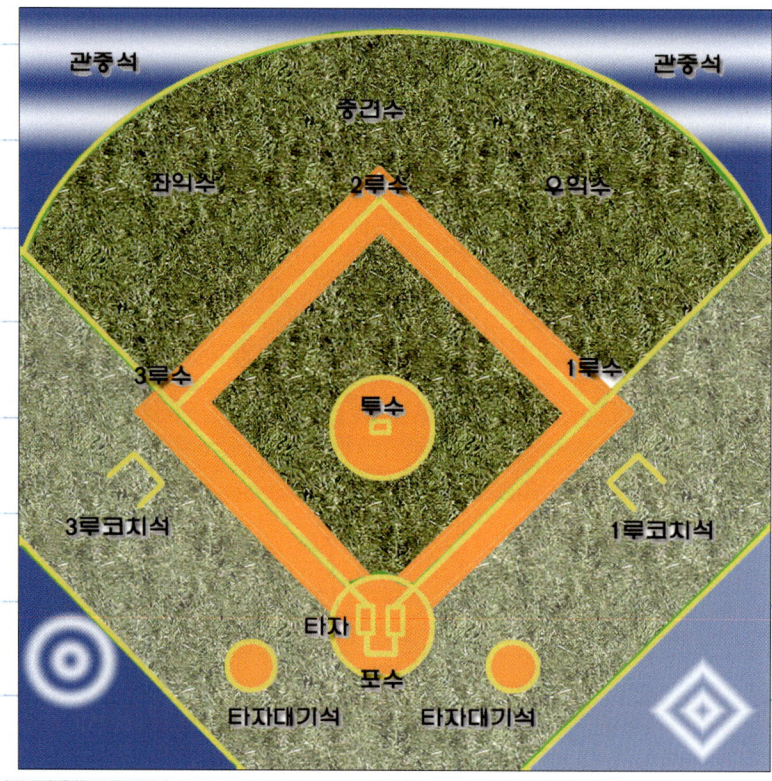

이런 것을 공부해요

이런 것을 생각해요	교과서를 찾아봐요	이런 것을 활용해요
• 야구의 규칙을 알 수 있습니다. • 야구장의 규격을 알 수 있습니다. • 야구의 규칙을 알고 경기할 수 있습니다.	• 체육 5학년 - 필드형 경쟁 활동	• 페인트 통 도구 • 그라디언트 도구

전경색을 이용한 페인트 통

1 C:\포토샵\Part04\야구장.bmp를 열고, [도구 상자]의 스포이드 도구를 클릭합니다.

2 이미지의 황토색 선을 클릭합니다. [도구 상자]의 전경색이 황토색으로 변경됩니다.

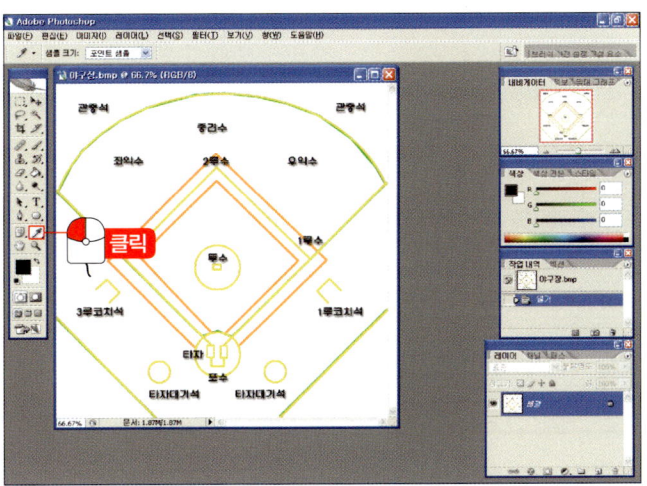
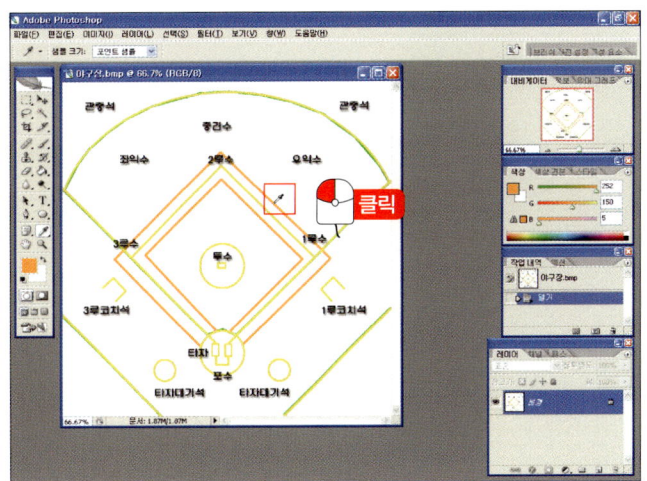

3 [도구 상자]의 자동 선택 도구를 클릭합니다.

4 〈Shift〉를 누르고 화면과 같이 황색 선 안쪽 부분과 홈플레이트, 투수판, 타자대기석을 선택합니다.

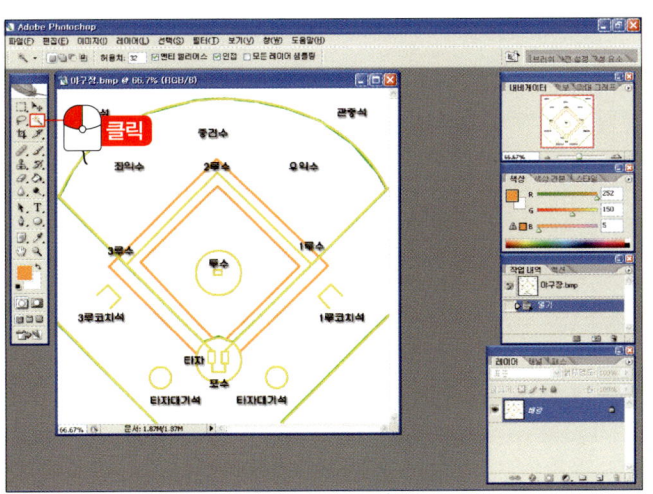
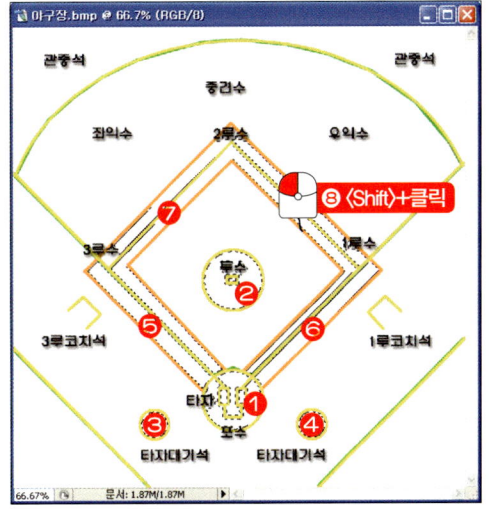

TiP 야구는 13세기 영국에서 시작된 크리켓이란 경기에서 발전했다는 의견도 있고, 1839년 뉴욕주 쿠퍼스타운에서 애브너 더블디 소장이 창안했다는 의견도 있습니다.

5 [도구 상자]의 페인트 통 도구 를 클릭합니다.

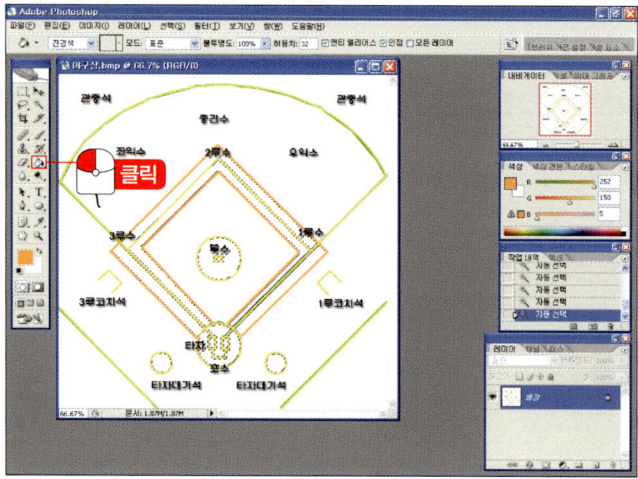

6 선택한 영역을 모두 클릭합니다.

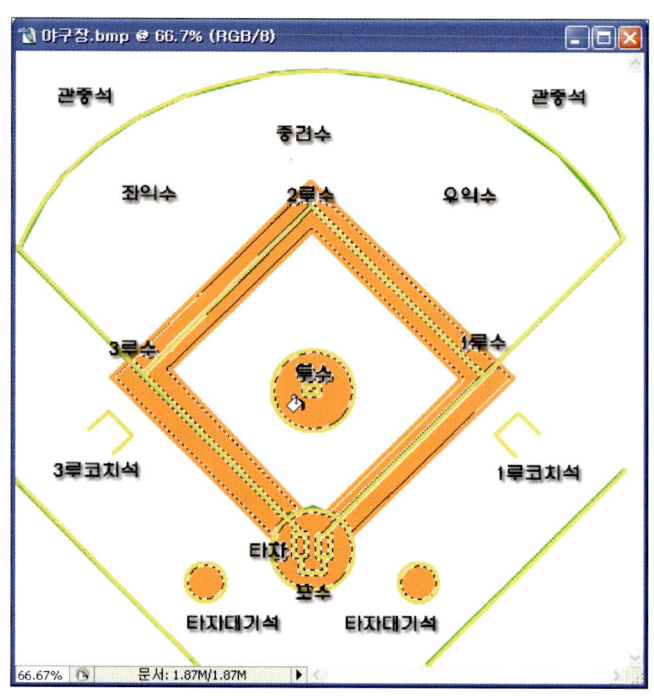

7 [선택] 메뉴의 [선택 해제]를 클릭합니다.

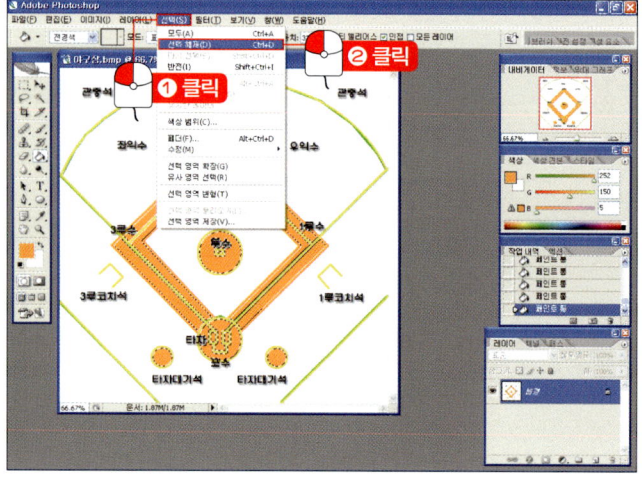

8 [전경색]을 이용하여 페인트 통 도구로 선택 영역의 색을 칠했습니다.

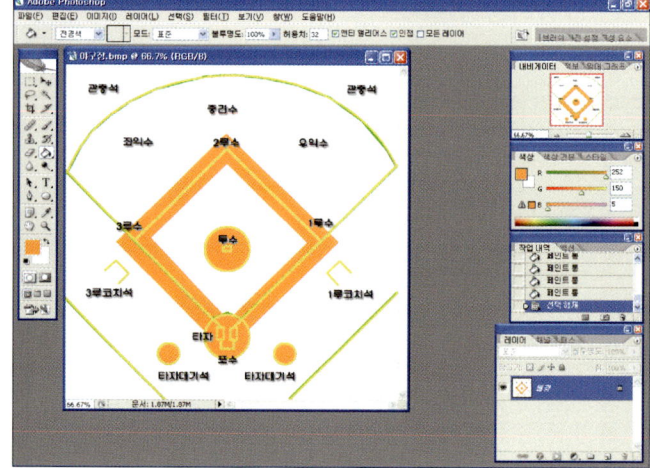

패턴을 이용한 페인트 통

1 [도구 상자]의 자동 선택 도구 를 클릭합니다.

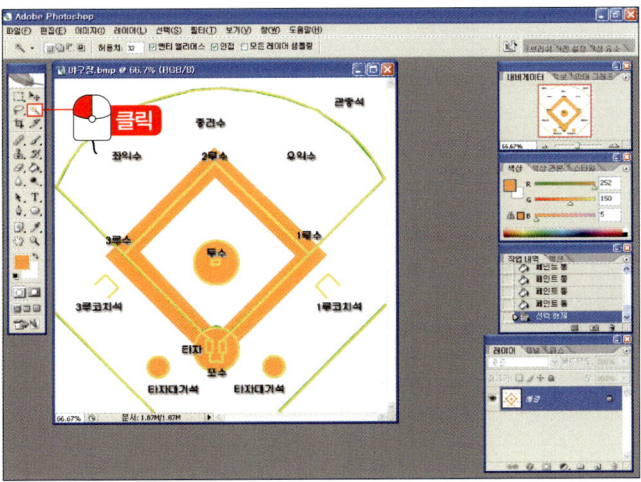

2 〈Shift〉를 누르고 화면과 같이 내야와 외야를 클릭합니다.

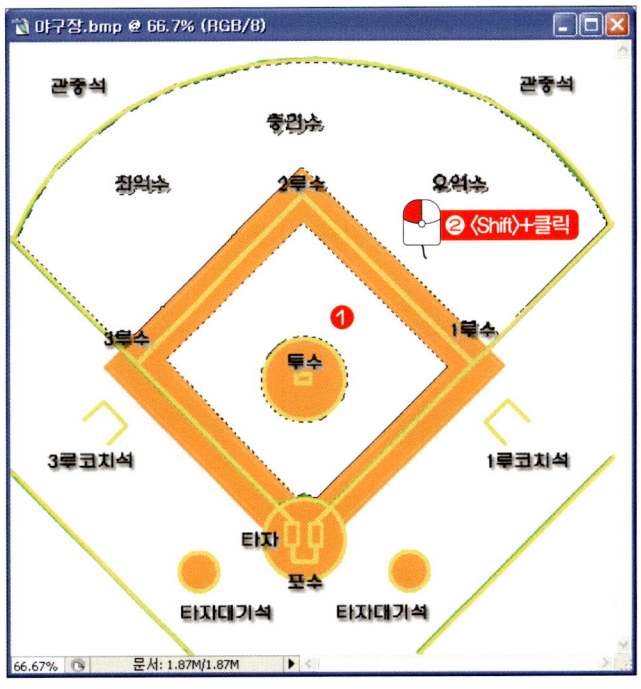

3 [도구 상자]의 페인트 통 도구 를 클릭합니다.

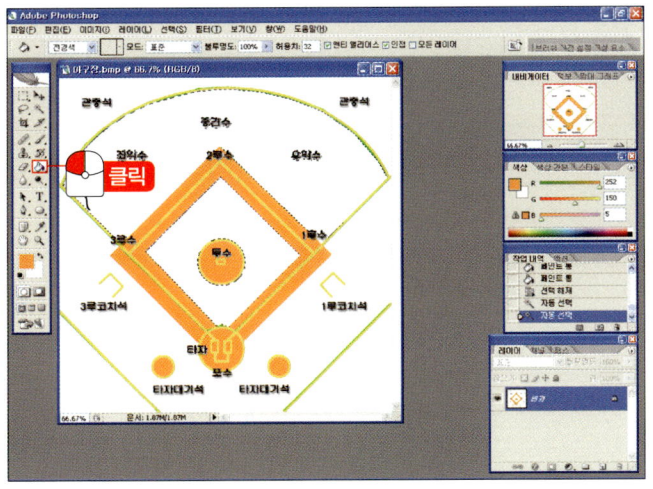

4 [옵션 막대]에서 패턴 - -[자연 패턴]을 클릭합니다.

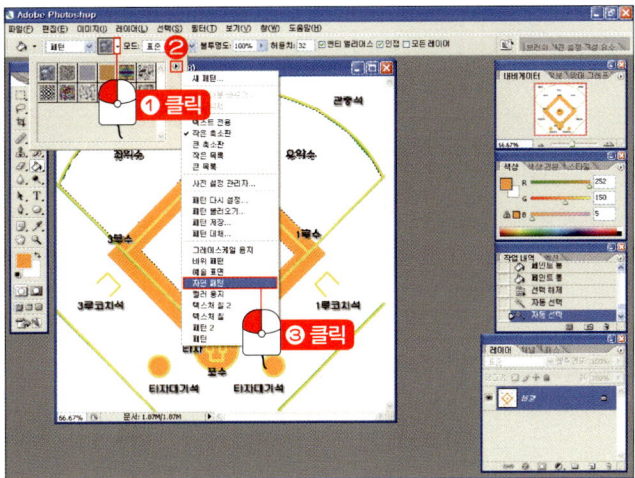

5 화면과 같이 대화상자가 나타나면 [확인] 버튼을 클릭합니다.

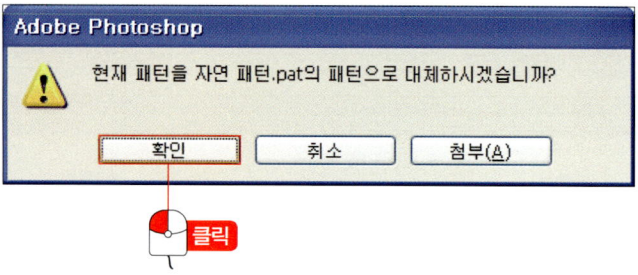

6 여러 자연 패턴 중 '풀'을 선택합니다.

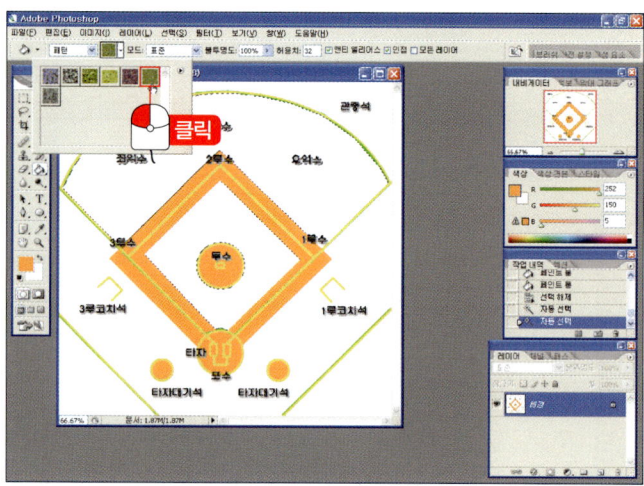

7 선택 영역을 클릭하여 패턴을 적용합니다.

8 [도구 상자]의 자동 선택 도구를 클릭하여 화면과 같이 운동장의 바깥 영역을 선택합니다.

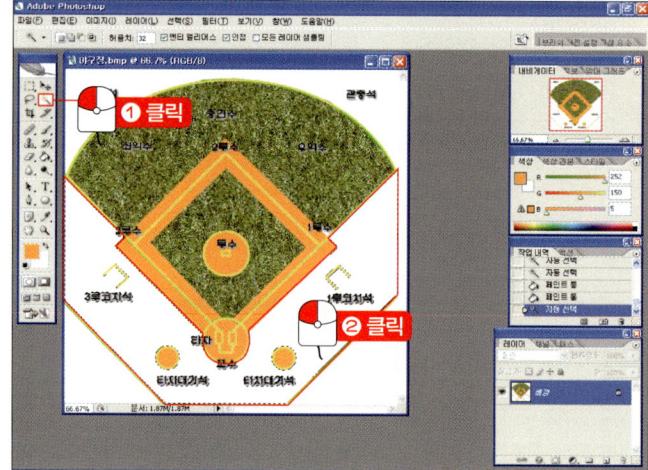

9 [도구 상자]의 페인트 통 도구를 클릭하고, [옵션 막대]의 불투명도를 '70%'로 설정합니다.

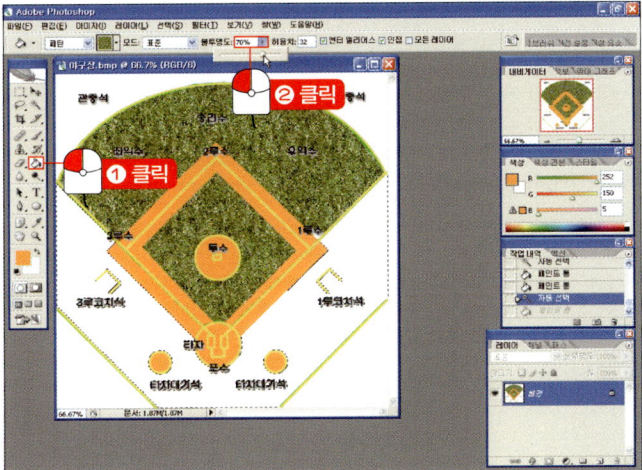

10 선택 영역을 클릭하여 패턴을 적용합니다.

그라디언트

1 [도구 상자]의 자동 선택 도구 를 클릭하여 관중석 영역을 선택합니다.

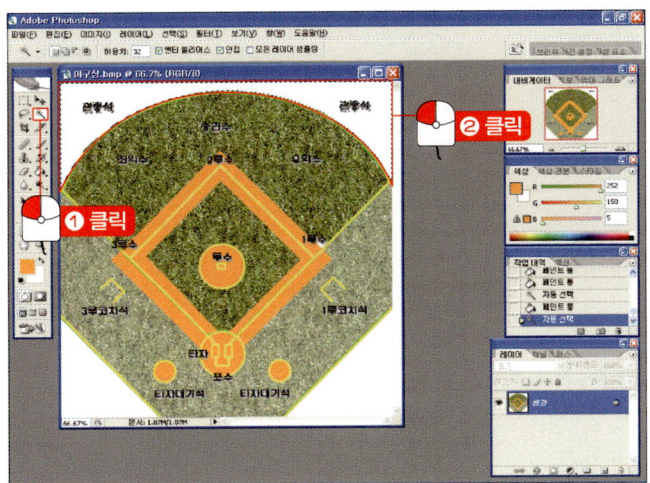

2 [도구 상자]의 그라디언트 도구 를 클릭합니다.

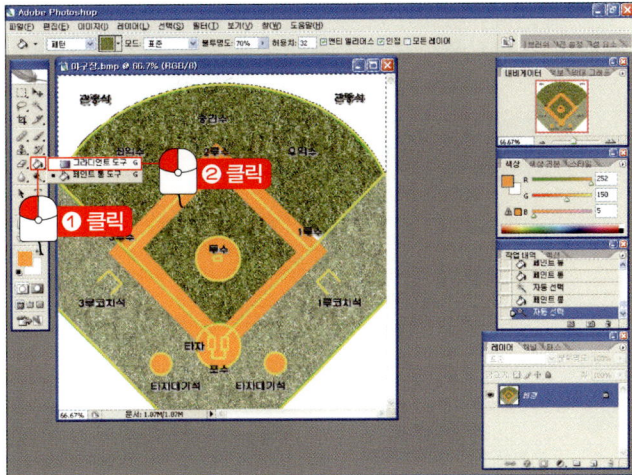

3 [옵션 막대]에서 그라디언트 편집 - ▶ -[금속]을 클릭합니다.

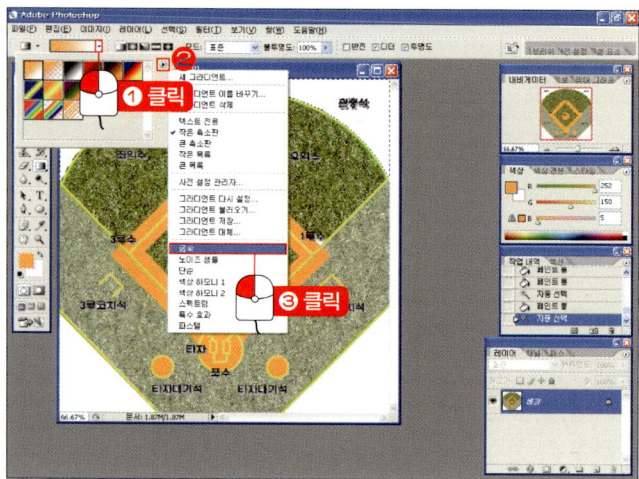

4 화면과 같이 대화상자가 나타나면 [확인] 버튼을 클릭합니다.

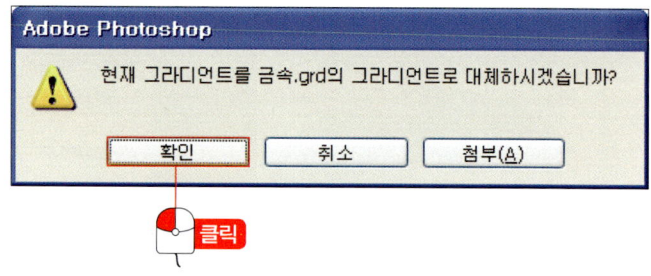

5 여러 금속 그라디언트 중 '강철빛'을 선택합니다.

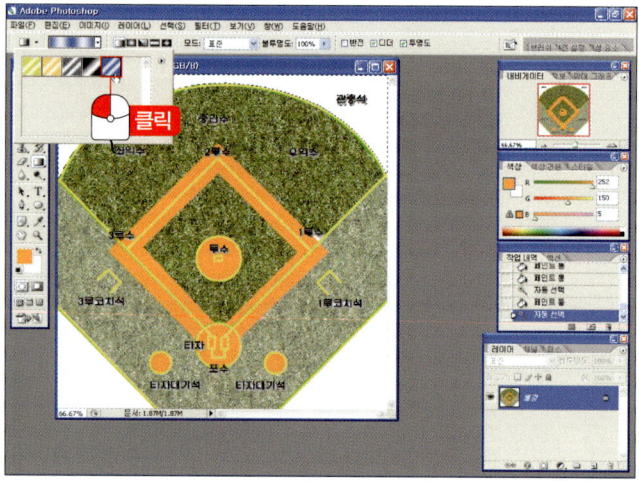

6 선택한 영역을 위에서 아래(세로 방향)로 드래그합니다.

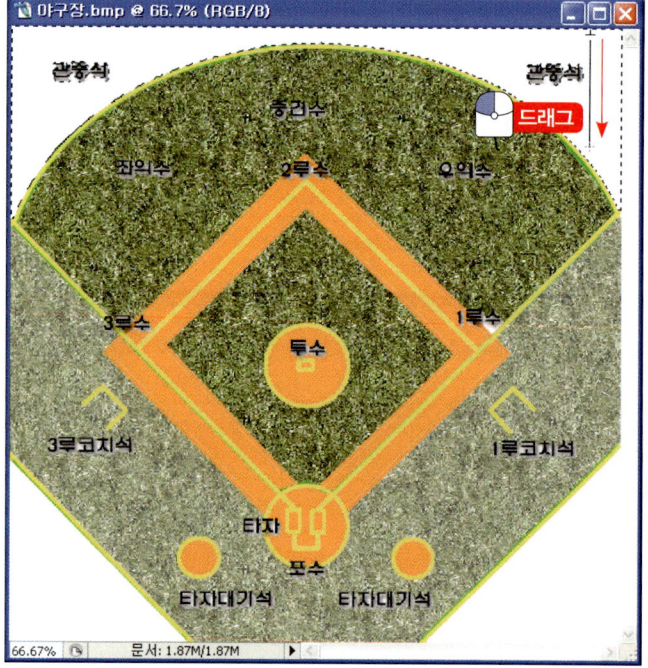

TiP [그라디언트 편집기] 대화 상자를 이용하여 새로운 그라디언트 샘플을 만들 수도 있고, 기존에 있는 샘플을 편집할 수도 있습니다.

7 [도구 상자]의 자동 선택 도구 를 클릭하여 아직 선택하지 않은 내야 관중석의 한 쪽 영역만 선택합니다.

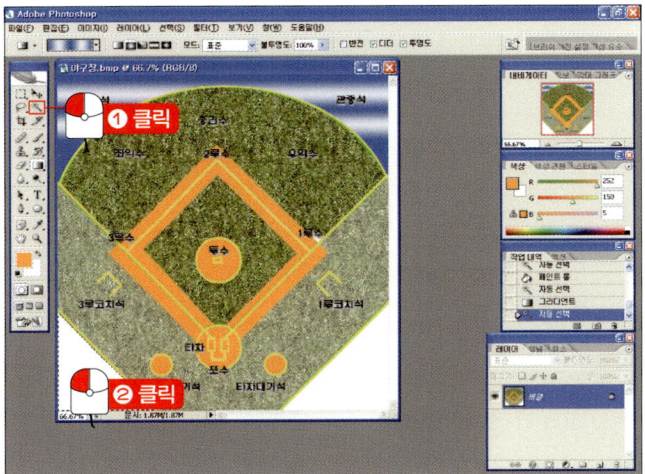

8 [도구 상자]의 그라디언트 도구 를 클릭하고, [옵션 막대]에서 방사형 그라디언트 를 선택합니다.

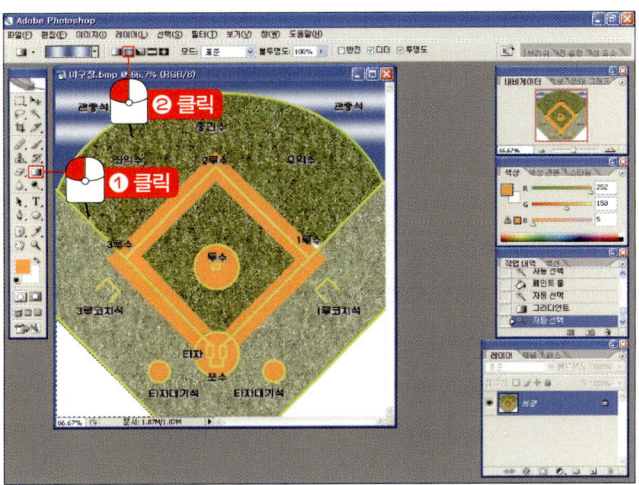

9 선택 한 영역을 위에서 아래로 조금 드래그합니다.

10 나머지 선택하지 않은 영역도 선택합니다.

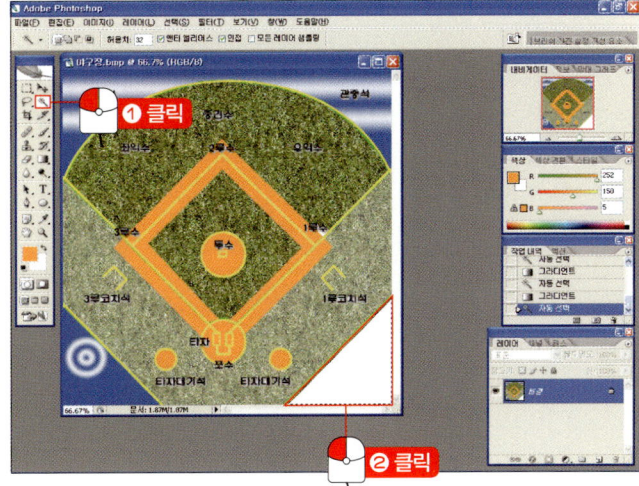

11 [도구 상자]의 그라디언트 도구 ▣를 클릭하고, [옵션 막대]에서 다이아몬드 그라디언트 ▣를 선택합니다. 그리고 불투명도를 '60%'로 설정합니다.

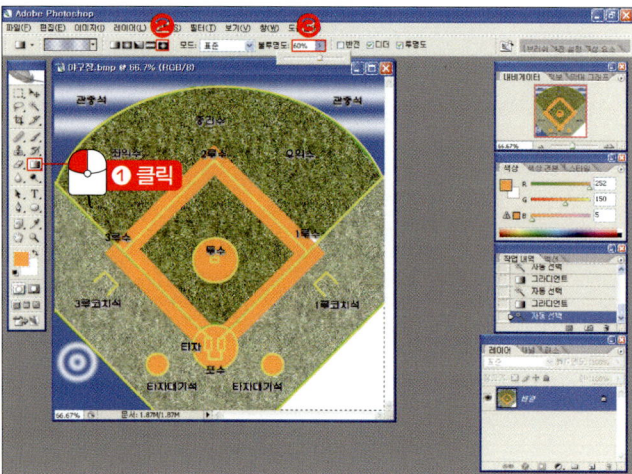

12 선택한 영역을 좌우로 조금 드래그합니다.

13 야구장이 완성됩니다.

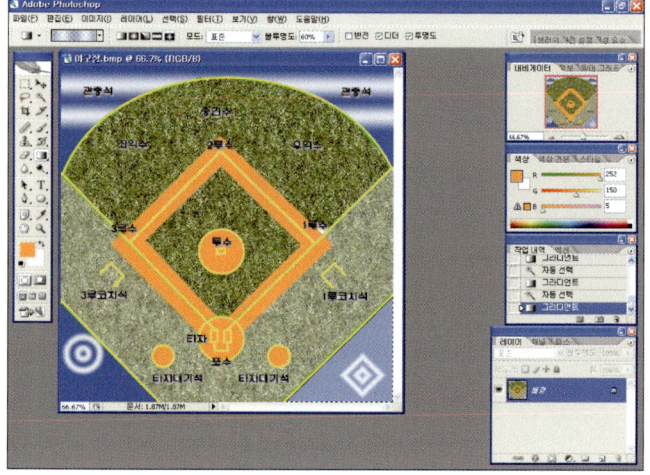

 **읽어 보세요**

01 야구의 규칙

공격과 수비
- 야구는 두 팀 각각 9명의 선수가 공격과 수비로 나누어 경기를 합니다. 공격은 1번 타자부터 9번 타자까지 하며, 쓰리 아웃(세번 아웃)이 될 때까지 계속합니다. 우리 나라는 수비는 하지 않고 공격만 하는 지명타자 제도를 두어 운영하고 있습니다. 수비는 투수, 포수, 1루수, 2루수, 3루수, 우익수, 중견수, 좌익수의 9명으로 구성되며, 공격팀에게 점수를 최소한으로 주어 쓰리아웃시키는 것이 목표입니다. 투수는 체력 소모가 많아 타자로는 뛰지 않습니다. 대신 공격할 때에는 지명타자가 타자로 나서게 됩니다.

야구의 여러 용어
① **타자** : 배트를 들고 투수의 공을 치려는 사람입니다.
② **주자** : 볼넷(포볼)이나 안타로 루상에 나간 사람입니다.
③ **투수** : 타자 아웃을 목적으로 스트라이크 존을 향해 공을 던지는 사람입니다.
④ **내야수** : 1루, 2루, 3루를 내야라 하는데, 각각의 베이스를 지키는 사람을 내야수라 합니다.
⑤ **외야수** : 우익수(포수 위치에서 보았을 때 오른쪽 수비수), 중견수, 좌익수를 일컫습니다.
⑥ **아웃** : 타자나 주자가 루상에 살아나가지 못하는 경우를 말합니다.
⑦ **세이프** : 타자나 주자가 안전하게 진루하는 경우를 말합니다.
⑧ **스트라이크** : 타자의 겨드랑이에서 무릎 위까지의 공간으로, 투수가 던진 공이 타자가 치기에 알맞다고 판단되는 공간으로 통과하는 공과 타자가 헛칠 때를 말합니다.
⑨ **삼진아웃** : 스트라이크가 세 개가 되어 아웃되는 것을 말합니다.
⑩ **볼** : 스트라이크 존(공간)을 통과하지 못한 공을 말합니다.
⑪ **볼넷** : 투수가 던진 볼이 네 개가 될 때를 말합니다. 이 때 타자는 1루로 나가게 됩니다.
⑫ **홈런** : 타자가 때린 공이 야구장 외야에 둘러쳐진 울타리를 떠서 넘어갈 경우를 말합니다.
⑬ **안타** : 타자가 루상에 안전하게 진루하기 위하여 투수가 던진 공을 아웃되지 않고 때려 낸 경우를 말합니다.

02 야구장의 규격

① **투수-포수**(투수판-홈)**의 거리** : 18.44m
② **각 루간**(홈-1루-2루-3루)**의 거리** : 27.43m
③ **포수-2루**(홈-2루)**의 거리** : 38.79m
④ **1루-3루의 거리** : 38.82m
⑤ **마운드**(투수가 공을 던지는 원의 공간)**의 지름** : 5.29m

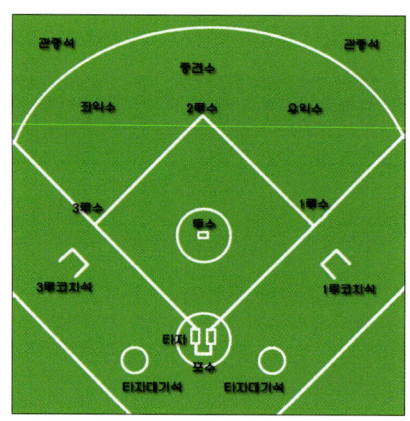

 ## 스스로 평가해요

평가요소	쉬워요	할 만해요	어려워요
• 야구의 규칙을 알 수 있습니다.			
• 야구장의 규격을 알 수 있습니다.			
• 페인트 통의 기능을 알고 제대로 사용할 수 있습니다.			
• 그라디언트의 기능을 알고 제대로 사용할 수 있습니다.			

혼자 해결해요

:: 페인트 통 도구를 이용하여 이야기책의 표지를 꾸며 봅시다. [미술 – 이야기 표현하기]

1 | C:\포토샵\Part04\흥부전s.bmp 열기
2 | [레이어] 메뉴의 [새로 만들기 – 레이어] 클릭
3 | 새 레이어에 '페인트 통 도구'를 이용하여 검은 색 칠하기
4 | '지우개 도구'를 이용하여 검은 색 칠 지우기
5 | '가로 문자 도구'를 이용하여 제목 입력
6 | [스타일] 팔레트의 '이중 링 광선(단추)' 적용

Lesson 17

우리 가락 좋아요

» 도형 도구를 이용하여 정간보 만들기

우리 전통 음악의 특징 중 하나로 장단을 꼽을 수 있습니다. 장단이란 박자와 빠르기를 함께 포함하는 것으로 우리 음악에 쓰이지 않는 경우가 거의 없습니다. 장단은 정간보라는 악보에 표현하여 활용합니다. 정간보는 세종 때에 만들어졌다고 하는데, 모습이 한자의 우물정(井)이란 글자처럼 생겼다 해서 정간보란 이름이 붙었다고 합니다.

도형 도구를 이용하여 정간보를 만들고 굿거리 장단을 표현해 봅시다.

이런 것을 공부해요

이런 것을 생각해요	교과서를 찾아봐요	이런 것을 활용해요
• 우리 고유의 장단을 알 수 있습니다. • 구음을 달리하여 우리 장단을 칠 수 있습니다. • 장단을 정간보에 나타낼 수 있습니다.	• 음악 5,6학년 -굿거리 장단 익히기	• 사각형 도구 • 타원 도구 • 다각형 도구 • 선 도구

함께 해결해요

정간보 그리기 1

1 C:\포토샵\Part04\장단s.bmp를 엽니다.

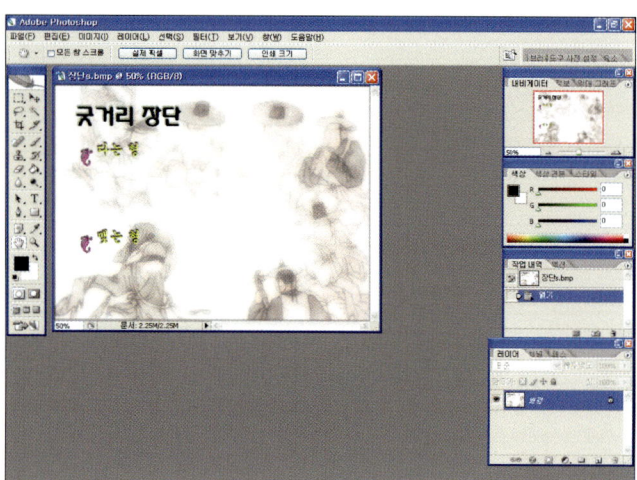

2 [도구 상자]의 손 도구 를 더블 클릭합니다.

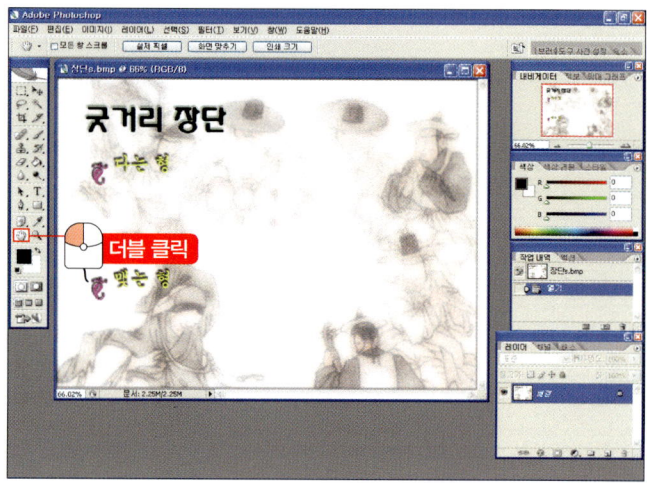

3 [보기] 메뉴의 [표시-격자]를 클릭합니다.

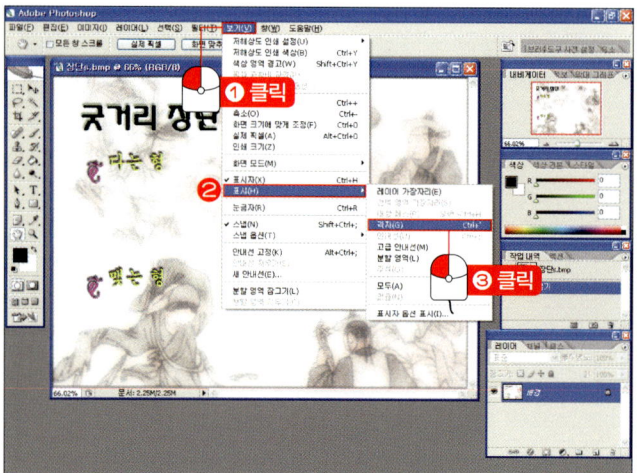

4 [레이어] 메뉴의 [새로 만들기-레이어]를 클릭합니다.

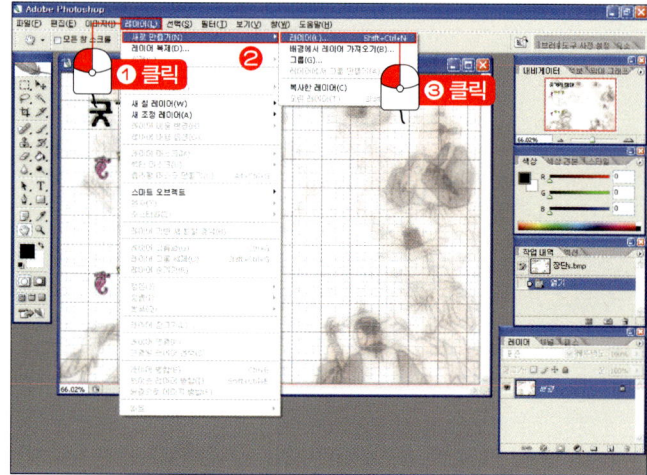

5 [도구 상자]의 사각형 도구 를 클릭합니다. [옵션 막대]에서 패스 를 클릭하고 마우스로 드래그하여 화면과 같이 사각형을 그립니다.

6 [도구 상자]의 브러쉬 도구 를 클릭하고, [옵션 막대]에서 브러쉬의 [마스터 직경]을 '3px'로 설정합니다.

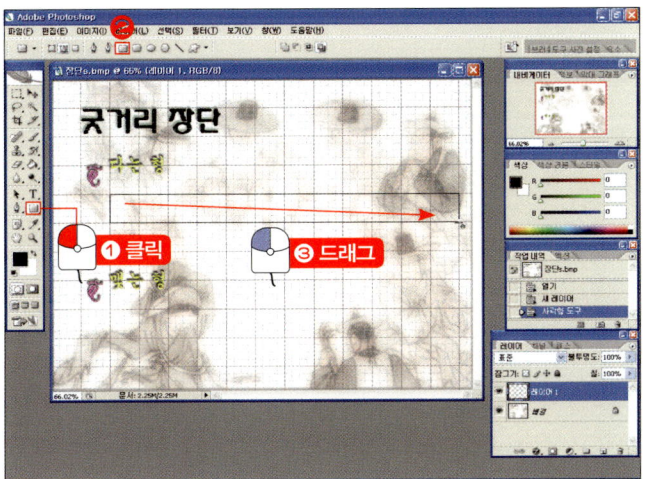
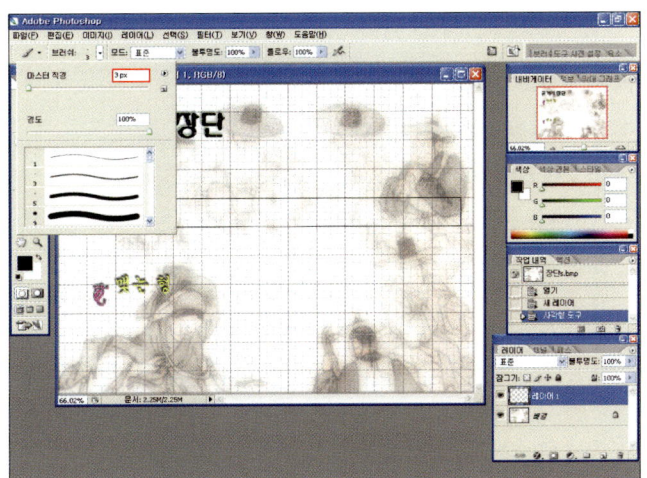

7 [색상] 팔레트에서 전경색을 '파랑'으로 변경합니다.

8 [패스] 팔레트 '작업 패스'의 [단축 메뉴]의 [패스 선]을 클릭합니다.

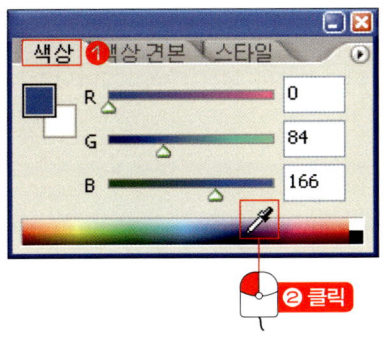
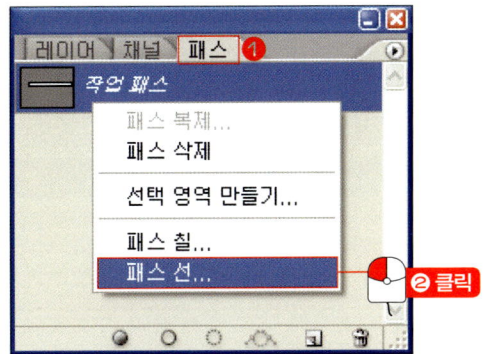

9 [패스 선] 대화상자의 도구에서 '브러쉬'를 선택하고 [확인] 버튼을 클릭합니다.

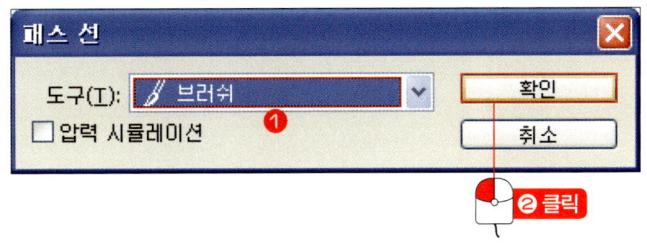

TIP 우리 고유의 장단 중 가장 변형이 심한 장단이 굿거리입니다. 굿거리장단을 조금만 변형하면 이어가는 느낌의 가락, 끝나는 느낌의 가락을 표현할 수 있습니다.

10 [도구 상자]에서 선 도구 를 클릭합니다. [옵션 막대]에서 픽셀 칠 의 두께를 '3px'로 설정하고 마우스로 드래그하여 화면과 같이 선을 11개 그립니다.

11 [레이어] 팔레트 '레이어 1'의 [단축 메뉴]에서 [레이어 복제]를 클릭합니다.

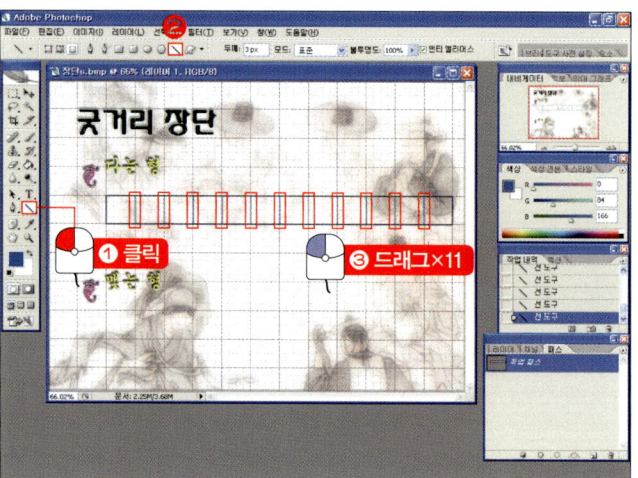
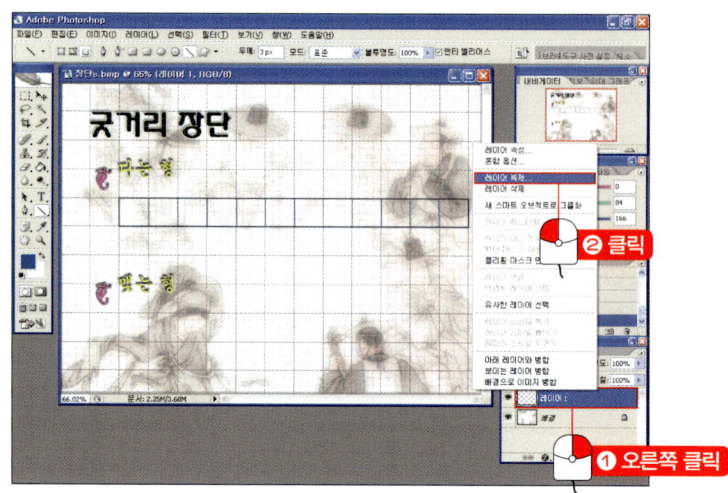

12 [레이어 복제] 대화 상자가 나타나면 [확인] 버튼을 클릭합니다.

13 이동 도구 로 화면과 같이 이동합니다.

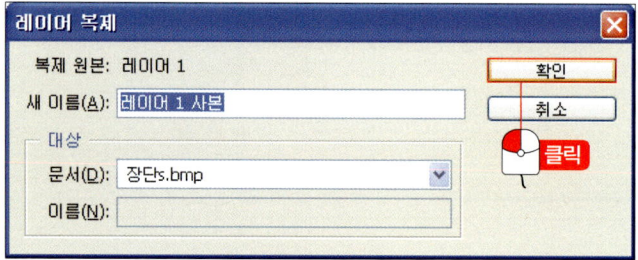
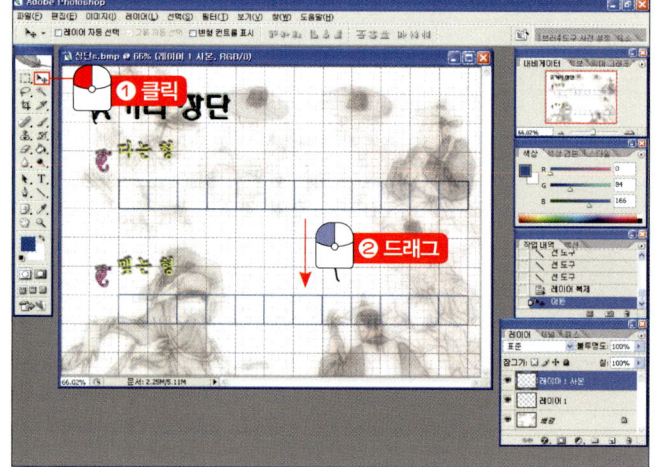

TIP 그리는 선이 잘 보이지 않을 경우 돋보기 도구로 확대하여 작업한 다음 원상태로 되돌리면 편합니다.

14 [단축 메뉴]를 열어 [레이어 병합]을 클릭합니다.

15 레이어 이름을 '1'로 변경합니다.

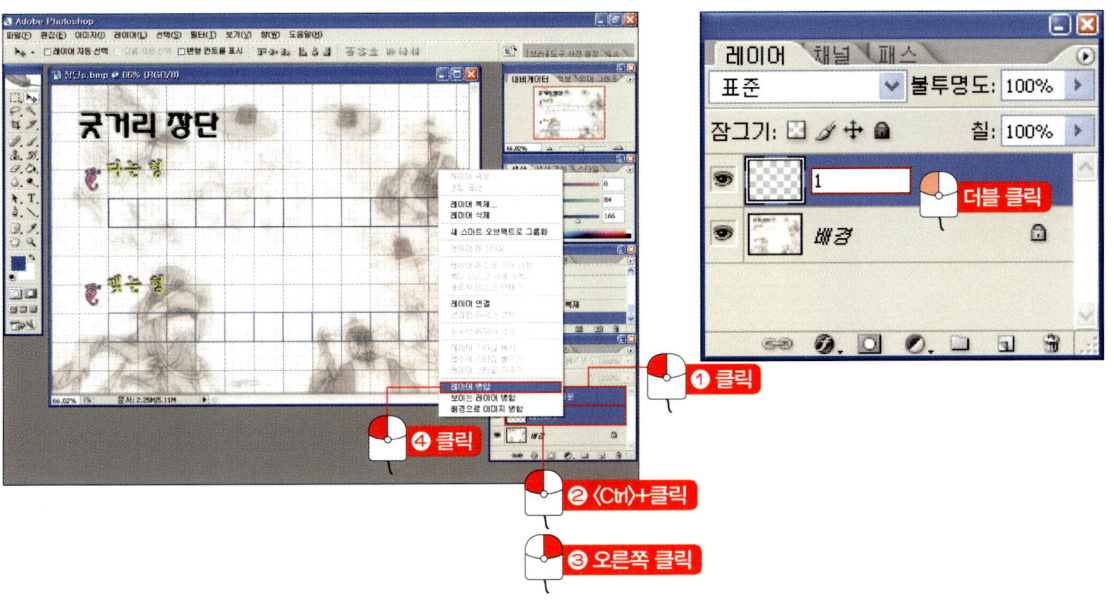

정간보 그리기 2

1 [파일] 메뉴의 [새로 만들기]를 클릭합니다.

2 [새로 만들기] 대화상자에서 폭 '1024', 높이 '100', 배경 내용 '투명'으로 하고 [확인] 버튼을 클릭합니다.

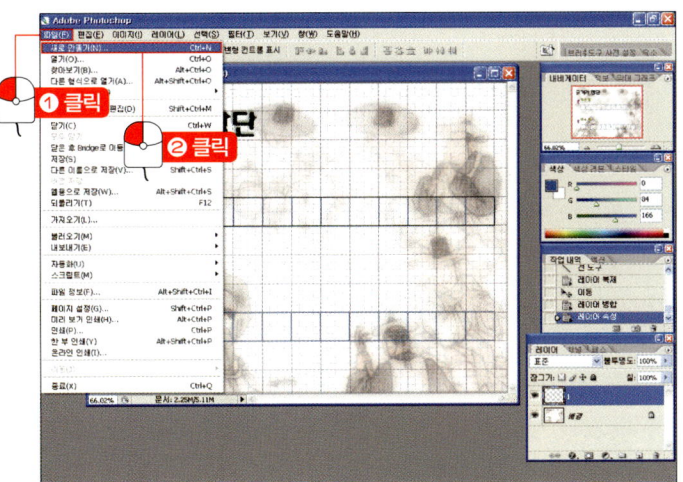
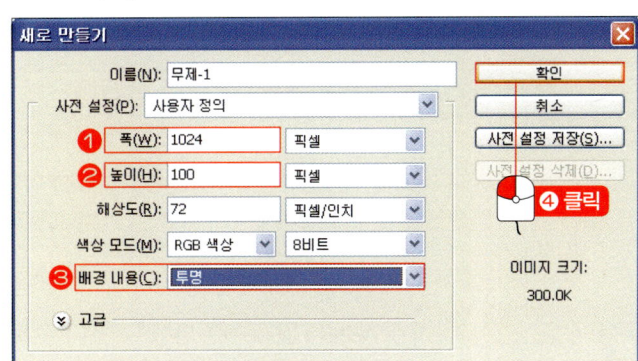

3 손 도구 를 더블 클릭하고 '장단s.bmp' 창 아래로 이동합니다.

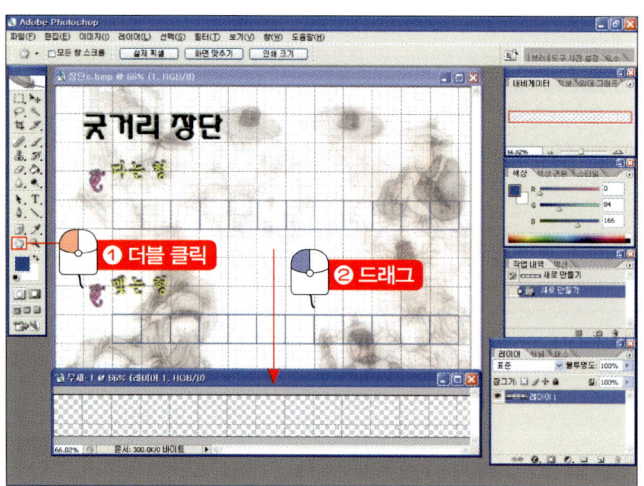

4 [도구 상자]의 타원 도구 를 클릭하고, [옵션 막대]의 패스 를 선택하여 화면과 같이 원을 하나 그립니다.

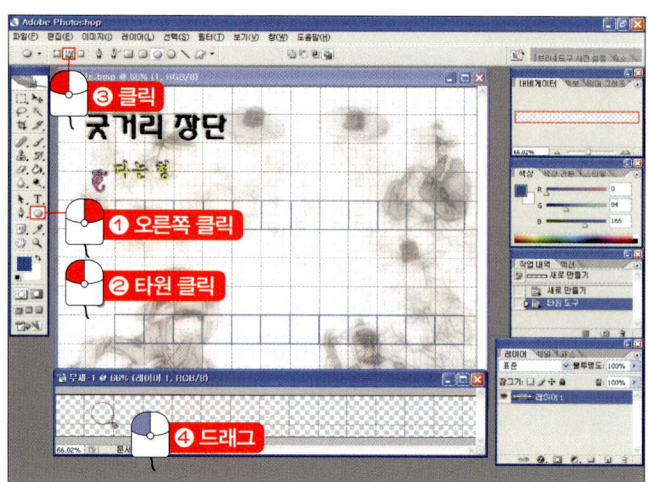

5 [색상] 팔레트에서 전경색을 '빨강'으로 변경합니다.

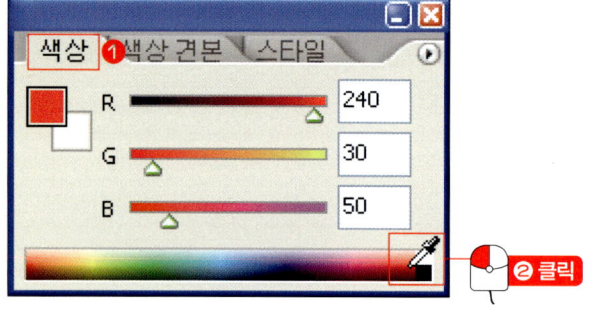

6 [패스] 팔레트의 [단축 메뉴]에서 [패스 선]을 클릭합니다.

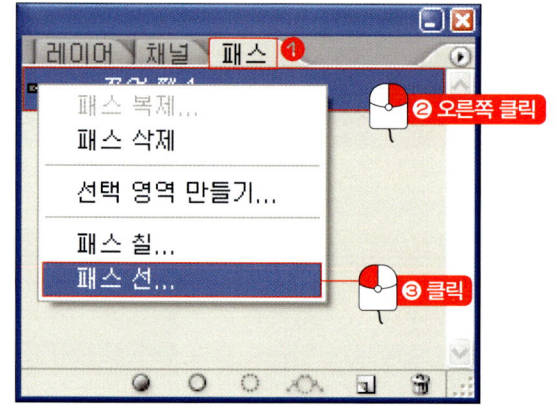

7 [패스 선] 대화상자에서 [도구]를 '브러쉬'로 선택하고 [확인] 버튼을 클릭합니다.

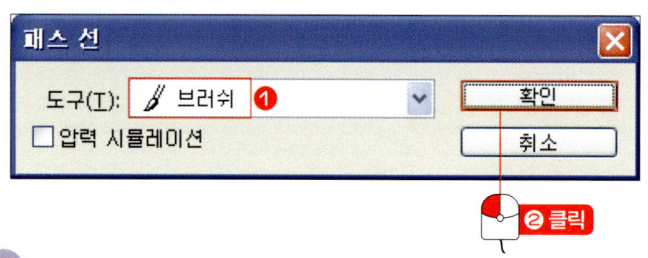

8 이동 도구 로 칠한 선을 이동합니다.

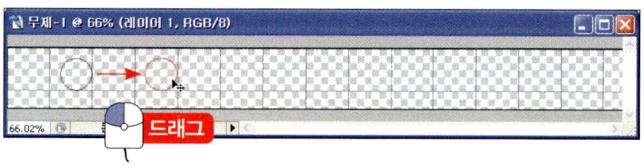

9 [도구 상자]에서 선 도구를 클릭합니다. [옵션 막대]에서 픽셀 칠의 두께를 '3px'로 설정하고 화면과 같이 선을 그립니다.

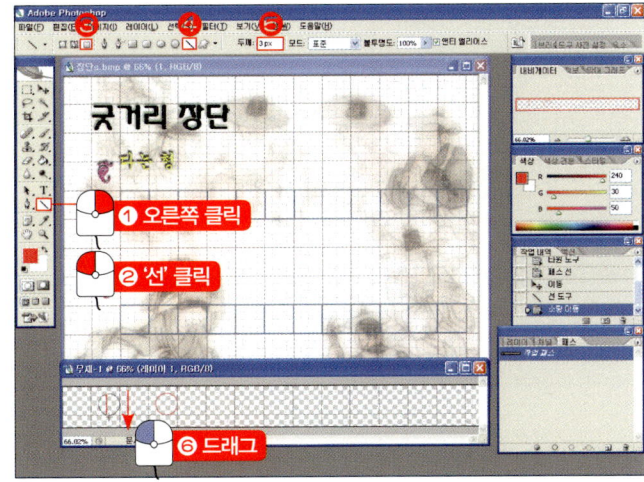

10 이동 도구로 선을 패스의 가운데 위치시킵니다.

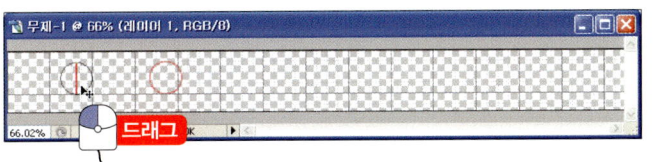

11 [패스] 팔레트를 이용하여 패스에 선을 칠합니다.

12 [패스] 팔레트의 [단축 메뉴]에서 [패스 삭제]를 클릭합니다.

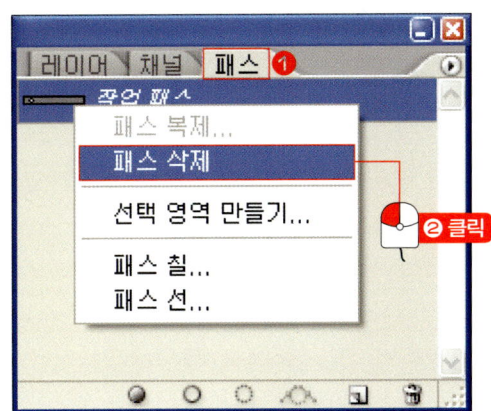

정간보 그리기 3

1 선 도구 ✏ 를 이용하여 화면과 같이 선을 하나 그립니다.

2 [보기] 메뉴의 [표시-격자]를 클릭하여 격자를 해제하고, 선 도구 ✏ 를 이용하여 앞서 그린 선보다 조금 짧은 선을 하나 그립니다.

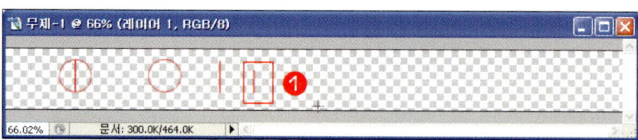

3 [도구 상자]의 브러쉬 도구 🖌 를 클릭하고, [옵션 막대]에서 [마스터 직경]을 '9px'로 설정합니다.

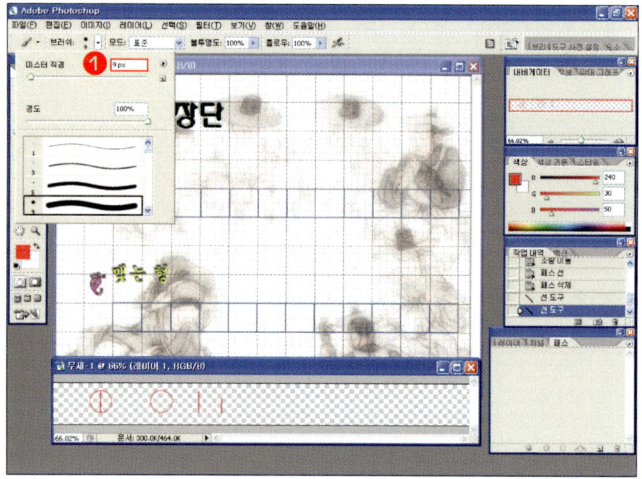

4 마우스로 클릭하여 화면과 같이 다섯 개의 점을 찍습니다.

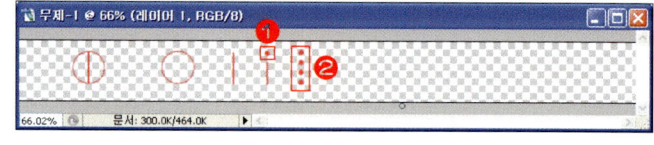

5 사각형 선택 윤곽 도구 ⬚ 로 ⊕ 을 선택하고, [편집] 메뉴의 [복사]를 클릭합니다.

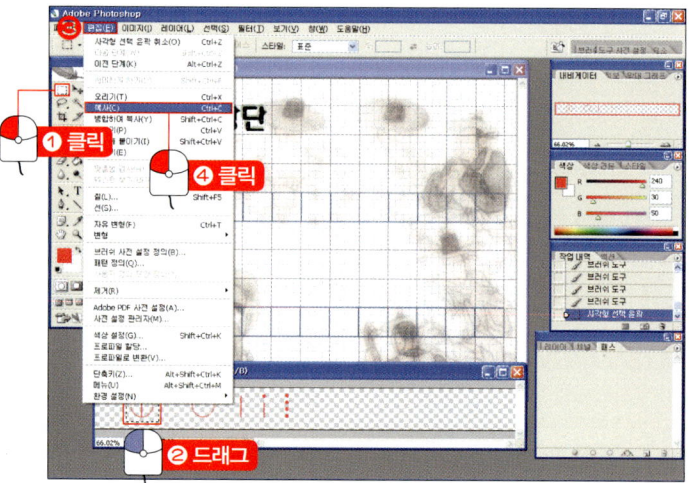

6 '장단s.bmp' 창을 활성화하고 [편집] 메뉴의 [붙이기]를 클릭합니다.

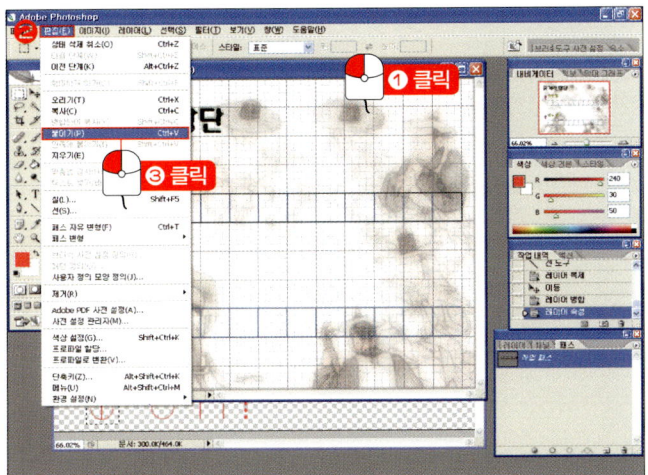

7 이동 도구 로 화면과 같이 이동합니다.

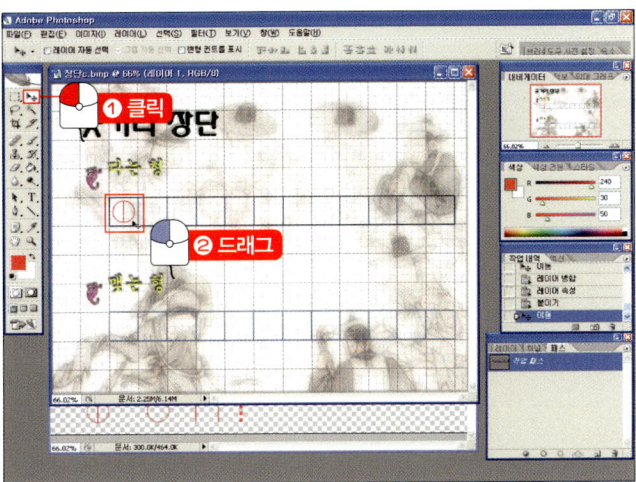

8 복사와 붙이기를 통해 화면과 같이 정간보를 완성합니다.

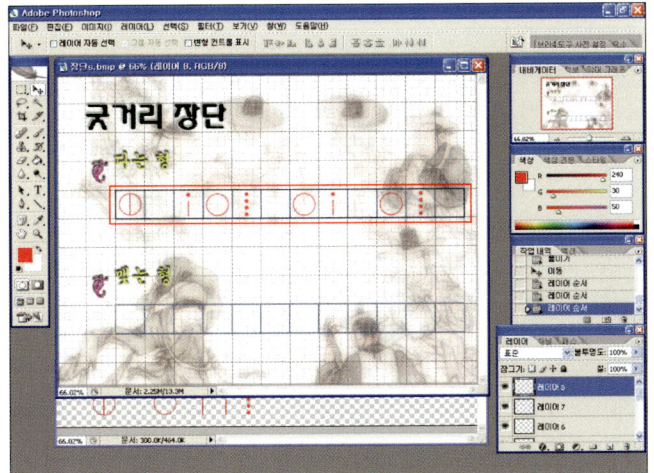

9 〈Shift〉를 누르고 '레이어 1'부터 '레이어 7'까지를 선택하고 레이어를 병합합니다.

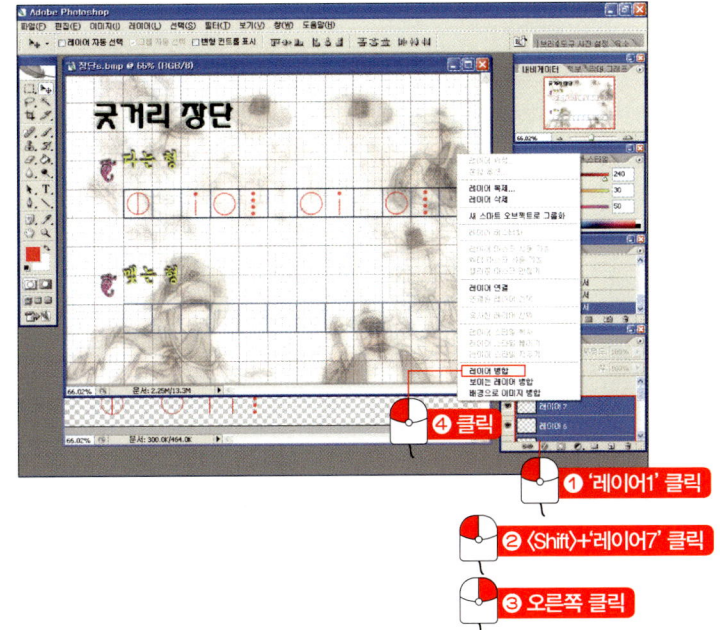

10 병합한 레이어를 복제한 후 화면과 같이 이동합니다.

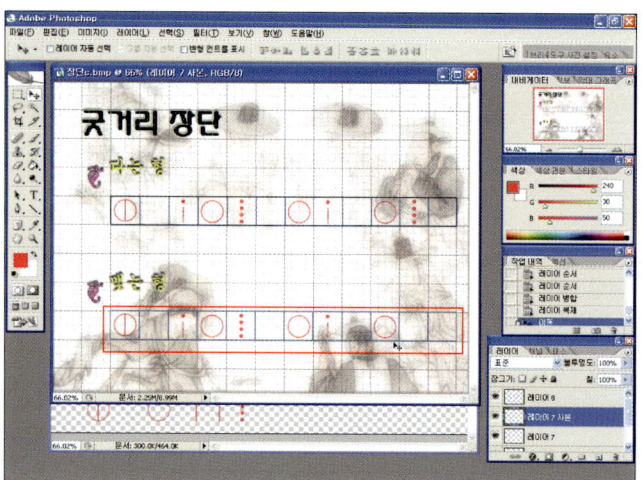

11 복사와 붙이기를 통해 맺는 형의 마지막 단계를 완성합니다.

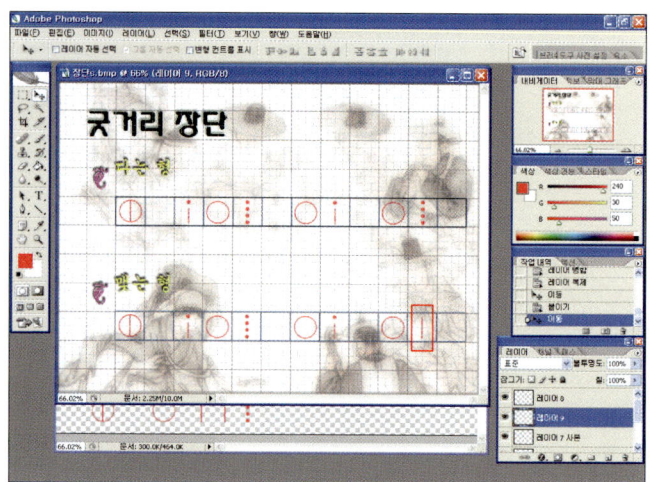

12 수평 문자 도구 T 를 이용하여 구음을 입력합니다.

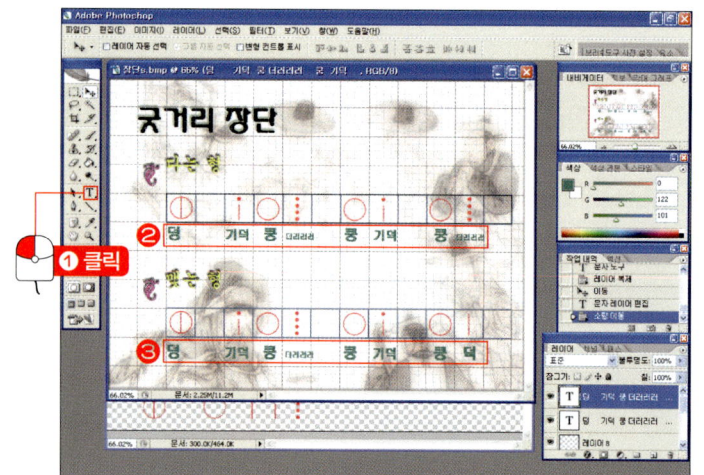

13 [보기] 메뉴의 [표시-격자]를 클릭하여 격자를 해제합니다.

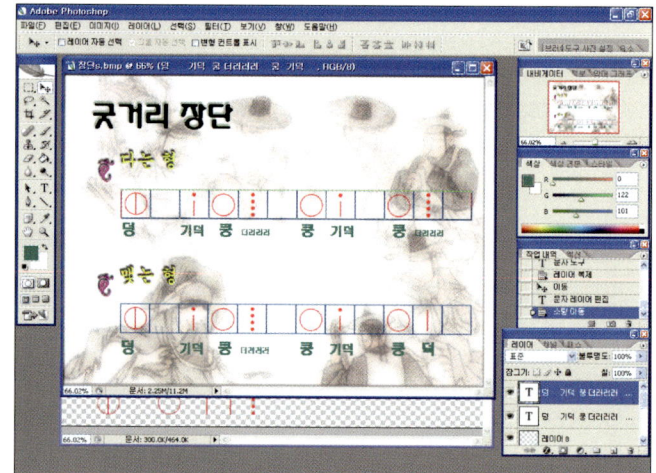

읽어 보세요

우리 고유의 장단

01 진양조 장단

- 진양조는 전라도 사투리로 '긴 것'의 '긴'을 '진'으로 소리내는 데서 유래한 것입니다. 진양조는 속도가 매우 느리며 웅장한 분위기의 장단입니다. (빠르기 ♪.= 35, 박자 = $\frac{24}{4}$)

| 덩 | | 기덕덕덕 | 쿵 | | 기덕덕덕 | 쿵 | | 덕 | 쿵 | | 기덕덕덕 |

02 중모리 장단

- 중모리는 진양조보다는 빠른 속도의 장단이지만 여전히 느린 속도의 장단입니다. (빠르기 ♪.= 85, 박자 = $\frac{12}{4}$)

| 덩 | | 덕 | 쿵 | 덕더 | 덕덕 | 쿵 | 쿵 | 덕 | 쿵 | 덕더 | 덕덕 |

03 중중모리 장단

- 중중모리는 중모리를 조금 더 빠르게 연주하는 장단을 말합니다. (빠르기 ♪.= 90~96, 박자 = $\frac{12}{8}$)

| 덩 | 덕 | 쿵 | 덕 | 덕 | 쿵 | 쿵 | 덕 | 쿵 | 쿵 |

04 자진모리 장단

- 자진모리 장단은 빠른 속도의 장단을 말합니다. 자진모리에서 '자진'은 '잦은'의 뜻을 갖는 것입니다.
  (빠르기 ♪. = 100~144, 박자 = $\frac{12}{8}$)

05 휘모리(단모리) 장단

- 휘모리 장단은 휘몰아치는 느낌을 주는 장단으로 우리 전통 장단 중에서 가장 빠른 것입니다.
  (빠르기 ♪. = 116~144, 박자 = $\frac{4}{4}$)

06 굿거리 장단

- 굿거리는 우리 전통 장단의 가장 대표적인 것입니다. 변형된 형태가 가장 많은 장단이기도 합니다.
  (빠르기 ♪. = 70~90, 박자 = $\frac{12}{4}$)

| 덩 | | 기덕 | 쿵 | | 더러러러 | 쿵 | | 기덕 | 쿵 | 더러러러 |

07 세마치 장단

- 세마치 장단은 흔히 풍물굿에서 양산도라는 이름으로 쓰이는데, 전라도 이리, 정읍 등지에서 많이 볼 수 있는 장단입니다. (박자 = $\frac{9}{8}$)

⊕		⊕		｜	○	｜	
덩		덩		덕	쿵	덕	

스스로 평가해요

평가요소	쉬워요	할 만해요	어려워요
• 우리 고유의 장단을 알 수 있습니다.			
• 장단을 정간보에 바르게 나타낼 수 있습니다.			
• 도형 도구의 쓰임을 바르게 알고 있습니다.			
• 도형 도구를 활용하여 자료를 제작할 수 있습니다.			

혼자 해결해요

:: **사각형 도구를 이용하여 사각형, 사다리꼴, 평행사변형, 직사각형, 정사각형의 포함 관계를 나타내 봅시다.** [수학-다각형 그리기]

1 | C:\포토샵\Part04\사각형s.bmp 열기
2 | 새 레이어를 만들고 사각형 도구를 이용하여 사각형 그리기
3 | 사각형을 그리기 전에 [옵션 막대]에서 픽셀 칠 선택하기
4 | [편집] 메뉴의 [자유 변형]을 이용하여 사다리꼴 모양으로 변형하기
5 | 같은 방법으로 평행사변형, 직사각형, 정사각형 그리기
6 | 스타일 각각 달리하여 적용
7 | 글꼴의 크기를 달리하여 문자 입력

:: **도형 도구를 이용하여 예쁜 실로폰을 그려 봅시다.** [재량활동]

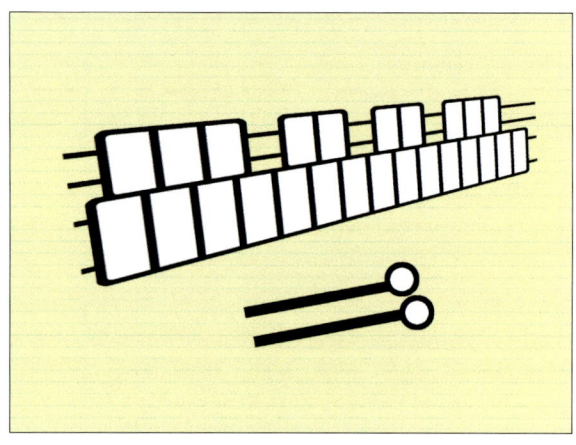

1 | [파일] 메뉴의 [새로 만들기]
   ① 폭 '1024', ② 높이 '768', ③ 배경 내용 '투명'
2 | [보기] 메뉴의 [표시 – 격자] 클릭
3 | 모서리가 둥근 직사각형 도구의 픽셀 칠을 이용하여 사각형 네 개 그리기
4 | [편집] 메뉴의 [선] 클릭
   ① 선 두께 '10px', ② 선 색 '검은 색'
5 | 사각형 레이어 모두 병합
6 | 선 도구의 픽셀 칠을 이용하여 직사각형에 건반 표시
7 | 선 레이어 모두 병합
8 | 선 도구의 픽셀 칠을 이용하여 지지대 그리기
9 | 지지대 선 레이어 병합
10 | 레이어 순서 바꾸기
11 | 선 도구와 타원 도구를 이용하여 채 그리기

Lesson 18

화음자매들

》 **선과 사용자 정의 모양 도구를 이용하여 주요 3화음 그리기**

음계 위에 만든 3화음 중에서 첫 번째, 네 번째, 다섯 번째에 해당하는 3화음을 주요 3화음이라고 합니다. 음계는 장음계와 단음계로 구분되는데, 장음계와 단음계의 주요 3화음이 각각 다릅니다. 장음계의 첫 번째 3화음은 '도미솔'이고, 단음계의 첫 번째 3화음은 단 3도 아래의 '라도미'인 것처럼 말이지요.
선과 사용자 정의 모양 도구를 이용하여 다장조 음계와 가단조 음계의 주요 3화음을 그려 봅시다.

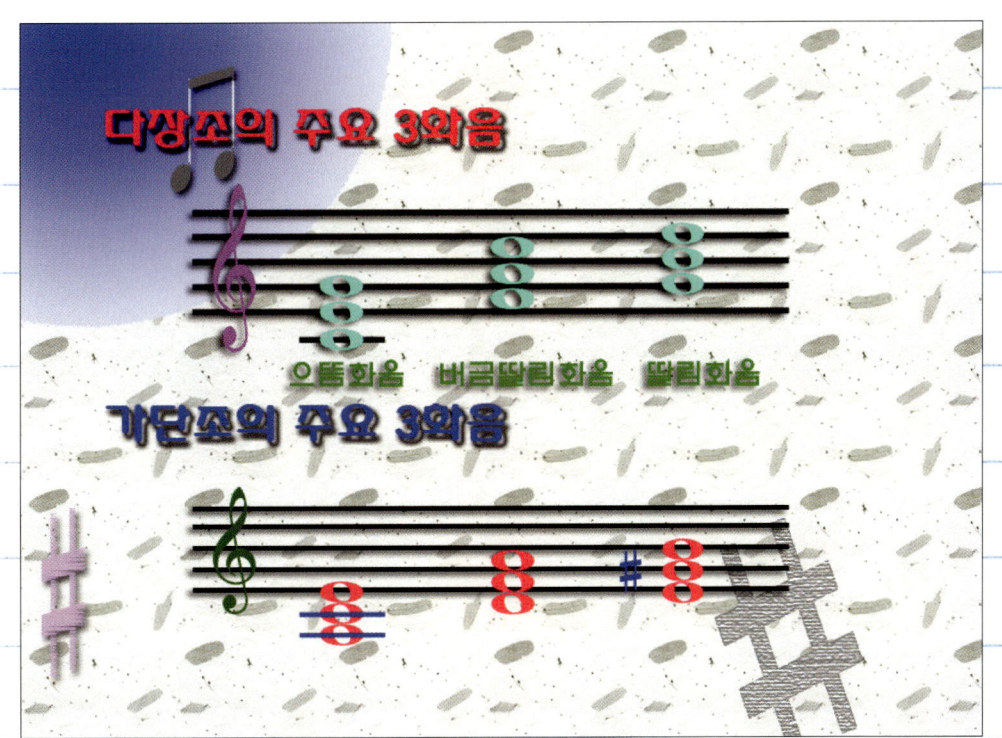

이런 것을 공부해요

이런 것을 생각해요	교과서를 찾아봐요	이런 것을 활용해요
• 장음계와 단음계를 구분할 수 있습니다. • 다장조의 주요 3화음을 알 수 있습니다. • 가단조의 주요 3화음을 알 수 있습니다.	• 음악 5학년 –화음 • 음악 6학년 –주요 3화음	• 사용자 정의 모양 도구

함께 해결해요

오선 그리기

1 C:\포토샵\Part04\주요 3화음.bmp를 열고 [보기] 메뉴의 [표시-격자]를 클릭합니다.

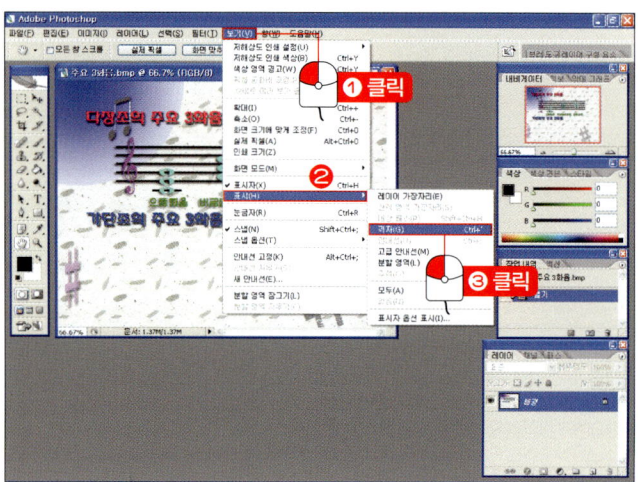

2 [도구 상자]의 손 도구 를 더블 클릭합니다.

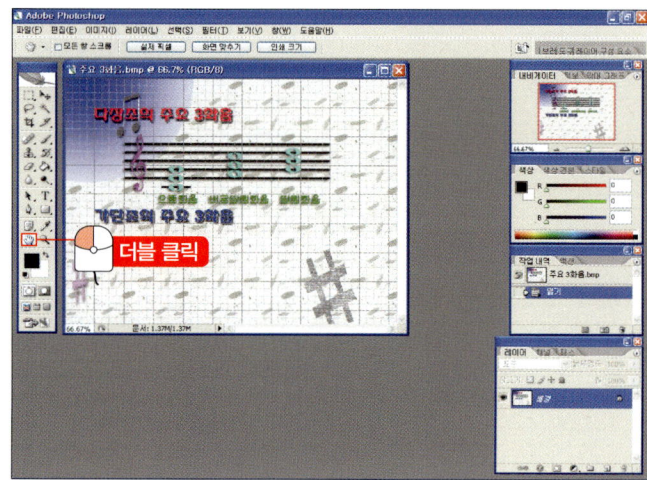

3 [도구 상자]의 선 도구 를 클릭합니다.

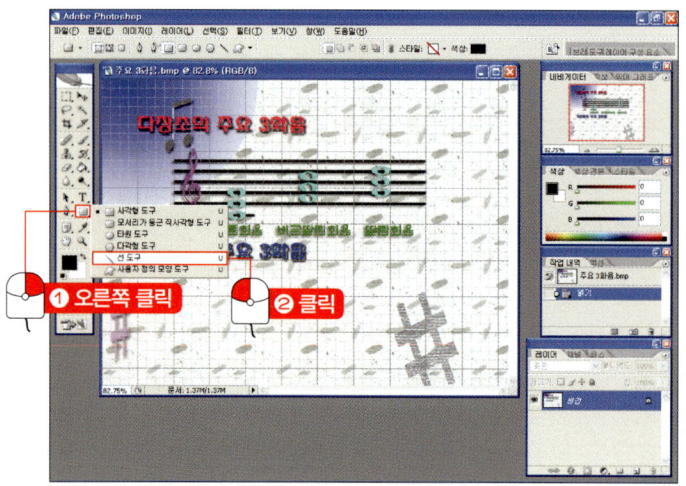

4 '가단조의 주요 3화음' 아래에 선을 하나 그립니다. 그리기 전에 [옵션 막대]에서 두께를 '4px'로 설정합니다.

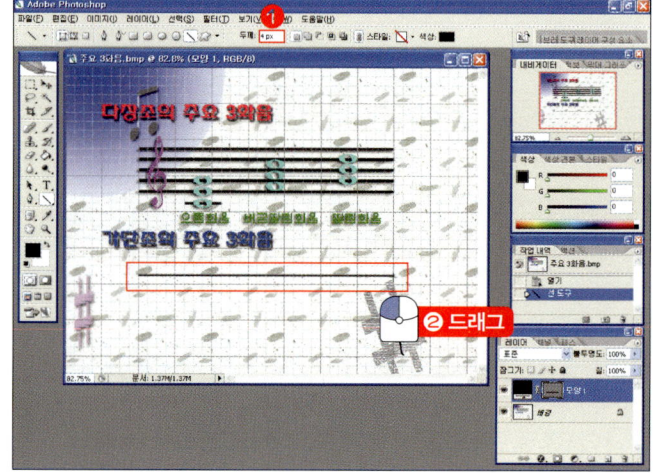

5 [레이어] 팔레트에서 '모양1' 레이어의 이름을 '선1'로 변경합니다.

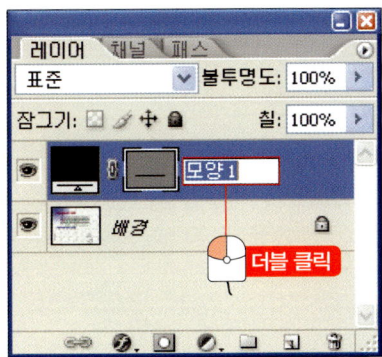

6 [레이어] 팔레트 '선1' 레이어의 [단축 메뉴]에서 [레이어 복제]를 클릭합니다.

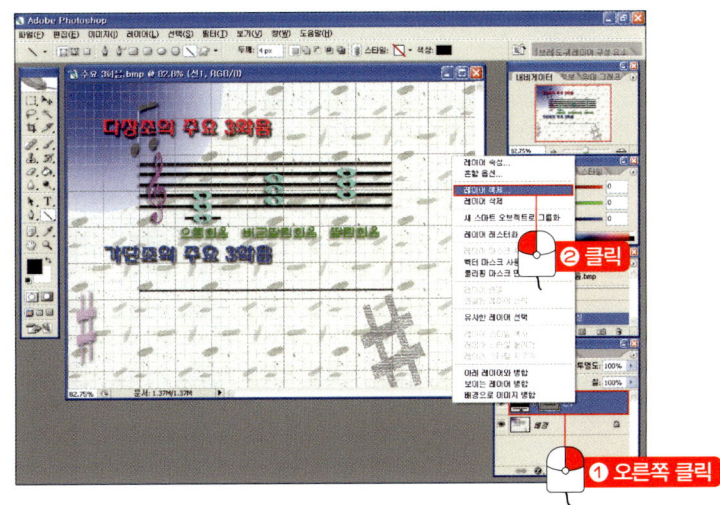

7 [레이어 복제] 대화상자에서 이름을 '선2'로 입력하고 [확인] 버튼을 클릭합니다.

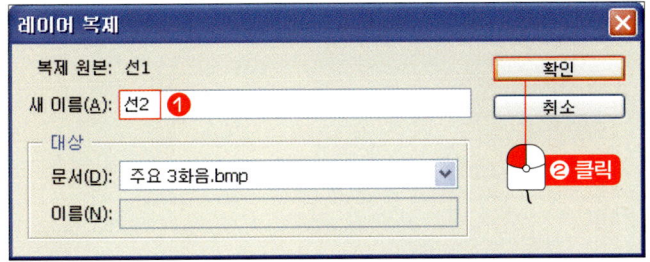

8 [도구 상자]의 이동 도구를 클릭하고 복제한 '선2' 레이어 이미지를 '선1'레이어 이미지의 아래로 이동합니다.

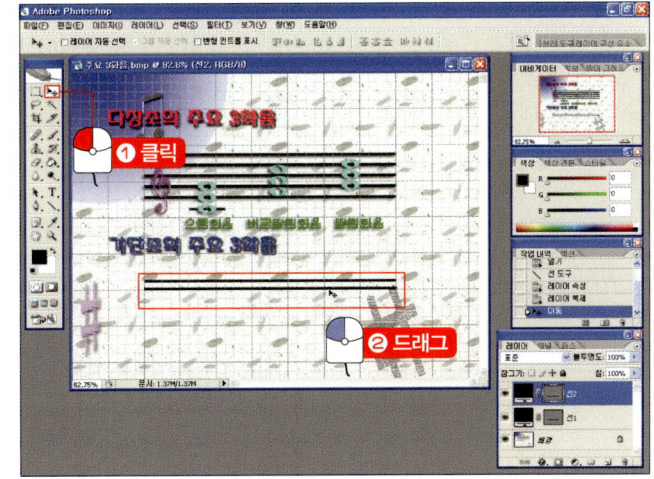

TIP 다장조의 주요 3화음 : 으뜸화음(1도화음)-도미솔, 버금딸림화음(4도화음)-파라도, 딸림화음(5도화음)-솔시레

9 같은 방법으로 5개의 선을 그립니다.

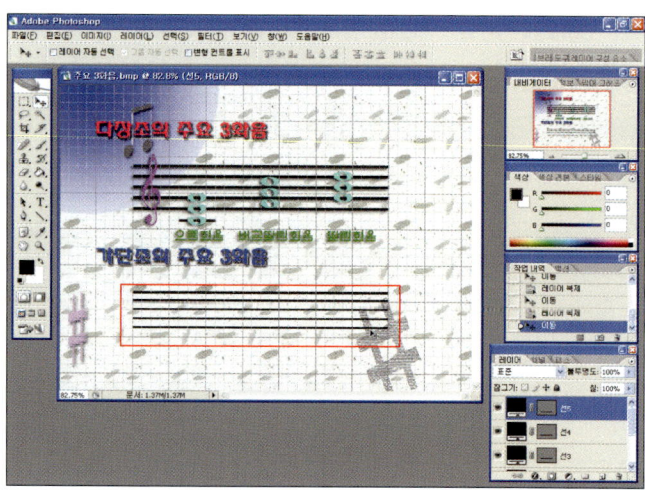

높은음자리표 그리기

1 [레이어] 팔레트에서 〈Shift〉를 누르고 '선1'부터 '선5'까지 모두 선택합니다.

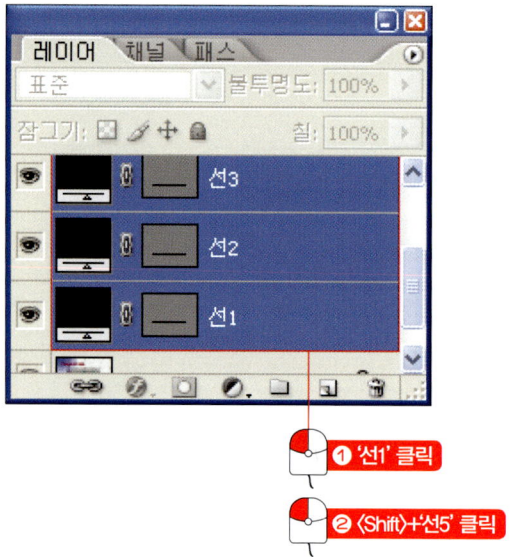

❶ '선1' 클릭
❷ 〈Shift〉+'선5' 클릭

2 [단축 메뉴]를 불러 [레이어 병합]을 선택합니다.

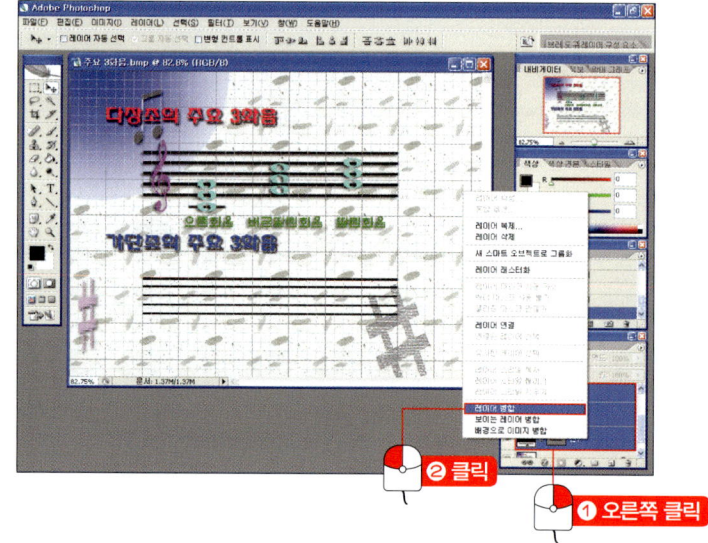

❶ 오른쪽 클릭
❷ 클릭

3 [레이어] 메뉴의 [레이어 스타일-그림자]를 클릭합니다.

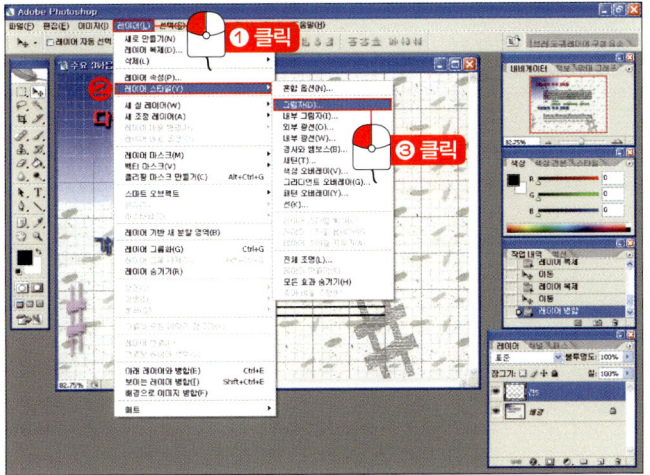

4 [레이어 스타일] 대화상자에서 화면과 같이 옵션을 설정하고 [확인] 버튼을 클릭합니다.

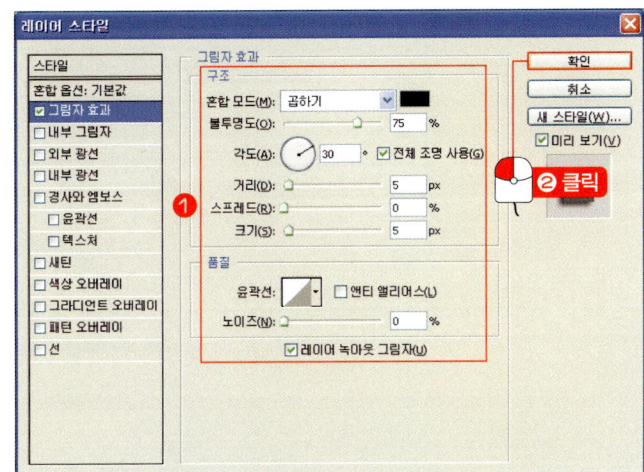

5 [도구 상자]의 사용자 정의 도구 를 클릭합니다.

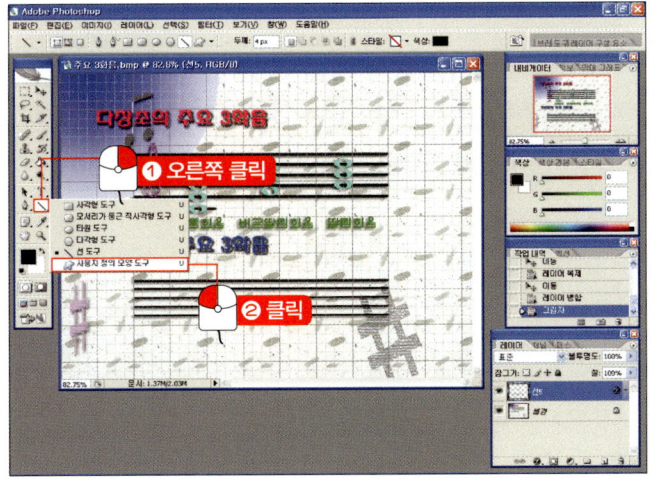

6 [옵션 막대]에서 모양 → - ▸ - [음악]을 클릭합니다.

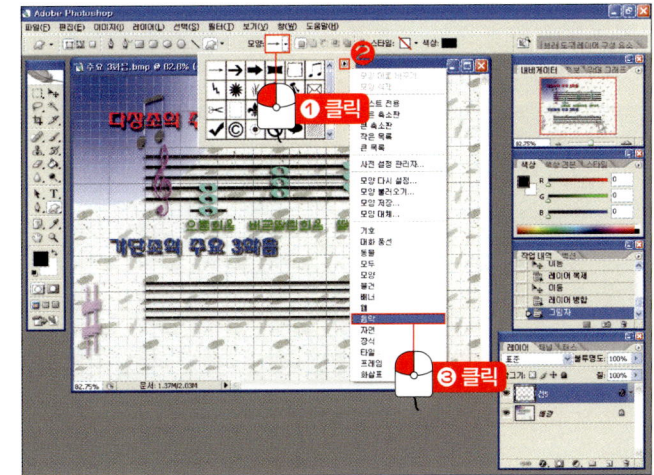

7 아래 대화상자가 나타나면 [확인] 버튼을 클릭합니다.

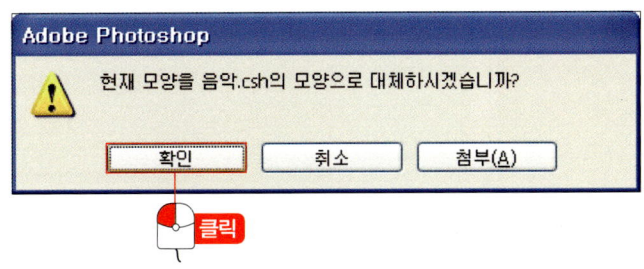

8 '높은음자리표'를 클릭합니다.

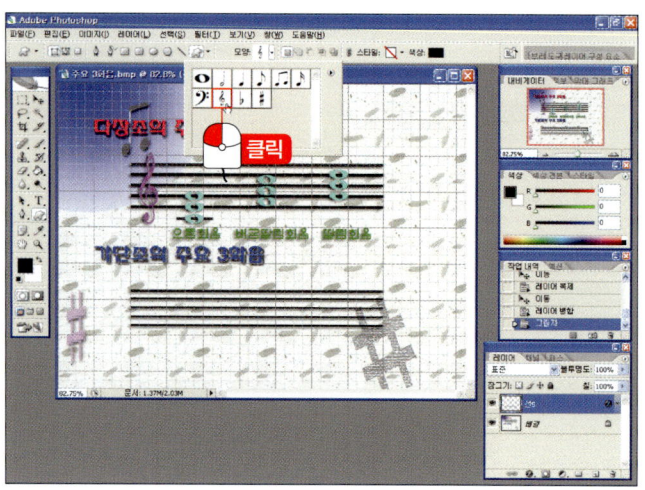

9 높은음자리표를 '주요 3화음' 창의 오선보로 드래그합니다.

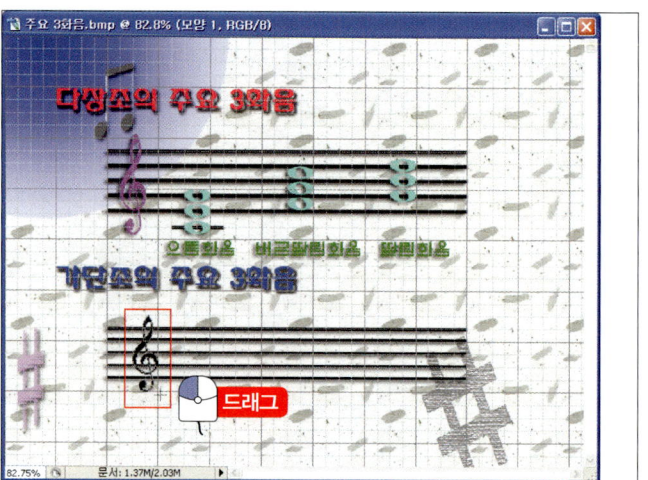

10 [옵션 막대]에서 색상 ■ 버튼을 클릭하고, [색상 피커] 대화상자에서 색상을 초록색으로 설정합니다.

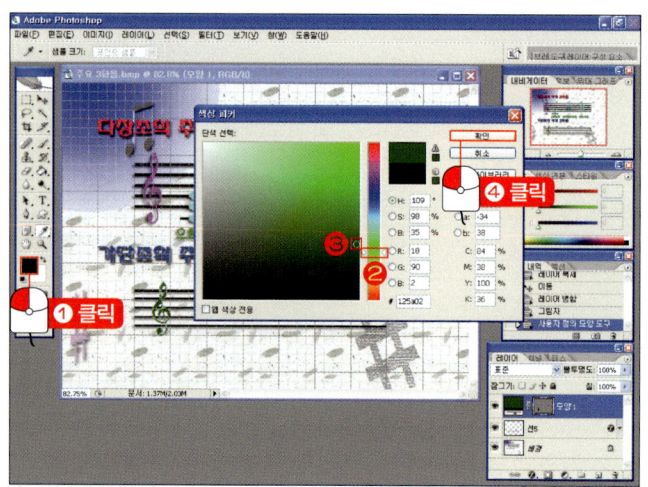

11 [도구 상자]의 이동 도구로 높은음자리표를 화면과 같이 이동합니다.

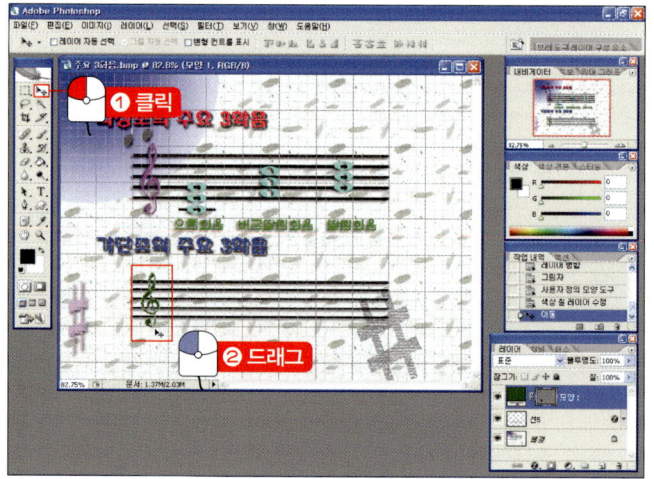

음표 그리기

1 [도구 상자]의 사용자 정의 도구 를 클릭하고, [옵션 막대]의 모양 '온음표'를 클릭합니다.

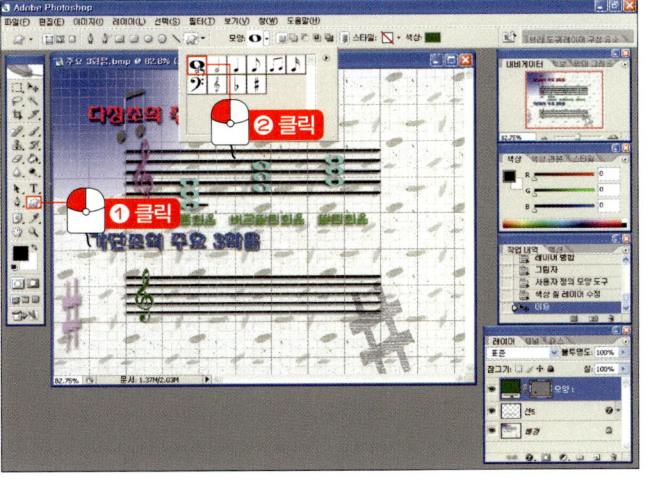

2 온음표를 '주요 3화음' 창으로 드래그합니다.

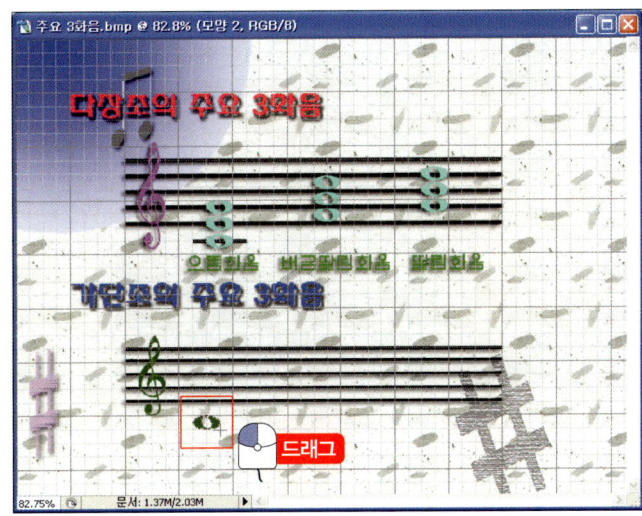

3 [옵션 막대]에서 색상을 '빨강'으로 설정합니다.

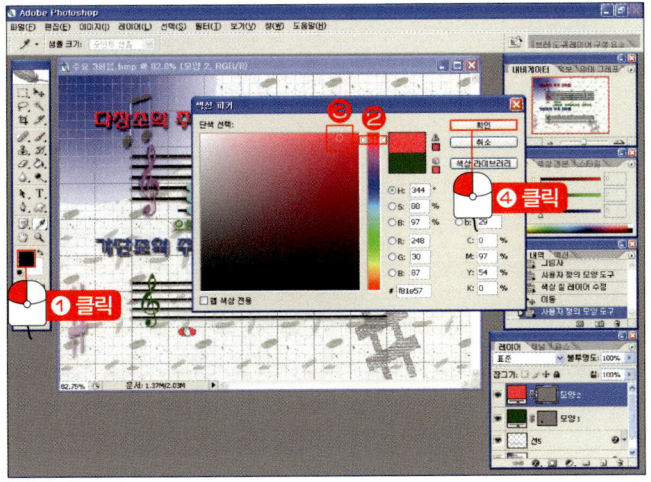

4 [레이에] 팔레트에서 '모양2' 레이어를 '음표1', '모양1' 레이어를 '높은음자리표'로 이름을 변경합니다.

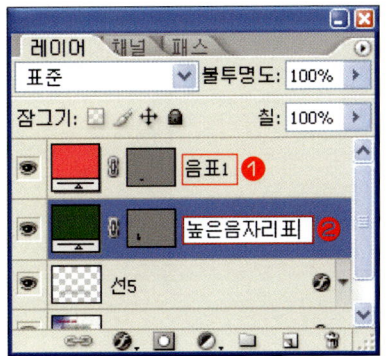

5 '음표1' 레이어의 [단축 메뉴]에서 [레이어 복제]를 클릭합니다.

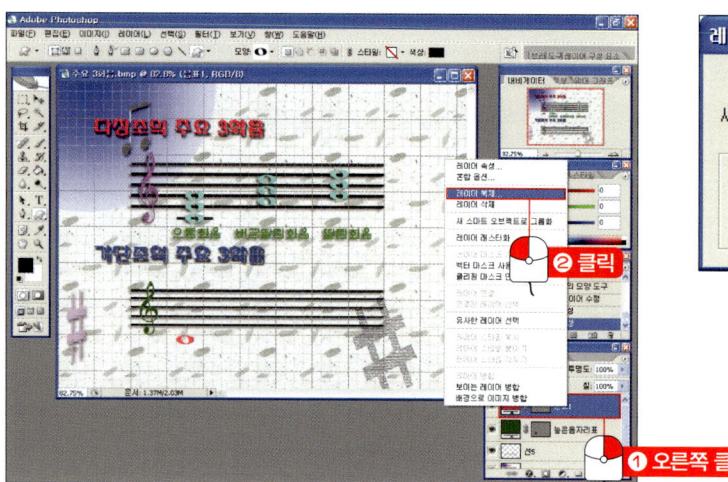

6 [레이어 복제] 대화상자에서 새 이름을 '음표2'로 입력하고 [확인] 버튼을 클릭합니다.

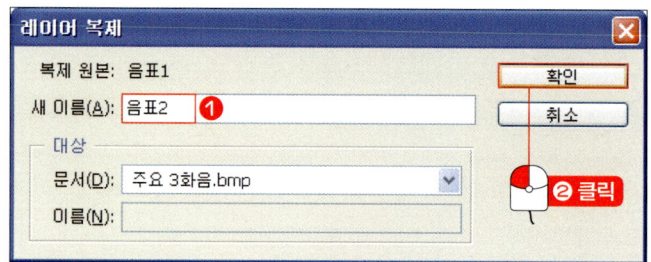

7 이동 도구로 음표를 적당히 이동합니다.

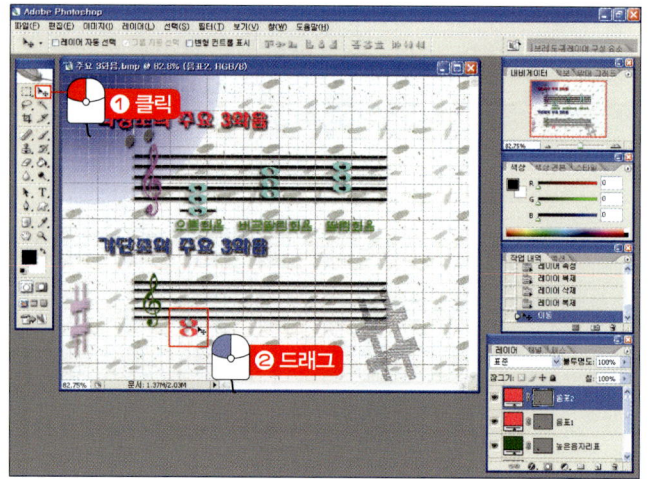

8 레이어를 하나 더 복제하여 '음표3'이라 합니다

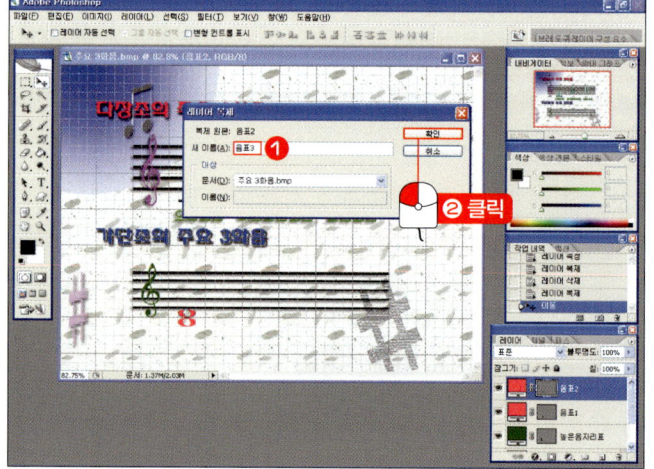

9 이동 도구로 음표를 적당히 이동합니다.

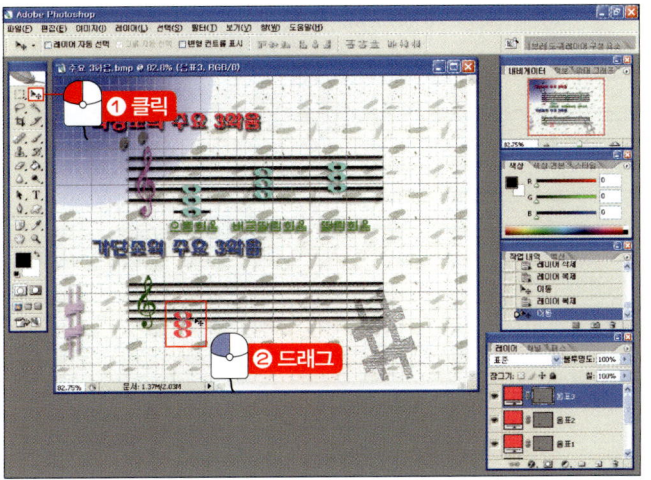

10 '음표1', '음표2', '음표3' 레이어를 모두 선택하고 [단축 메뉴]의 [레이어 병합]을 클릭합니다.

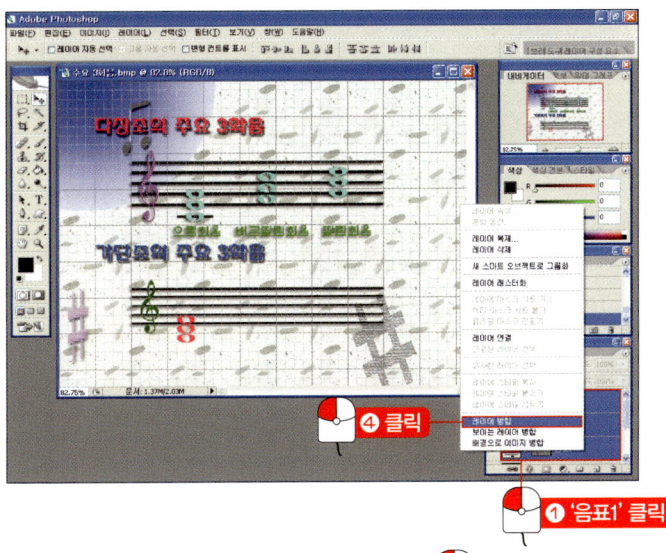

11 복제한 '음표3' 레이어를 이동 도구로 '라도미'의 위치가 되도록 화면과 같이 이동합니다.

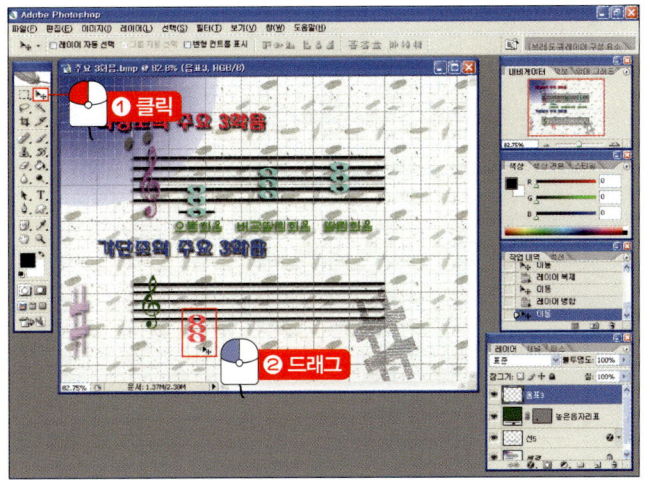

주요 3화음 만들기

1 [레이어] 팔레트에서 복제한 레이어의 이름을 '으뜸화음'으로 변경합니다.

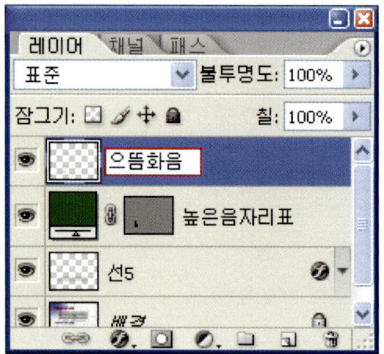

2 '으뜸화음' 레이어를 복제하고, 이름을 '버금딸림화음'이라 합니다.

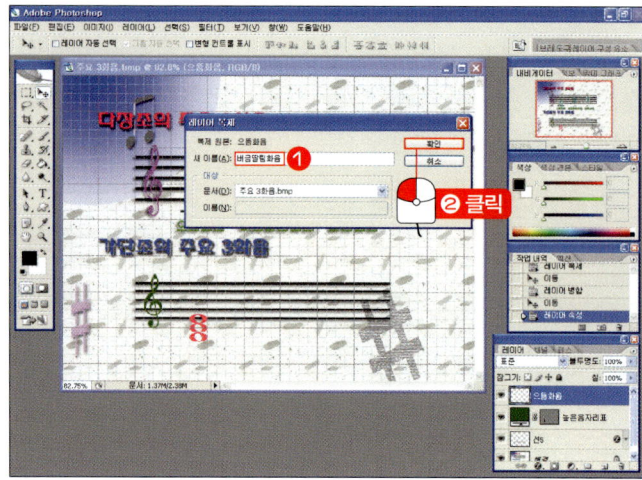

3 [레이어] 팔레트의 레이어 순서를 화면과 같이 정렬합니다.

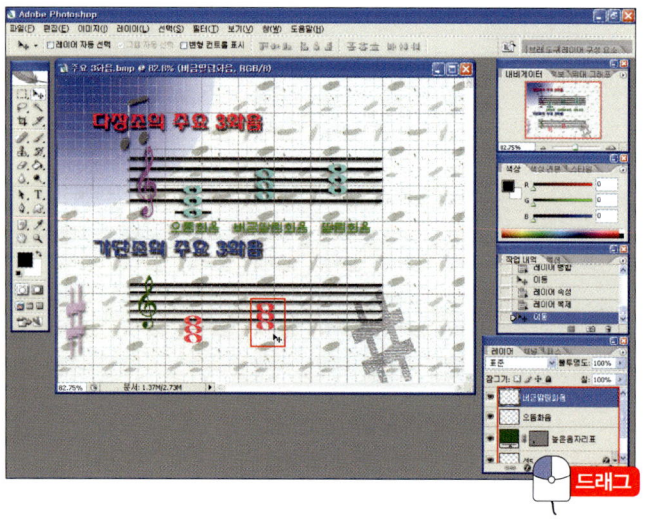

4 레이어를 하나 더 복제하여 이름을 '딸림화음'이라 합니다.

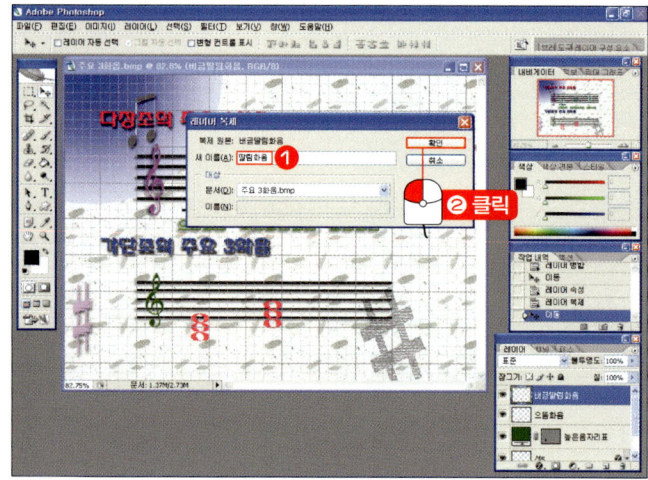

 **TIP** 가단조의 주요 3화음 : 으뜸화음(1도화음)-라도미, 버금딸림화음(4도화음)-레파라, 딸림화음(5도화음)-미솔시

5 레이어의 순서를 화면과 같이 정렬합니다.

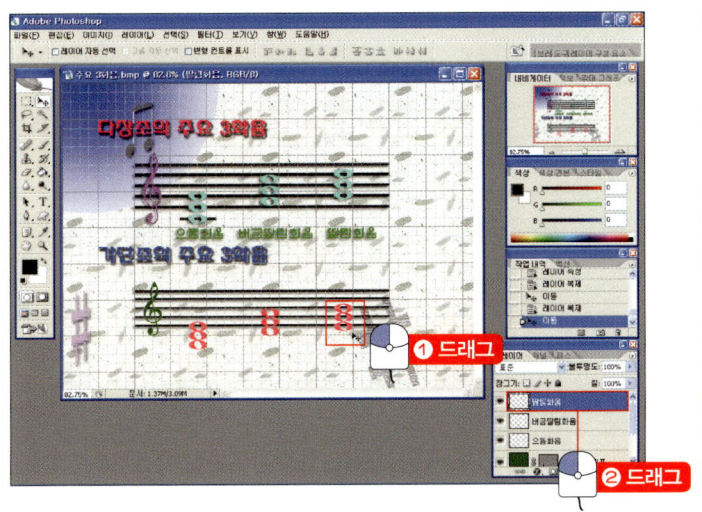

6 [도구 상자]의 사용자 정의 도구를 클릭합니다. [옵션 막대]에서 모양 '올림표'를 클릭합니다.

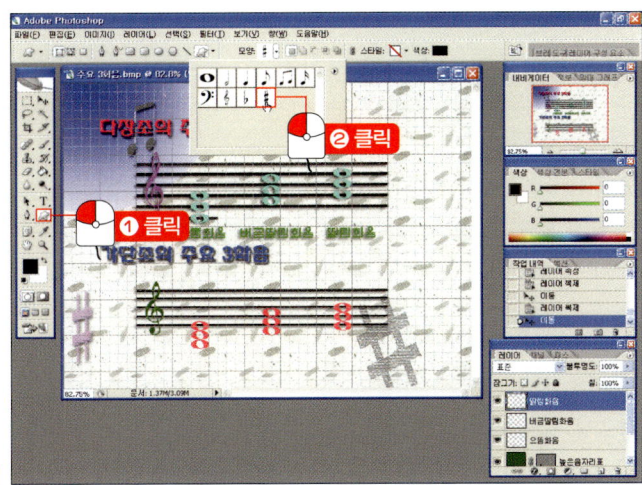

7 딸림화음의 솔 음표 앞으로 올림표를 드래그하고, 색상을 파랑으로 변경합니다.

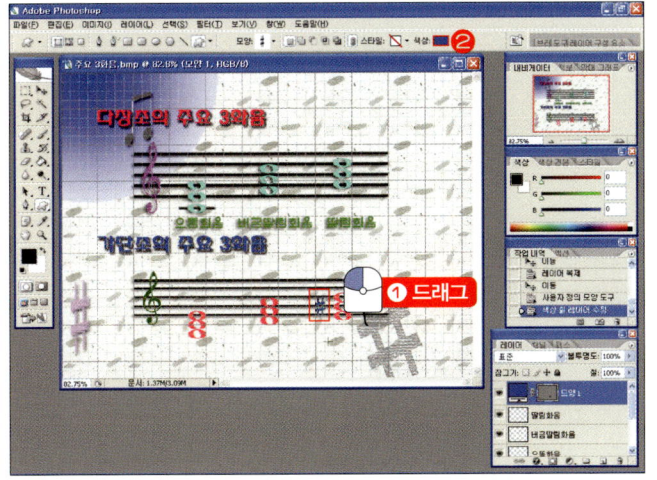

8 [도구 상자]의 선 도구로 '으뜸화음' 레이어의 '라'와 '도' 음표에 선을 그립니다.

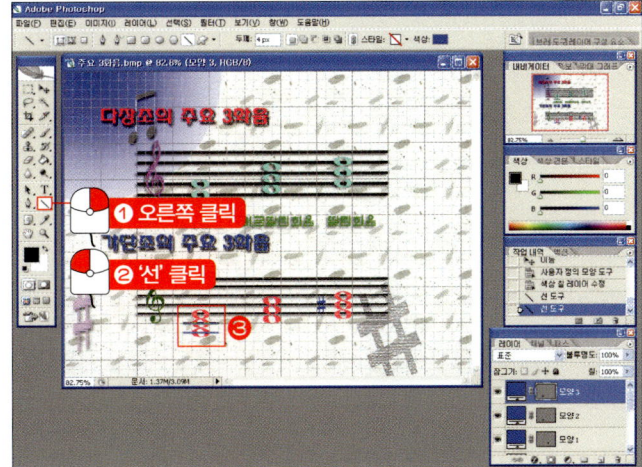

선생님도 깜놀! 포토샵 달인이 되었어요 | **PART 04**   **235**

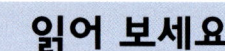 읽어 보세요

01 장음계와 단음계

음계

- 어떤 음을 으뜸음으로 해서 1옥타브(옥타브 : 어떤 음의 위나 아래로 8번째 음) 위의 음까지 순서대로 늘어놓은 것을 음계라고 합니다. 음계에는 장음계와 단음계가 있습니다.

장음계

- 2개의 테트라 코드(테트라 코드 : 4음 음계를 말하며 온음+온음+반음으로 구성됨)가 합하여 만들어진 음계를 말합니다. 3~4음과 7~8음 사이가 반음이고, 나머지는 온음으로 구성됩니다. 흔히 장음계는 '도' 음으로 시작하여 '도' 음으로 끝납니다.

단음계

- 장음계의 으뜸음에서 단3도 아래의 음을 으뜸으로 해서 만들어진 음계를 말합니다. 2~3음과 5~6음 사이가 반음이고, 나머지는 온음으로 구성됩니다. 단음계는 '미'나 '라' 음으로 시작하여 '라' 음으로 끝납니다.

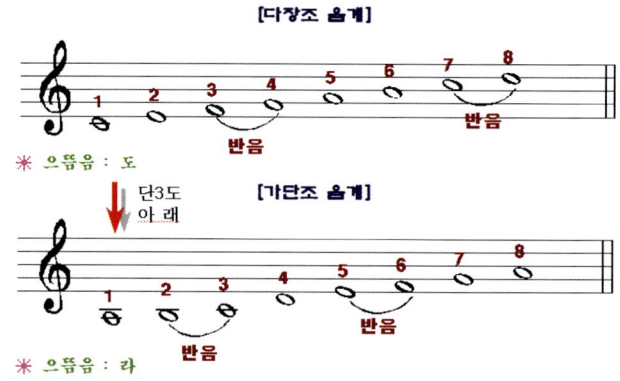

02 주요 3화음

주요 3화음이란 음계 위에 만든 3화음 중에서 첫 번째(I), 네 번째(IV), 다섯 번째(V)에서 이루어지는 3화음을 일컫습니다. 첫 번째(I)는 으뜸화음, 네 번째(IV)는 버금딸림화음, 다섯 번째(V)는 딸림화음이라고 합니다. 주요 3화음 외에도 여러 개의 3화음이 있습니다. 그런 화음들은 부 3화음 혹은 버금 3화음이라고 합니다.

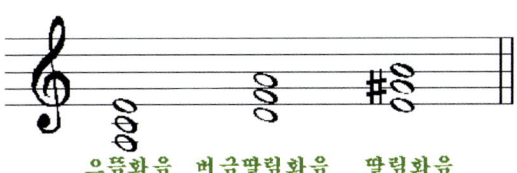

스스로 평가해요

평가요소	쉬워요	할 만해요	어려워요
• 장음계와 단음계를 구분할 수 있습니다.			
• 다장조와 가단조의 주요 3화음을 알 수 있습니다.			
• 쓰임새에 맞게 선 도구를 활용할 수 있습니다.			
• 쓰임새에 맞게 사용자 정의 모양 도구를 활용할 수 있습니다.			

혼자 해결해요

:: '아파트에서 동물을 길러도 되는가?'라는 주제로 찬성과 반대 의견을 주고받는 동물들 간의 대화를 구성해 봅시다. [국어-토론하기]

1 | C:\포토샵\Part04\풀밭s.bmp 열기
2 | 사용자 정의 도구 [옵션 막대]에서 모양 '동물-고양이' 클릭
2 | 사용자 정의 도구 [옵션 막대]에서 모양 '동물-개' 클릭
3 | [편집] 메뉴의 [패스 변형-가로로 뒤집기]를 클릭
4 | 사용자 정의 도구의 [옵션 막대]에서 모양 '대화 풍선-대화4, 대화5' 클릭하여 대화 풍선 그리기
5 | 가로 문자 도구를 이용하여 텍스트 입력

Lesson 19

누구를 초대하지?

» 문자 마스크 도구를 이용하여 초대장 만들기

초대장을 받았거나 보냈던 경험은 누구나 있을 겁니다. 친척 언니가 결혼할 때 보내는 청첩장, 그것이 바로 초대장입니다. 초대장에는 함께 즐거운 시간을 보내고 축하해 주기를 바라는 마음이 담겨 있습니다. 초대장을 꾸며 보낼 때의 마음을 생각해 보세요.

문자 마스크 도구를 이용하여 예쁜 초대장을 꾸며 봅시다.

이런 것을 공부해요

이런 것을 생각해요	교과서를 찾아봐요	이런 것을 활용해요

• 알맞은 말을 사용하여 의견이 잘 드러나는 글을 쓸 수 있습니다.
• 알리려고 하는 내용이 잘 드러나게 글을 쓸 수 있습니다.
• 전달 기능과 아름다움을 생각하며 초대장을 꾸밀 수 있습니다.
	• 국어 2학년
	  -하고 싶은 말
	• 국어 4학년
	  -소개 하는 말
	• 미술 5, 6학년
	  -글과 그림으로 전달하기
		• 수평 문자 마스크 도구
		• 세로 문자 마스크 도구

함께 해결해요

배경 레이어 만들기

1 [파일] 메뉴의 [새로 만들기]를 클릭합니다.

2 [새로 만들기] 대화상자에서 이름, 폭, 높이, 배경 내용을 화면과 같이 설정하고 [확인] 버튼을 클릭합니다.

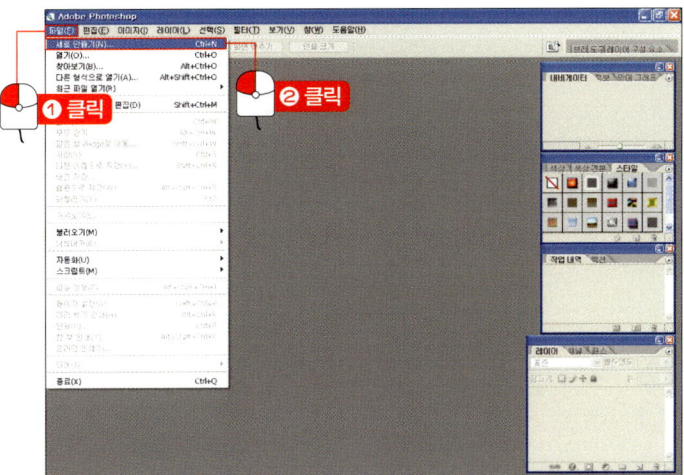

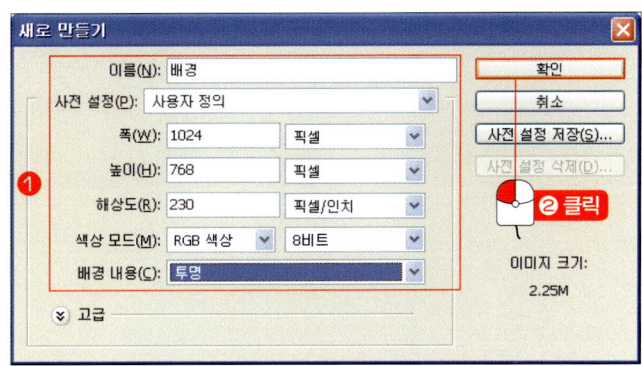

3 [도구 상자]의 손 도구를 더블 클릭합니다.

4 [도구 상자]의 페인트 통 도구를 클릭합니다. [옵션 막대]에서 [패턴-컬러 용지]를 클릭합니다.

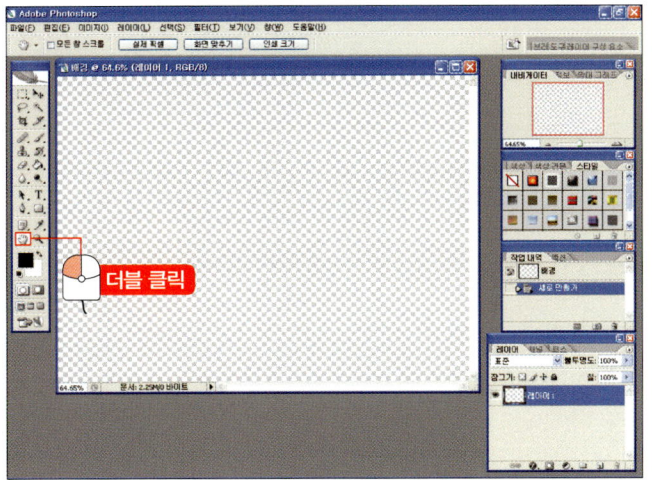

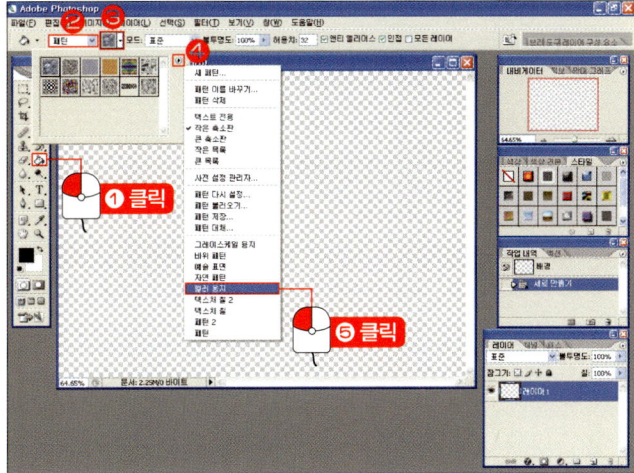

5 '빨간색 줄무늬 양피지'를 선택하고 페인트 통 도구를 이용하여 레이어의 색상을 칠합니다.

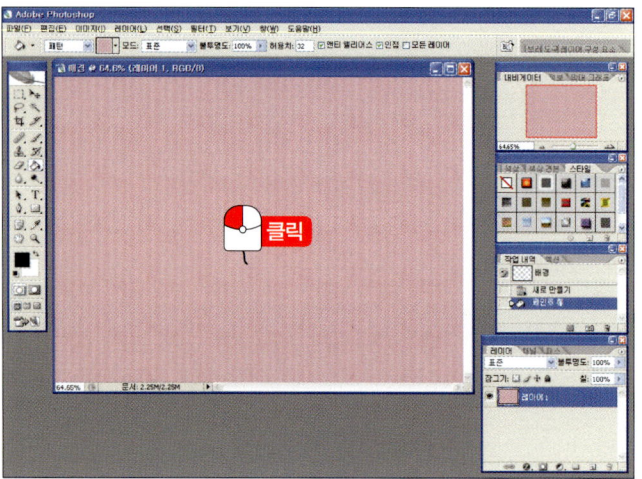

6 [편집] 메뉴의 [선]을 클릭합니다.

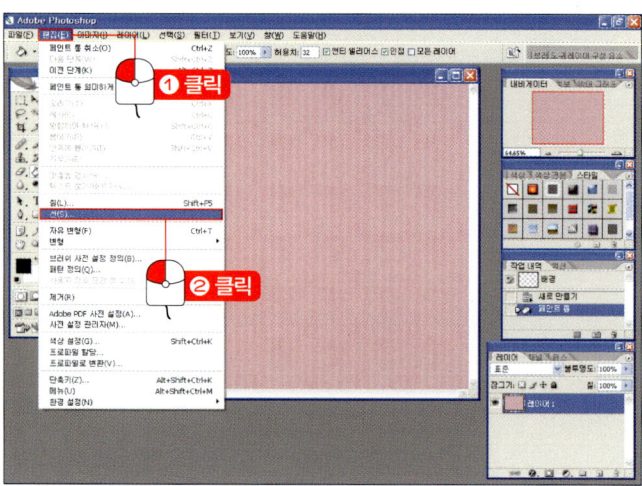

7 [선] 대화상자에서 선과 위치를 화면과 같이 설정하고 [확인] 버튼을 클릭합니다.

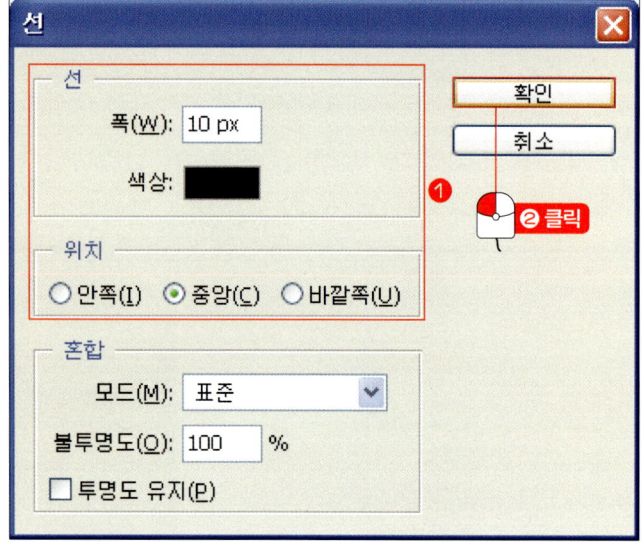

8 레이어 이름을 '배경'으로 변경합니다.

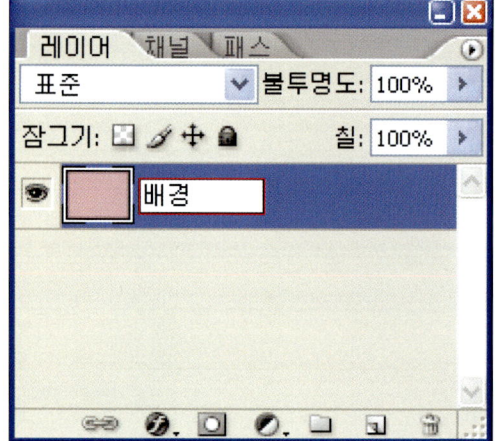

9 '배경' 레이어가 완성됩니다.

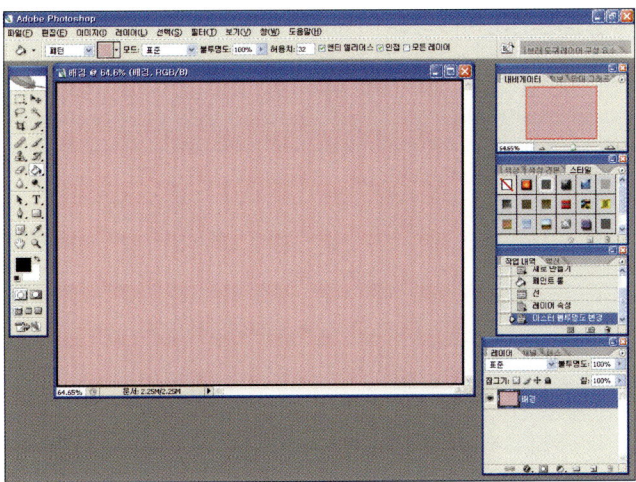

이미지 삽입하기

1 동생과 찍은 사진 혹은 가족사진을 엽니다.

2 [이미지] 메뉴의 [이미지 크기]를 클릭합니다.

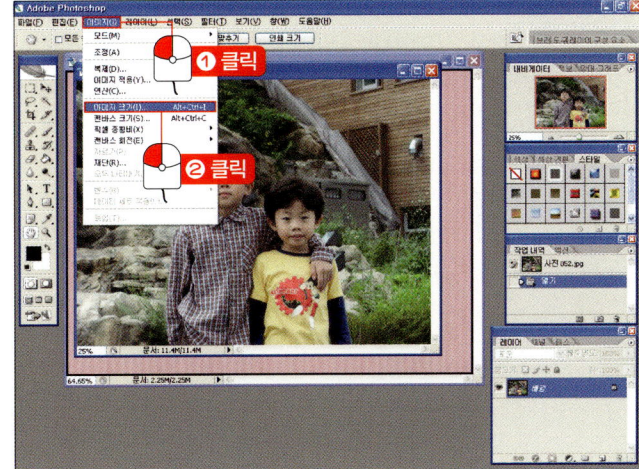

3 [이미지 크기] 대화상자에서 폭과 높이를 줄이고 [확인] 버튼을 클릭합니다.

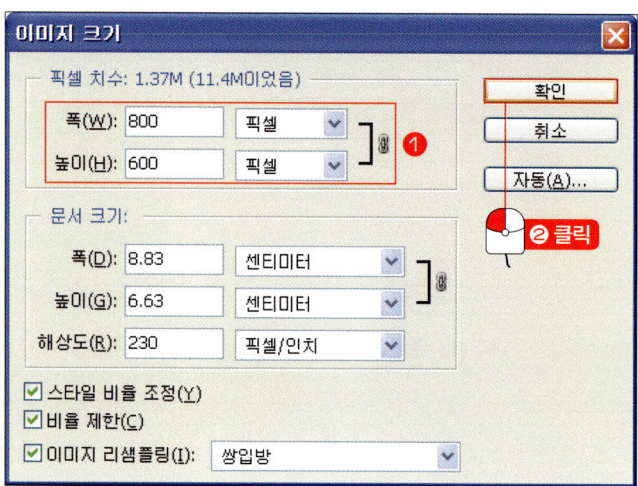

4 [도구 상자]의 손 도구 를 더블 클릭합니다.

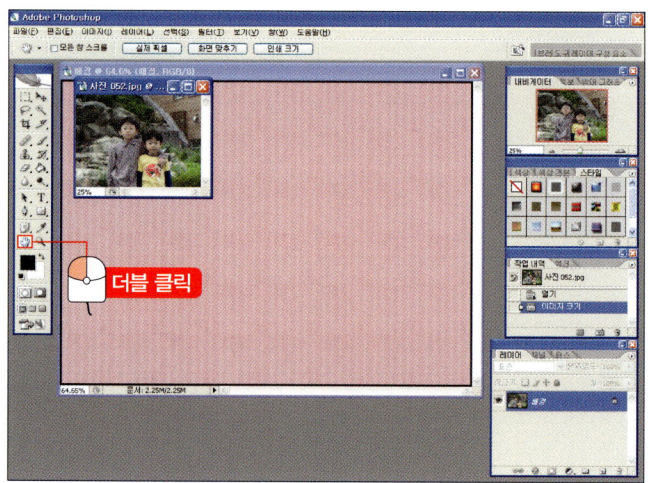

5 [도구 상자]의 원형 선택 윤곽 도구 를 클릭하고 [옵션 막대]의 패더 값을 '50 px'로 설정합니다.

6 마우스로 드래그하여 얼굴 주위를 선택합니다.

TiP 현재 작업창의 크기는 1024×768입니다. 대부분의 사진은 그보다 크기 때문에 이미지를 줄여 작업해야 합니다.

7 [선택] 메뉴의 [반전]을 클릭합니다.

8 선택 영역이 반전된 상태에서 〈Delete〉를 두 번 누릅니다.

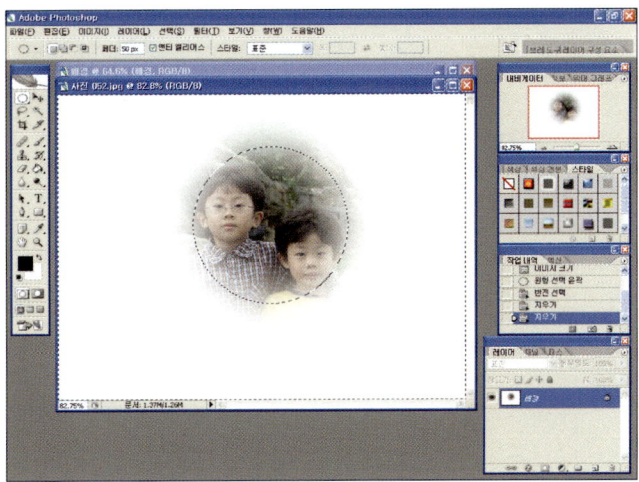

9 선택을 해제하고 다시 원형 선택 윤곽 도구 를 이용하여 얼굴 주위를 선택합니다.

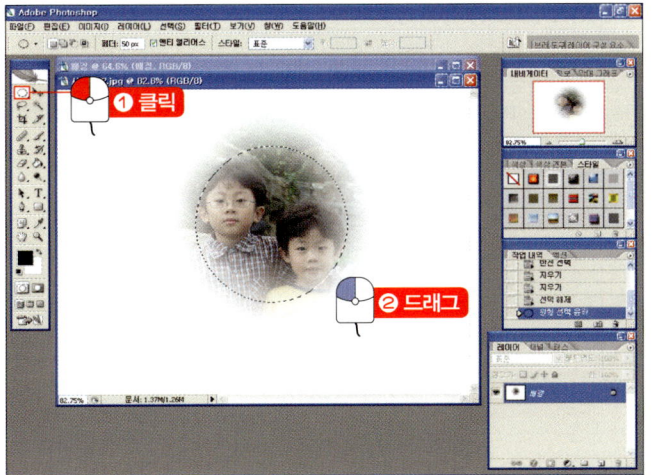

10 [편집] 메뉴의 [복사하기]를 클릭합니다.

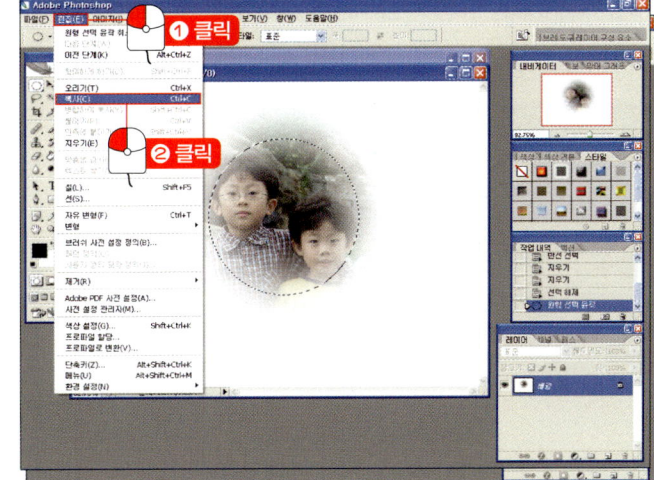

11 '배경' 창을 활성화하고 [편집] 메뉴의 [붙이기]를 클릭합니다.

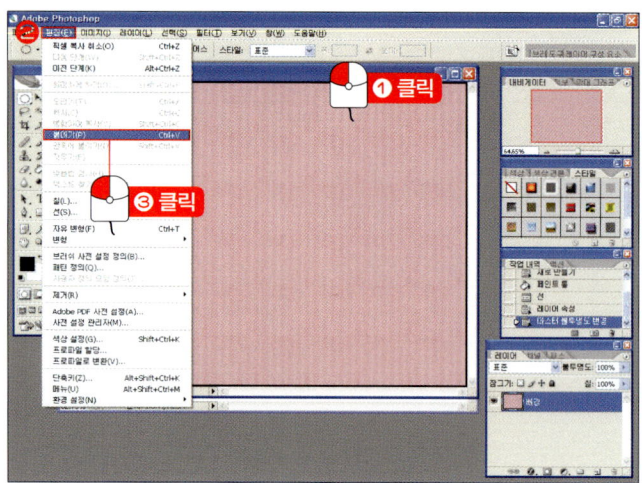

12 이동 도구로 이미지를 적당한 위치로 이동합니다.

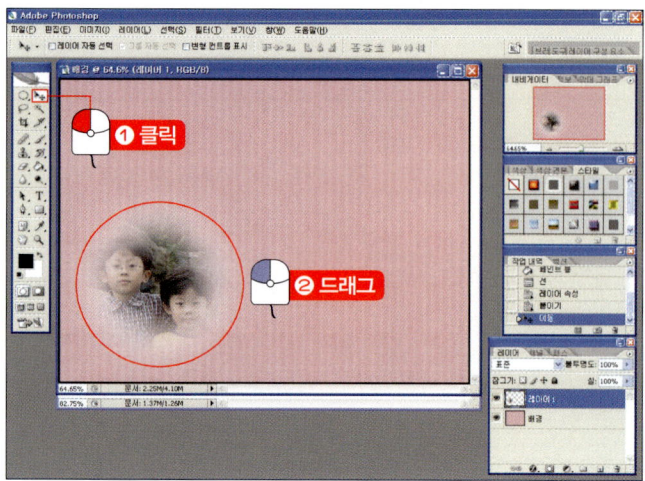

문자 마스크

1 [레이어] 팔레트의 새 레이어를 만듭니다. 를 클릭합니다.

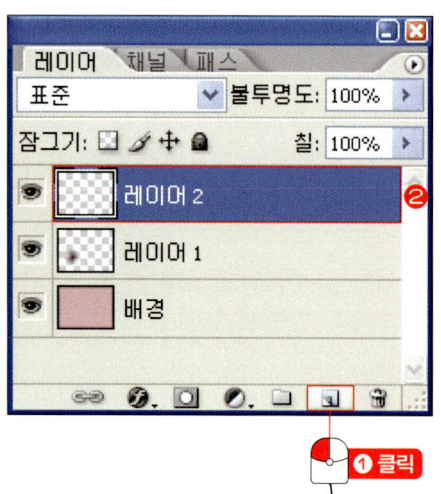

2 [도구 상자]의 수평 문자 마스크 도구를 클릭합니다.

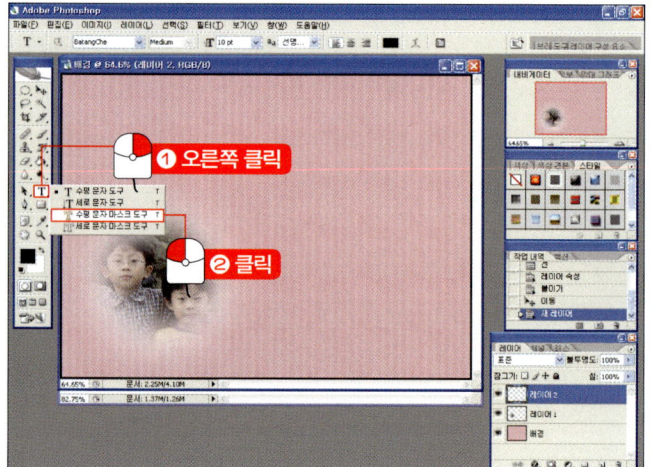

3 글꼴 'HYsanB', 글꼴 크기 '30 pt' 설정하고, '레이어 2'에 선택하여 초대장의 제목을 입력합니다. [옵션 막대]에서 확인 을 클릭합니다.

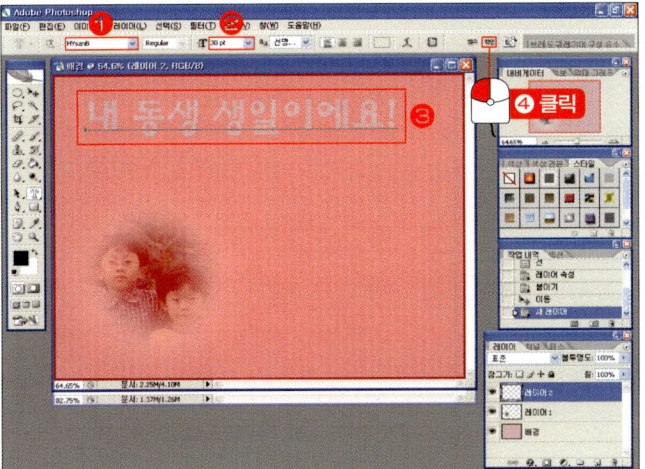

4 [도구 상자]의 페인트 통 도구 를 클릭합니다. [옵션 막대]에서 전경색을 설정하고 선택된 문자 영역을 클릭합니다.

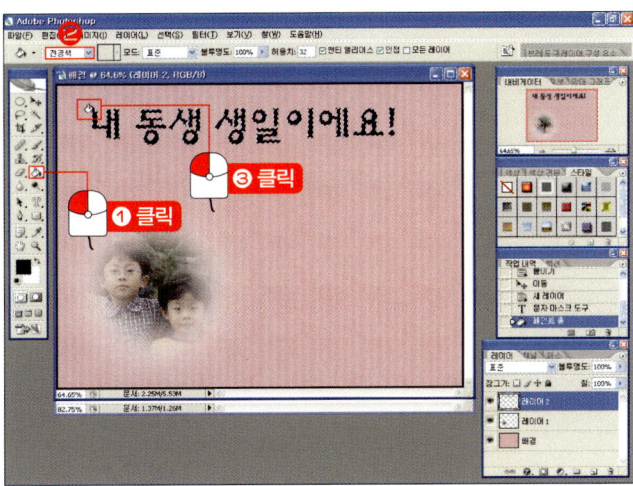

5 [스타일] 팔레트에서 '이중 링 광선(단추)'를 클릭합니다.

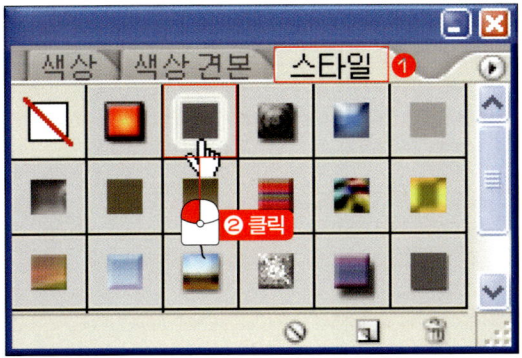

6 문자의 선택을 해제하고 적당한 위치로 이동합니다.

문자 팔레트

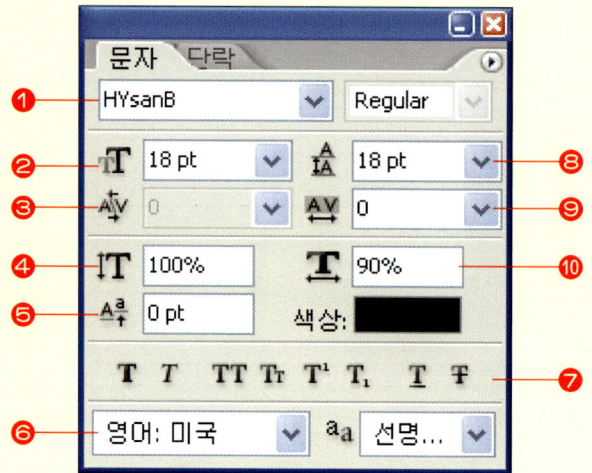

1. **글꼴 모음** : 글꼴을 변경할 수 있습니다.
2. **글꼴 크기** : 글꼴의 크기를 변경할 수 있습니다.
3. **커닝** : 특정한 문자 쌍의 간격을 조절합니다.
4. **세로 비율** : 글꼴의 세로 비율을 조정할 수 있습니다.
5. **기준선 이동** : 기준선 이동을 통해 문자를 올리거나 내릴 수 있습니다.
6. **언어** : 언어를 선택할 수 있습니다.
7. **글꼴 스타일** : 글꼴의 스타일을 설정할 수 있습니다.
8. **행간** : 줄과 줄의 간격을 조절합니다.
9. **자간** : 선택한 텍스트의 간격을 조절합니다.
10. **수평 비율** : 글꼴의 가로 비율을 조정할 수 있습니다.

7 새 레이어를 만들고 같은 방법으로 초대하는 내용을 입력합니다. 글자 크기는 '18 pt'로 설정합니다.

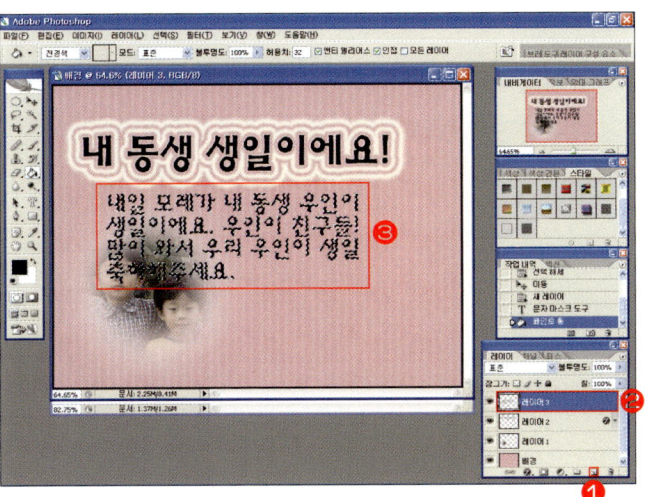

8 문자를 선택 해제하고 적당한 위치로 이동합니다.

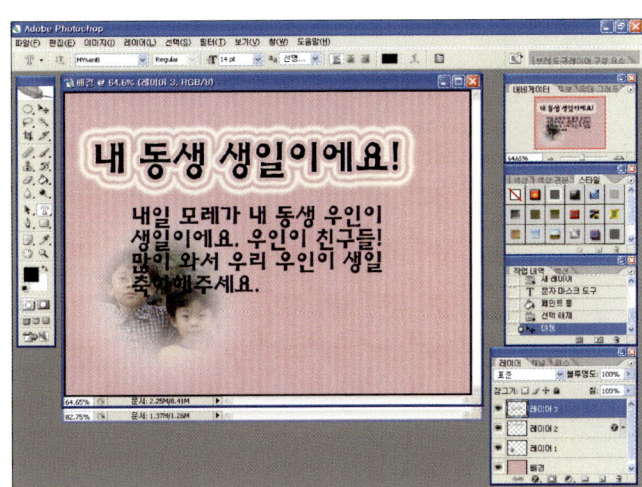

9 [도구 상자]에서 세로 문자 마스크 도구를 클릭합니다. 새 레이어를 만들고 글자 크기를 '12pt'로 설정하여 날짜, 시간, 장소 등을 입력합니다.

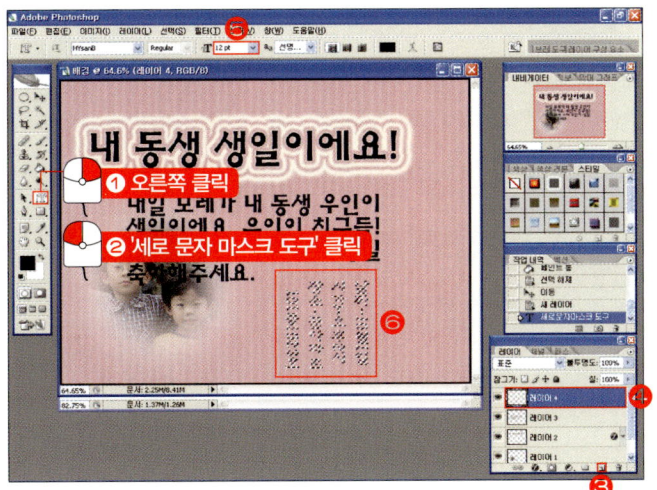

10 [도구 상자]에서 전경색을 초록으로 변경합니다. 페인트 통 도구로 문자에 색을 채우고 선택 해제합니다.

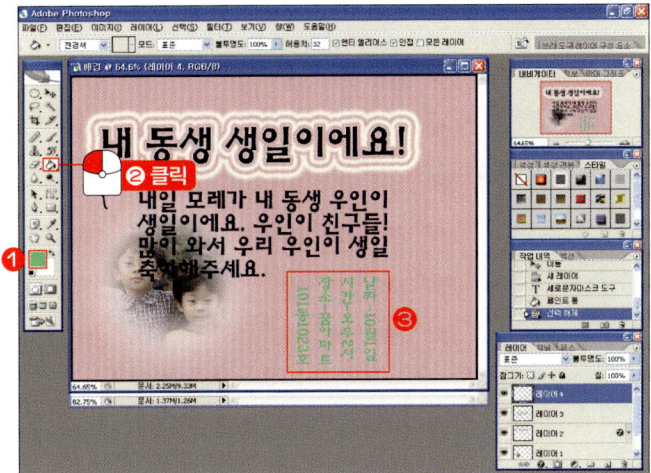

배경 이미지 만들기

1 [레이어] 메뉴의 [레이어 스타일-그림자]를 클릭합니다.

2 [레이어 스타일] 대화상자에서 '그림자 효과'와 '경사와 엠보스'를 체크 표시하고 [확인] 버튼을 클릭합니다.

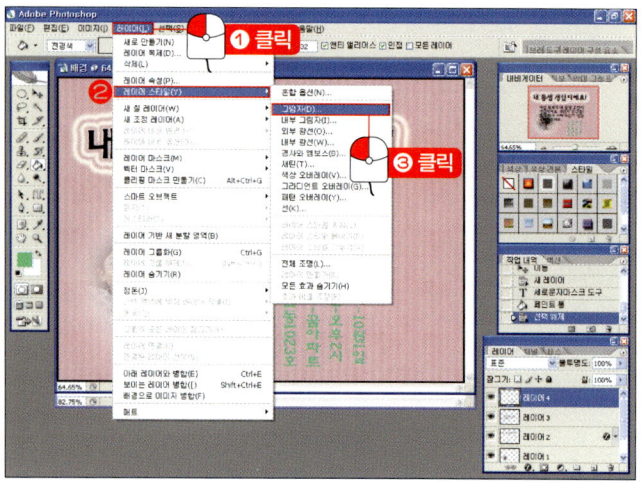
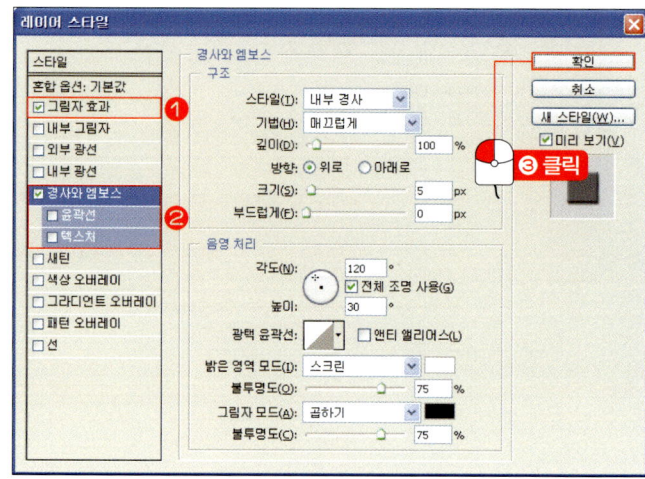

3 적당한 위치로 이동합니다.

4 [도구 상자]의 사용자 정의 도구 를 클릭하고, [옵션 막대]에서 모양 '개 발자국', 스타일 '오버스프레이(텍스트)', 색상 '초록'으로 설정합니다.

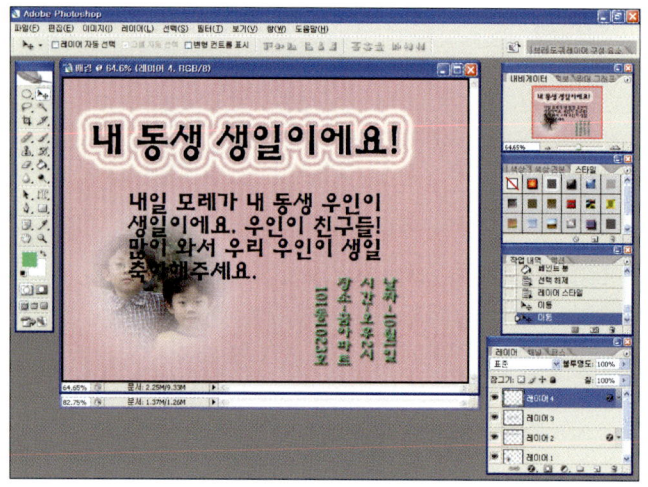
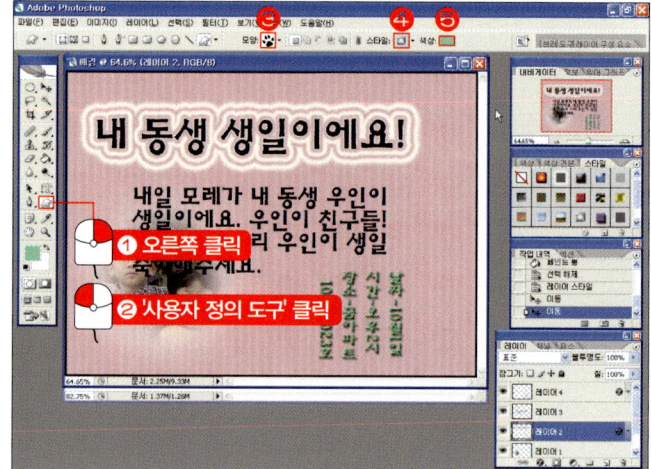

5 화면과 같이 발자국을 그리고, [레이어] 팔레트에서 발자국 레이어를 모두 선택하여 레이어 병합합니다.

6 병합된 레이어 '모양 6'을 '레이어 1' 위로 이동하고, 불투명도를 '60%'로 설정합니다.

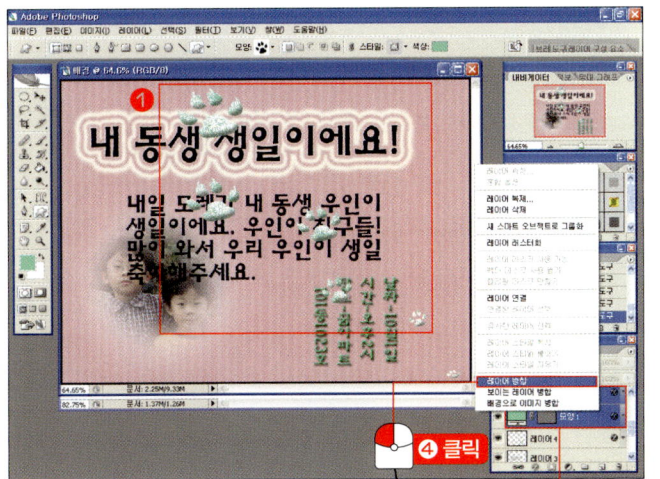

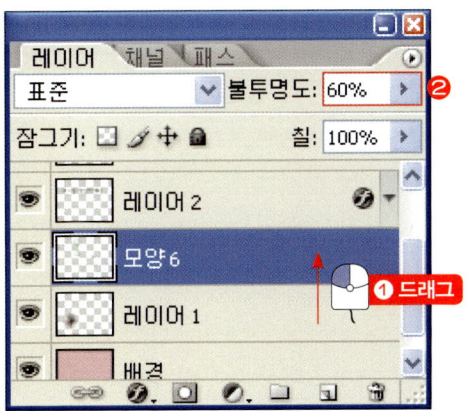

7 발자국 모양이 문자 아래 위치합니다.

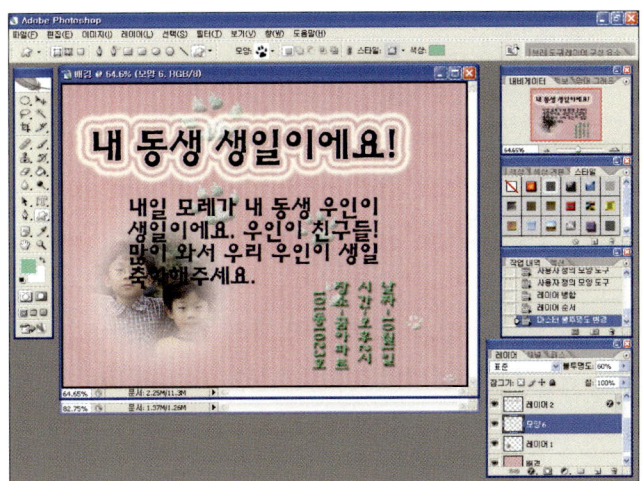

읽어 보세요

01 초대장 잘 꾸미기

① 초대장은 보내는 사람의 마음을 전하는 것입니다. 그렇기 때문에 받는 사람이 따뜻함을 느낄 수 있을 만큼 아름답고 인상적으로 꾸며야 합니다.
② 초대장은 글과 그림 부분으로 크게 나뉘는 것이 일반적인데, 창의적이고 개성적으로 배치하는 것이 보기에 좋습니다.
③ 초대장은 받는 사람에게 알맞은 내용으로 예의에 어긋나지 않게 표현해야 합니다.
④ 여러 가지 초대장을 살펴본 후 초대장을 꾸미는 것도 아주 좋은 방법입니다.
⑤ 다양한 방법을 생각하여 초대장을 꾸밉니다. 초대장이 꼭 평면적일 필요는 없습니다.
⑥ 우편으로 초대장을 보내야 할 경우에는 규격 봉투의 크기에 알맞게 꾸며야 합니다.

02 초대장의 종류

① 생일, 결혼, 입학, 졸업 축하를 위한 초대장
② 미술 전시회, 음악 발표회, 무용 발표회 등의 관람을 위한 초대장
③ 각종 행사 참여를 위한 초대장

03 초대장에 들어갈 내용

초대장에는 반드시 들어가야 할 내용이 있어요. 시간과 장소 등 초대장을 받은 사람이 꼭 알고 있어야 하는 기본적인 정보가 들어있어야만 초대장으로서의 역할을 제대로 할 수 있답니다.

① 받을 사람
② 인사말
③ 보내는 사람
④ 초대하는 이유
⑤ 초대하는 시간
⑥ 초대하는 장소
⑦ 그밖에 필요한 내용

스스로 평가해요

평가요소	쉬워요	할 만해요	어려워요
• 알리려고 하는 내용이 잘 드러나게 글을 쓸 수 있습니다.			
• 전달 기능과 아름다움을 생각하며 초대장을 꾸밀 수 있습니다.			
• 문자 도구와 문자 마스크 도구의 차이점을 알 수 있습니다.			
• 문자 마스크 도구를 유용하게 활용할 수 있습니다.			

혼자 해결해요

:: **문자 마스크 도구를 이용하여 가족신문의 타이틀을 만들어 봅시다.** [재량활동]

1 | C:\포토샵\Part04\가족신문s.bmp 열기
2 | 새 레이어 만들기
3 | 세로 문자 마스크 도구를 이용하여 왼쪽에 가훈 입력
   ① 글꼴 'HYdnkB', ② 글꼴 크기 '36 pt', ③ 행간 '48 pt', ④ 색상 '검은 색'
   ⑤ 레이어 스타일 : [그림자]와 [그라디언트 오버레이]
4 | 새 레이어 만들기
5 | 세로 문자 마스크 도구를 이용하여 오른쪽에 '펴낸이', '펴낸날', '펴낸곳' 입력
   ① 글꼴 '휴면옛체', ② 글꼴 크기 '24 pt', ③ 행간 '40 pt'
6 | 새 레이어 만들기
7 | 세로 문자 마스크 도구를 이용하여 가운데에 큰 제목 입력
   ① 글꼴 'Headline R', ② 글꼴 크기 '170 pt', ③ 색상 '검은 색'
   ④ 레이어 스타일 : [그림자 효과], [경사와 엠보스], [패턴 오버레이]
8 | 새 레이어 만들기
9 | 세로 문자 마스크 도구를 이용하여 가운데에 작은 제목 입력
   ① 글꼴 '휴면옛체', ② 글꼴 크기 '48 pt', ③ 색상 '검은 색', ④ 스타일 : 석양(텍스트)

Lesson 20 포스터를 그려요

» 필터 효과로 포스터 그리기

우리 주변엔 수많은 종류의 포스터가 있습니다. 영화 포스터, 계몽 포스터, 상업 포스터, 행사 포스터 등 아주 많은 종류의 포스터가 우리의 관심을 끌기 위해 애쓰고 있습니다. 포스터는 무엇인가를 알리고자 하는 목적으로 제작되는데, 'post(기둥)'에 붙이는 것이라는 뜻에서 그 이름이 유래되었다고 합니다.
필터 효과를 이용하여 불조심을 알리는 포스터를 꾸며 봅시다.

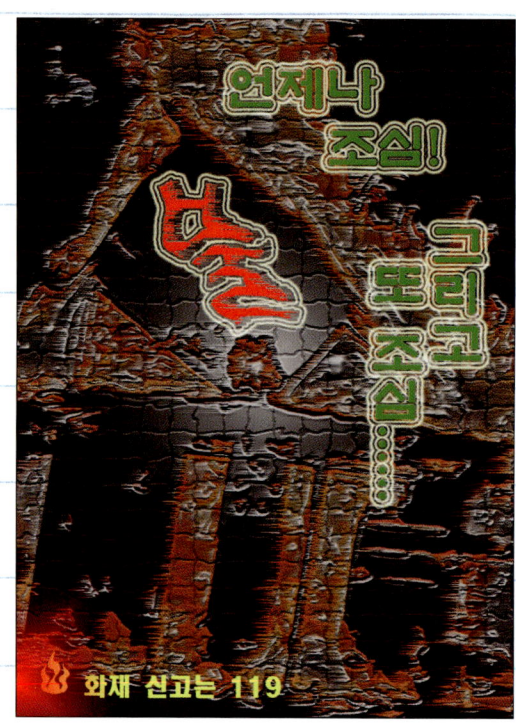

이런 것을 공부해요

이런 것을 생각해요	교과서를 찾아봐요	이런 것을 활용해요
• 여러 가지 정보를 전달하기 위한 포스터의 기능을 이해할 수 있습니다. • 알리고자 하는 목적에 맞게 포스터를 꾸밀 수 있습니다. • 주변의 광고물을 관심 있게 살피는 태도를 기릅니다.	• 미술 3, 4학년 - 그림 글자 • 미술 3, 4학년 - 무늬를 꾸며 봐요 • 미술 5, 6학년 - 알리는 것 꾸미기	• 필터

함께 해결해요

파일 열기

1 [도구 상자]의 전경색과 배경색 전환 을 클릭합니다.

2 [파일] 메뉴의 [새로 만들기]를 클릭합니다.

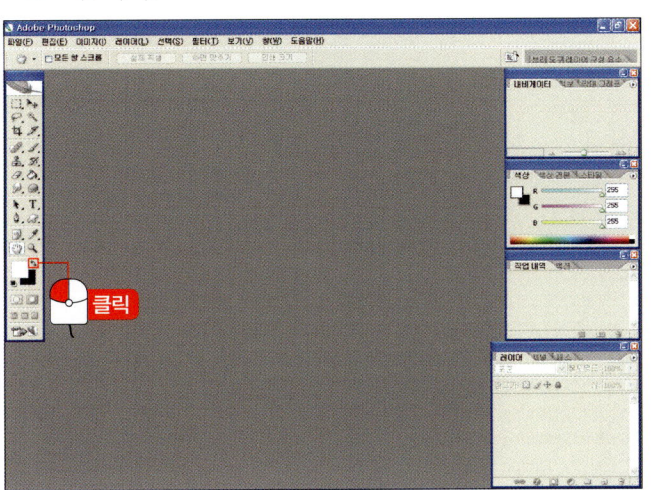

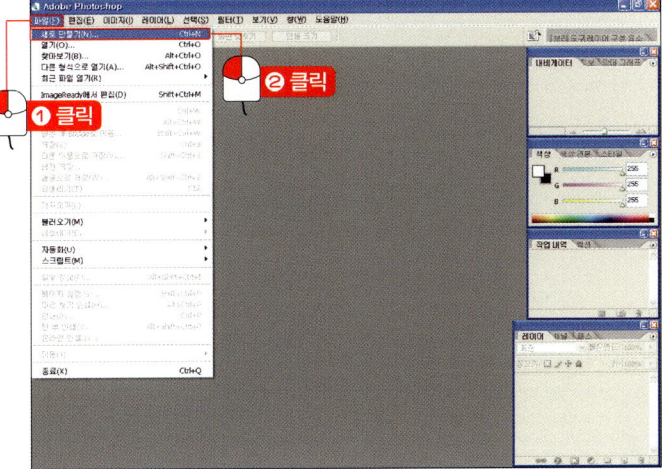

3 [새로 만들기] 대화상자에서 이름, 폭, 높이. 배경 내용을 화면과 같이 설정하고 [확인] 버튼을 클릭합니다.

4 C:\포토샵\Part04\불조심s.bmp를 엽니다.

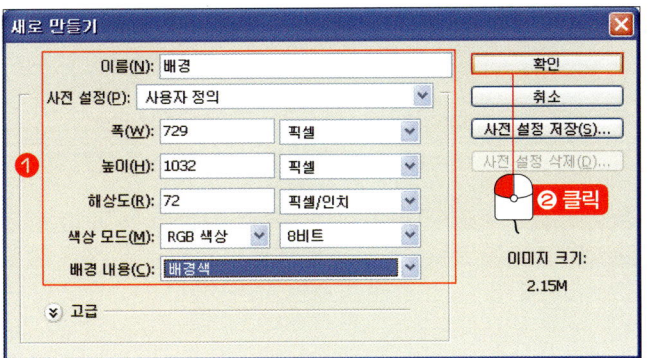

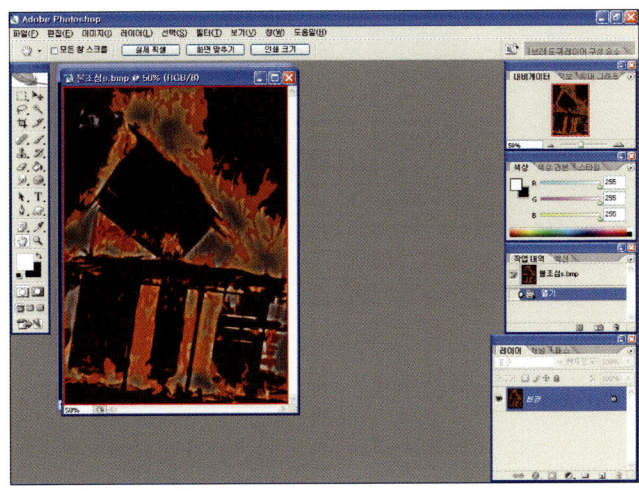

5 [선택] 메뉴의 [모두]를 클릭합니다.

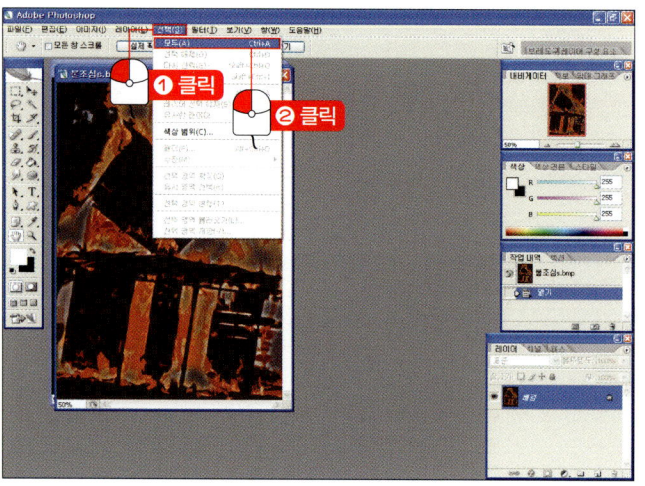

6 [편집] 메뉴의 [복사]를 클릭합니다.

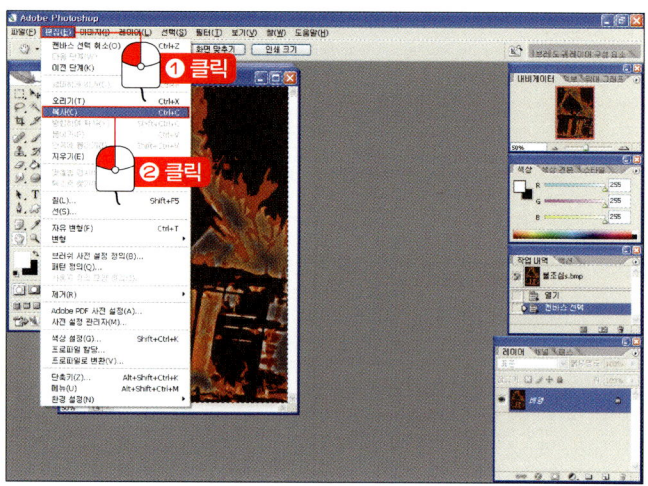

7 '배경' 창을 활성화하고 [편집] 메뉴의 [붙이기]를 클릭합니다.

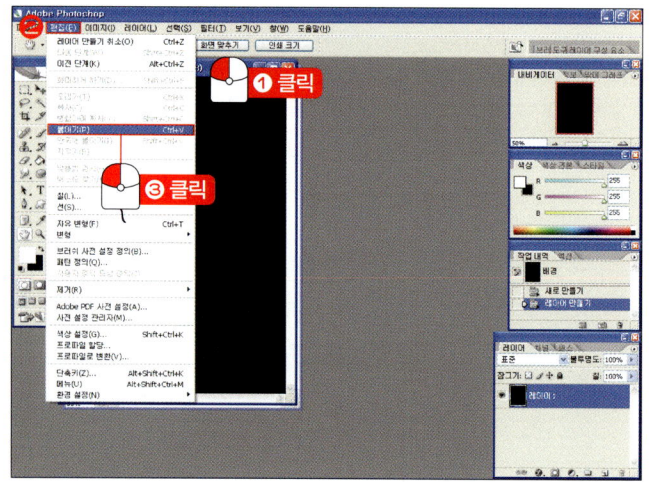

8 '불조심s.bmp' 창의 닫기 ❌ 를 클릭합니다.

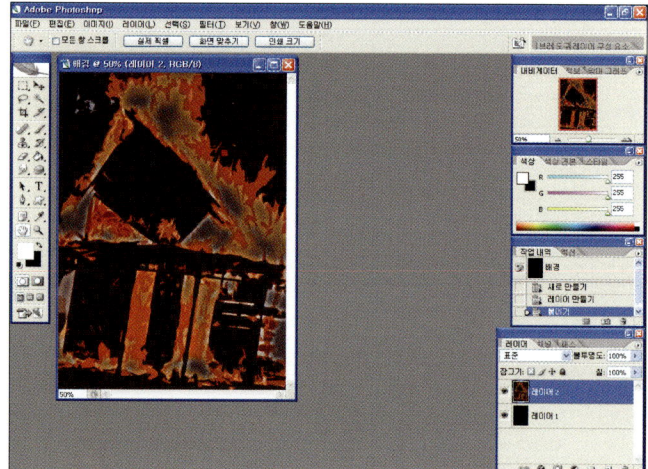

9 [도구 상자]의 손 도구 를 더블 클릭합니다.

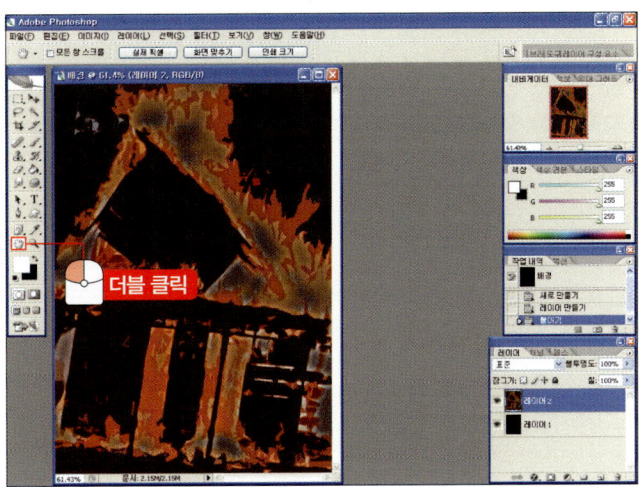

🖊 필터 1

1 [필터] 메뉴의 [예술 효과-플라스틱 포장]을 클릭합니다.

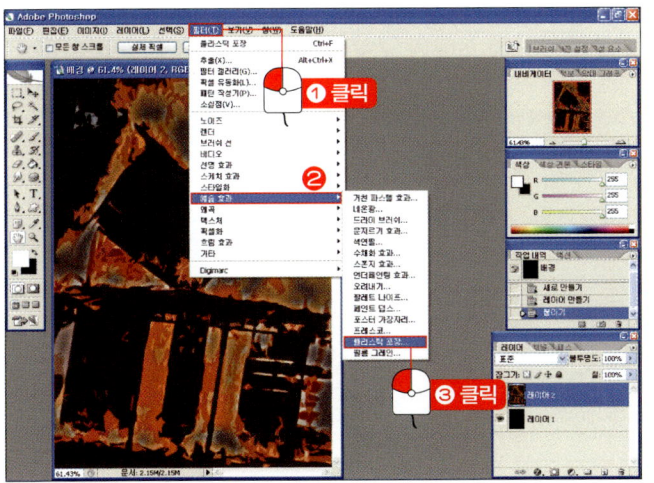

2 [플라스틱 포장] 대화상자에서 밝은 영역 강도를 '20'으로 설정하고 [확인] 버튼을 클릭합니다.

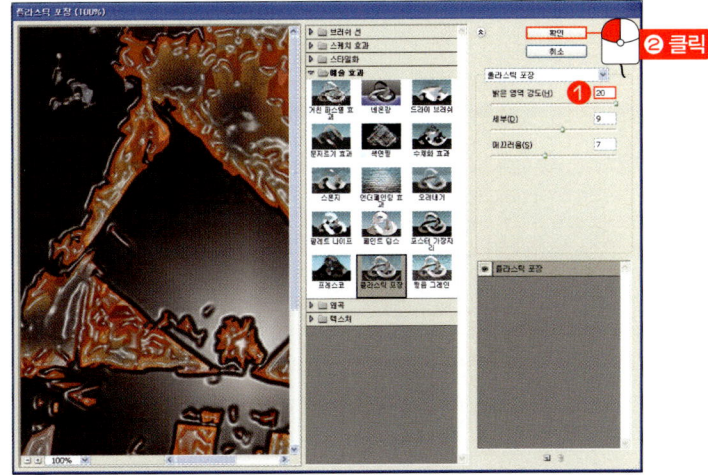

TiP 필터 대화상자의 여러 가지 속성 값을 변경하여 이미지에 변화를 주어 차이를 확인해보세요.

3 [필터] 메뉴의 [스타일화-바람]을 클릭합니다.

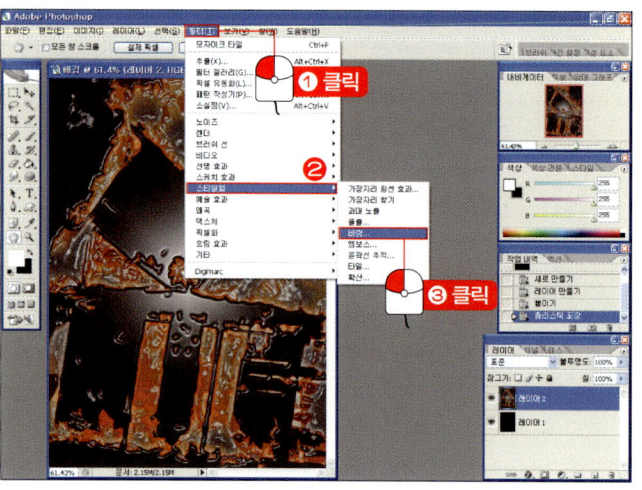

4 [바람] 대화상자에서 화면과 같이 설정하고 [확인] 버튼을 클릭합니다.

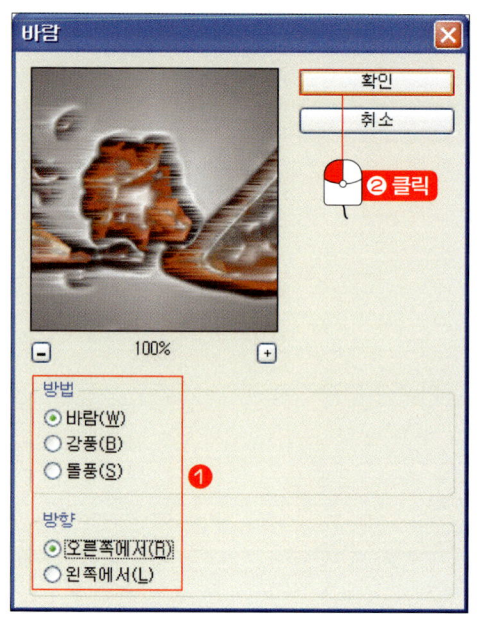

5 [필터] 메뉴의 [텍스쳐-모자이크 타일]을 클릭합니다.

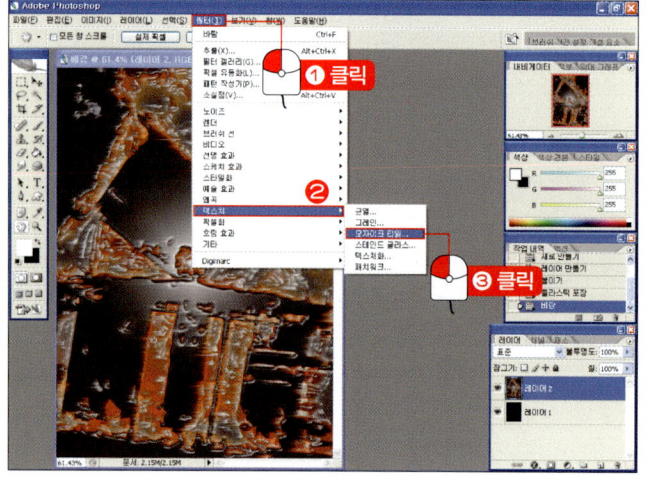

6 [모자이크 타일] 대화상장에서 타일 크기를 '35'로 설정하고 [확인] 버튼을 클릭합니다.

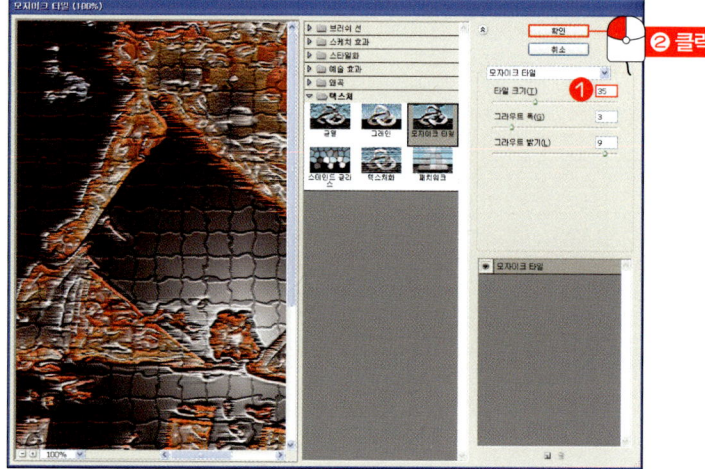

7 '레이어 2' 레이어의 불투명도를 '80%'로 설정합니다.

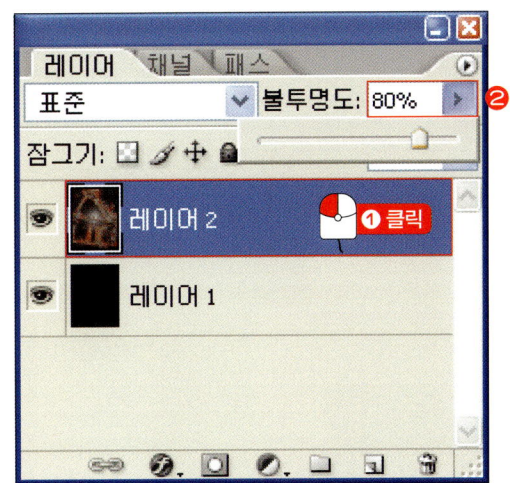

필터 2

1 수평 문자 도구 T 를 이용하여 화면과 같이 '불'을 입력하고 확인 을 클릭합니다.

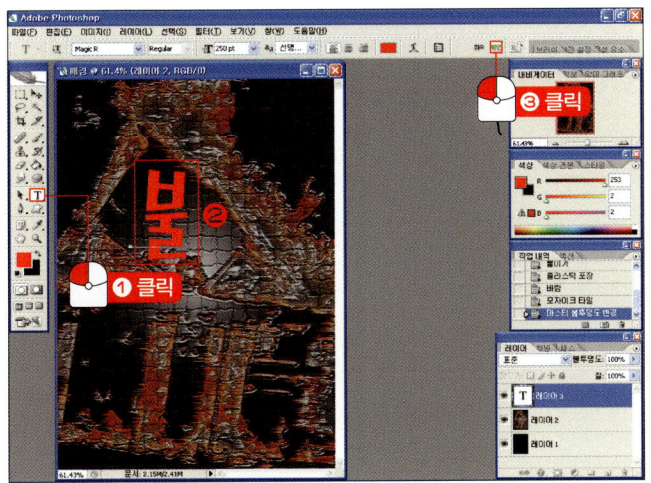

2 '레이어 3' 레이어의 이름을 '불'로 변경하고 [단축 메뉴]의 [문자 래스터화]를 클릭합니다.

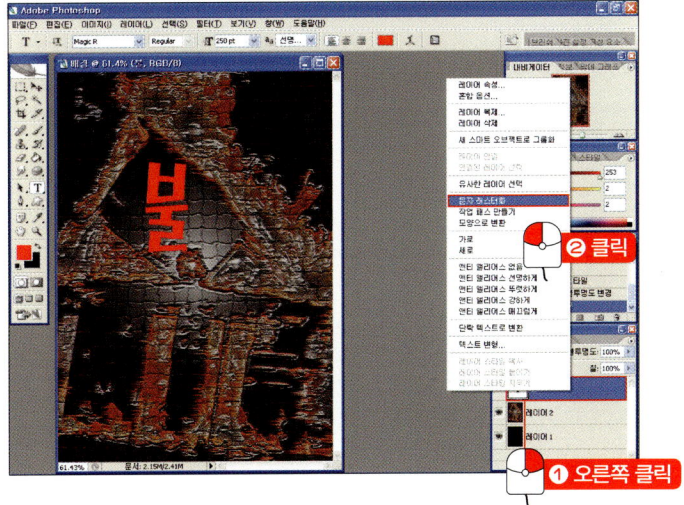

3 [필터] 메뉴의 [왜곡-파도]를 클릭합니다.

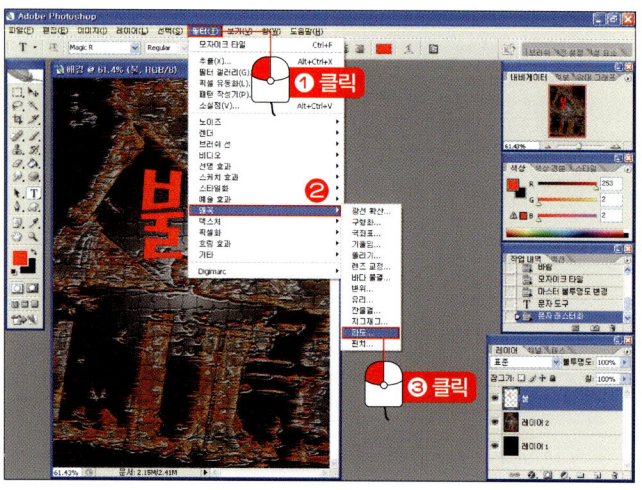

4 [파도] 대화상자에서 제네레이터 수를 '4'로 설정하고 [확인] 버튼을 클릭합니다.

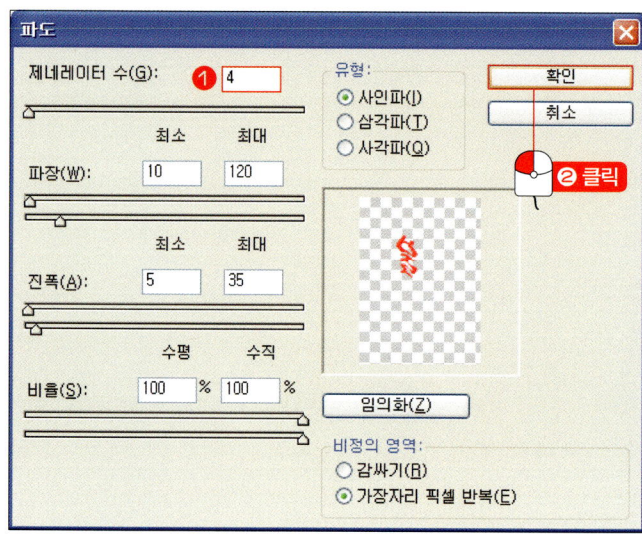

5 [필터] 메뉴의 [왜곡-렌즈 교정]을 클릭합니다.

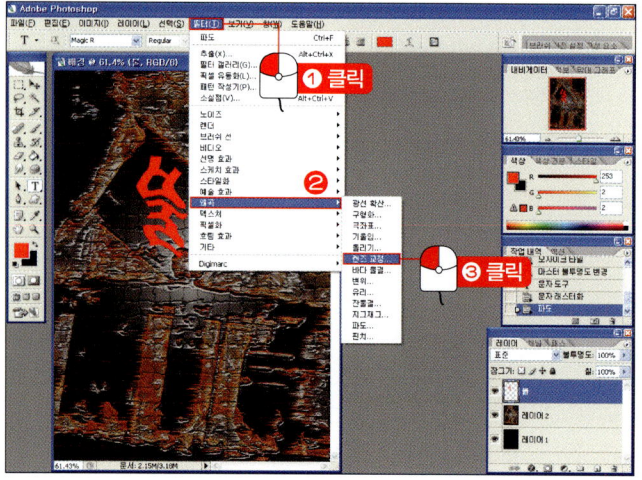

6 [렌즈 교정] 대화상자에서 변형의 각도를 '30°'로 설정하고 [확인] 버튼을 클릭합니다.

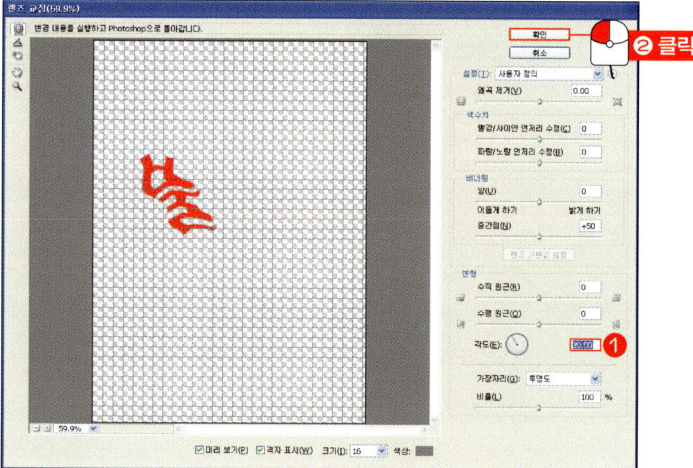

7 [필터] 메뉴의 [스타일화-바람]을 클릭합니다.

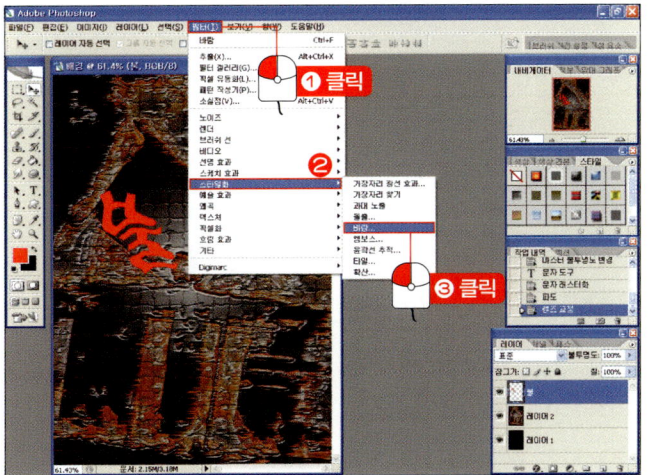

8 [바람] 대화상자에서 화면과 같이 설정하고 [확인] 버튼을 클릭합니다.

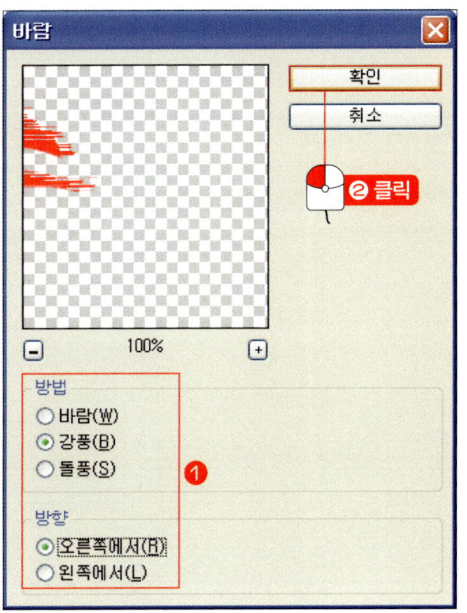

9 [스타일] 팔레트에서 '이중 링 광선(단추)'을 클릭합니다.

10 이동 도구로 화면과 같이 이동합니다.

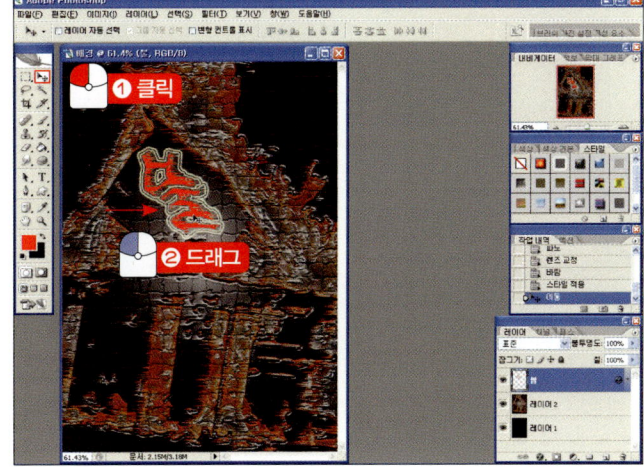

TIP 색은 고유한 느낌을 지니고 있습니다. 실생활에서 우리는 색이 주는 느낌을 이용하여 특정한 의미를 주고 받기도 합니다. 예 위험(빨강, 주황), 의료나 안전(녹색), 냉수(파랑), 온수(빨강) 등

문자 입력

1 수평 문자 도구 T 를 이용하여 화면과 같이 입력하고 확인 을 클릭합니다.

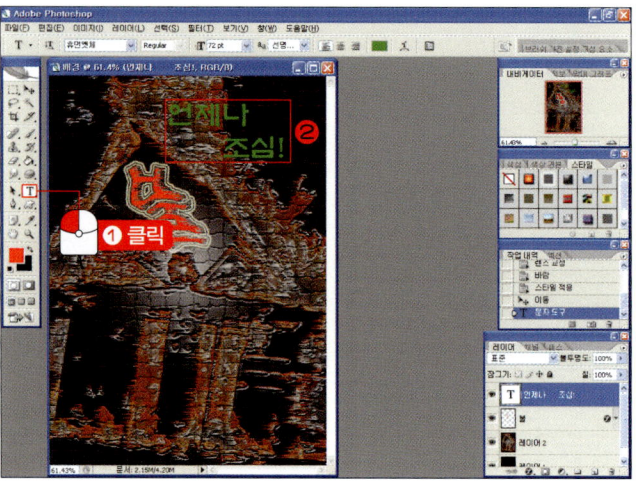

2 [스타일] 팔레트에서 '이중 링 광선(단추)'를 클릭합니다.

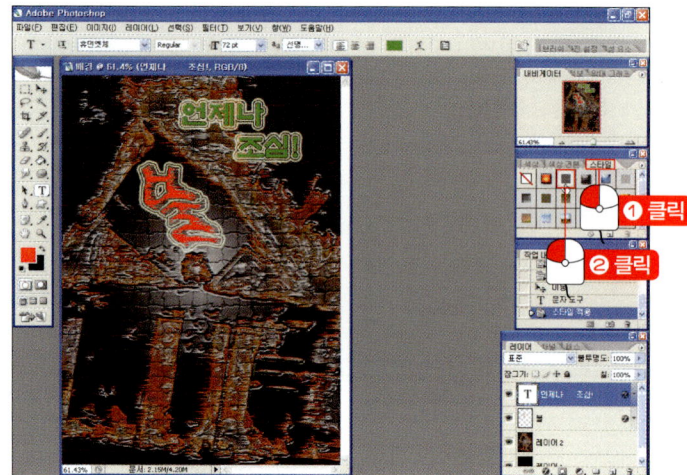

3 수평 문자 도구 T 를 이용하여 화면과 같이 입력합니다.

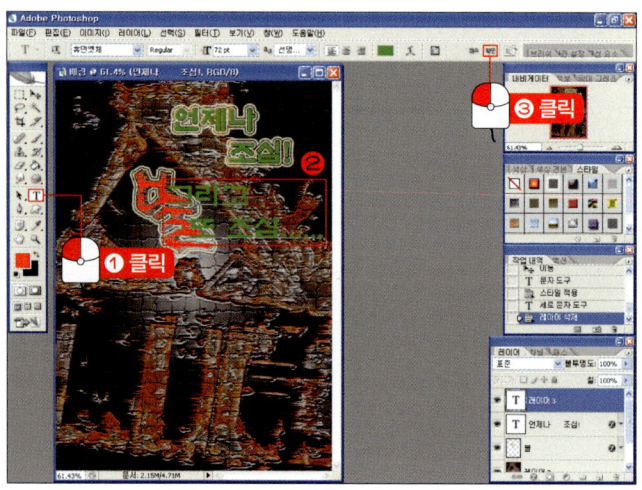

4 [옵션 막대]에서 T - 확인 을 차례대로 클릭하고 같은 방법으로 화면과 같이 스타일을 변경합니다.

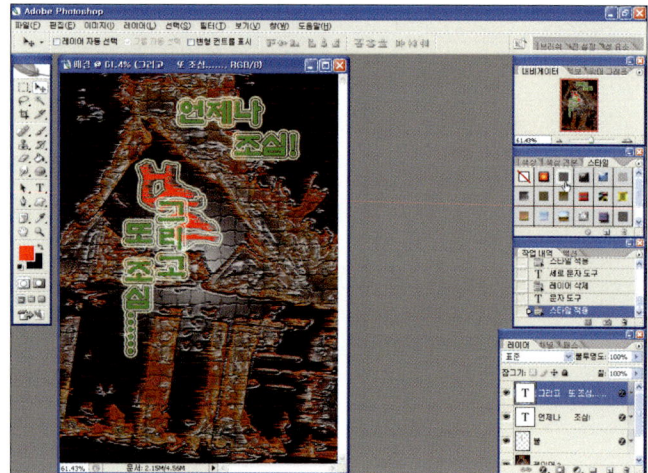

5 이동 도구 로 화면과 같이 이동합니다.

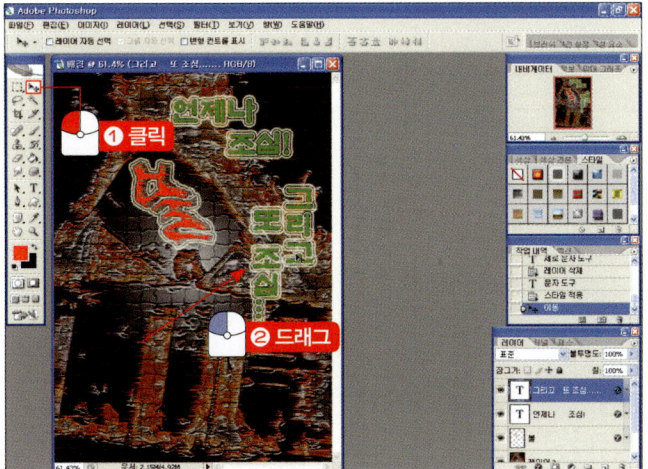

6 수평 문자 도구 를 이용하여 화면과 같이 입력합니다.

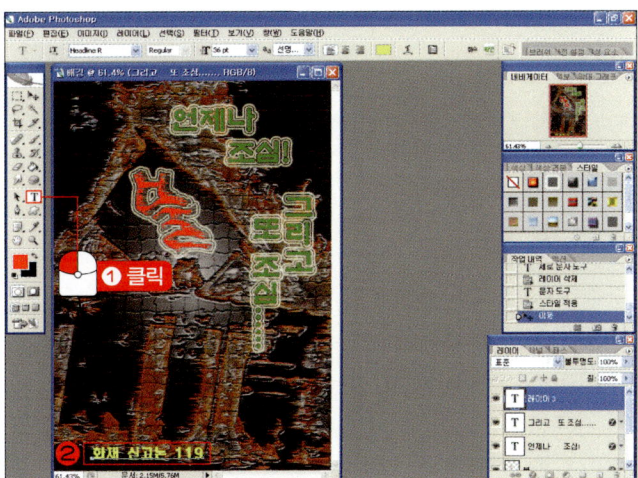

7 [도구 상자]의 사용자 정의 도구 를 클릭하고, [옵션 막대]에서 모양 '불', 색상 '노랑'으로 설정합니다.

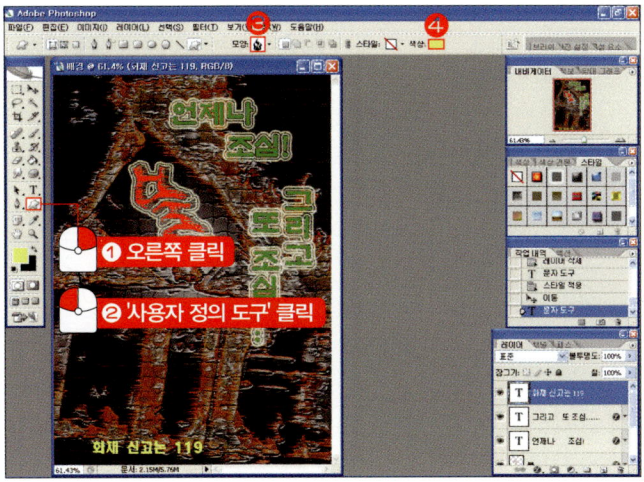

8 마우스로 드래그하여 불 모양을 하나 그립니다.

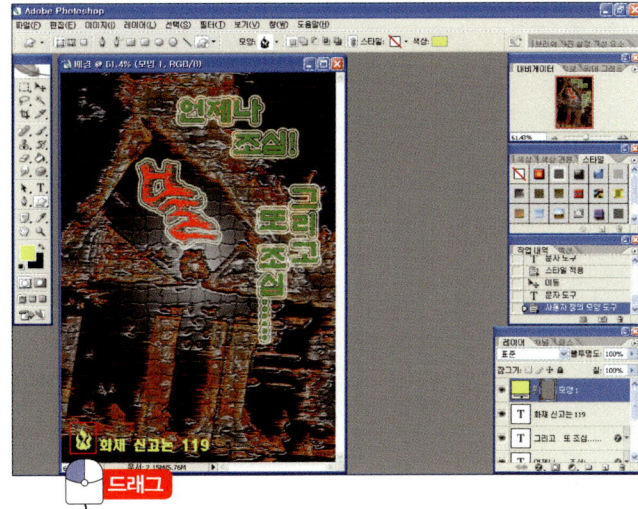

9 [레이어] 메뉴의 [새로 만들기-레이어]를 클릭합니다.

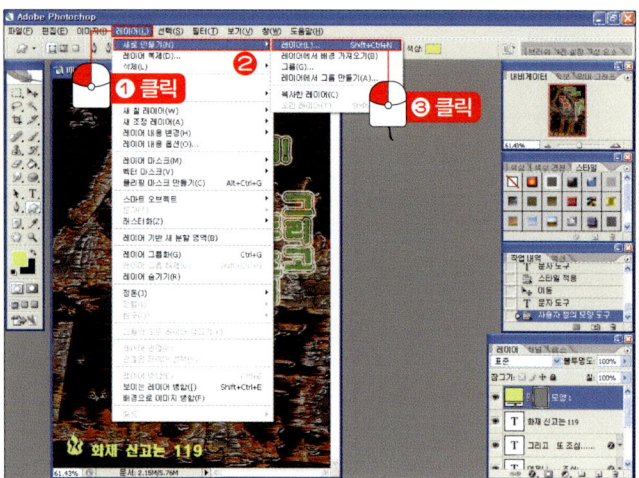

10 [도구 상자]에서 전경색을 붉은 색으로 변경하고 그라디언트 도구를 클릭합니다. [옵션 막대]에서 전경을 투명하게, 다이아몬드 그라디언트를 선택합니다.

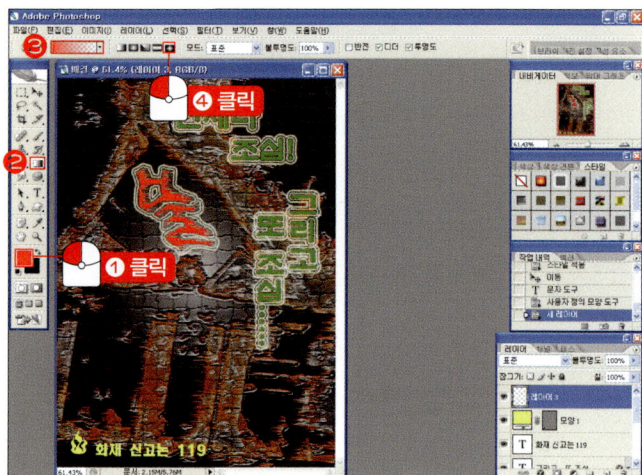

11 화면과 같이 그라디언트 효과를 줍니다.

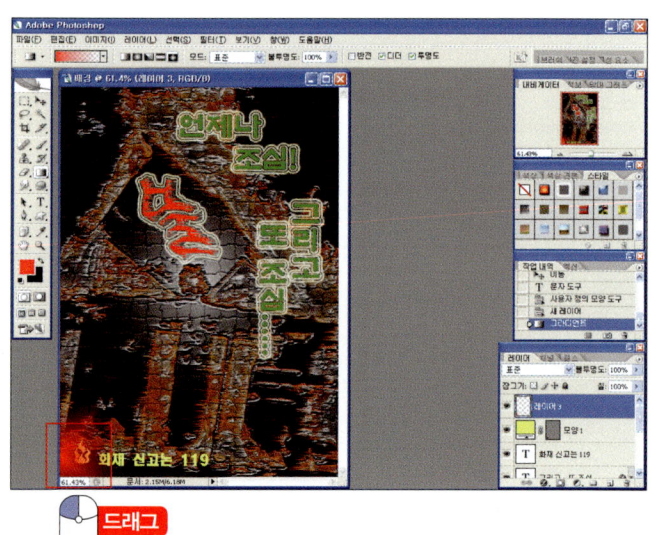

읽어 보세요

01 효과적인 포스터 꾸미기

포스터는 여러 사람에게 무언가를 알리기 위한 것입니다. 그렇기 때문에 내용을 효과적으로 전달하는 포스터가 가장 좋은 포스터라고 할 수 있습니다. 효과적으로 내용을 전달하기 위해서는 어떻게 포스터를 꾸며야 할까요?

① 단순하고 명료하게 표현하여 주제를 한눈에 알아볼 수 있게 해야 합니다.
② 지나치게 많은 색을 쓰지 않습니다.
③ 눈에 잘 띄도록 배색해야 합니다.
④ 포스터에 들어가는 문구는 간단하면서도 기억에 오래 남을 수 있도록 써야 합니다.
⑤ 문자를 깔끔하게 표현합니다.
⑥ 문자와 그림이 가장 잘 어울리도록 배치해야 합니다.
⑦ 시대의 흐름을 반영합니다.
⑧ 새로운 재료나 표현 방법을 활용합니다.

02 색의 배색

배색이란 두 가지 이상의 색을 적절히 배치함으로써 한 가지 색으로는 느낄 수 없는 효과를 표현하는 것을 말합니다.

명도차가 큰 배색
① 명도가 높은 색과 명도가 낮은 색의 배색
② 무채색과 유채색의 배색
③ 유채색끼리의 배색

색상차가 큰 배색
① 보색(반대색)끼리의 배색-강렬하고 화려한 느낌을 줍니다.

배치에 의한 배색
① 무거운 색을 밑으로 하고 가벼운 색을 위로 배치하면 안정적인 느낌을 줍니다.

② 면적이 클수록 채도가 낮은 색으로 칠하고, 반대로 면적이 작을수록 채도가 높은 색으로 칠하면 서로 조화를 이루게 됩니다.

배색할 때 주의할 점
① 주조색(주된 색상)을 정하고 배색합니다.
② 면적의 넓이나 형태를 고려하여 배색합니다.
③ 사용 목적과 주위의 환경을 고려하여 배색합니다.
④ 색상, 명도, 채도를 고려하여 배색합니다.

스스로 평가해요

평가요소	쉬워요	할 만해요	어려워요
• 포스터의 기능을 바르게 알고 있습니다.			
• 목적에 맞게 포스터를 꾸밀 수 있습니다.			
• 다양한 종류의 필터 기능을 이해합니다.			
• 필터 효과를 이용하여 자료를 제작할 수 있습니다.			

혼자 해결해요

:: 풍경 사진을 필터 효과를 적용하여 풍경 그림처럼 느껴지도록 만들어 봅시다. [재량활동]

1 | C:\포토샵\Part04\석양s.jpg 열기
2 | [필터] 메뉴의 [예술 효과 – 오려내기] 클릭
3 | [이미지] 메뉴의 [조정 – 색조/채도]에서 빨강 계열 색조 '-20', 채도 '+20'으로 설정
4 | 배경색을 붉은 색으로 변경
5 | [필터] 메뉴의 [왜곡 – 광선 확산]에서 입자 '0', 광선량 '1', 투명도 '15'로 설정